검사님의
속사정

검사님의
속사정

대한민국 검찰은 왜 이상한 기소를 일삼는가   이순혁 지음

검찰은, 대체 왜 그럴까

권력의 개에서 권력 그 자체로 ··· 검찰 60년,
그 굴곡진 역사

1950년 6·25전쟁 발발 직전 이승만 대통령은 김익진 검찰총장
과 서상환 서울고검장을 맞바꾸는 인사발령을 냈다. 김익진 검
찰총장이 친일 악질 경찰 노덕술을 도피시켜준 김태선 수도경
찰청장을 엄정히 수사하라는 지시를 내리자 경찰이 반발했는
데, 이 대통령이 경찰 손을 들어주며 김 총장에게 공개적인 모욕
을 준 것이다. 그보다 조금 앞서 1948년 여순반란사건 와중에는
경찰이 순천지청 소속 현직 검사를 총살하는 일도 있었다. 제도
적으로 검찰이 경찰의 수사를 지휘하고 통제하도록 돼 있었지
만, 경찰이 독재자의 가장 강력한 수족이었기에 일어날 수 있었
던 사건들이었다.

　그 뒤 30여 년, 한국 현대사에서 분기점과도 같은 의미가 있는
1987년. 서울대생 박종철군이 물고문 끝에 숨지자 경찰 수뇌부
는 "'탁' 치니 '억' 하고 죽었다"는 말로 사건을 덮으려 했고, 이
는 권력자의 의중이기도 했다. 검찰 지휘부는 권력자의 눈치를

살피기에 바빴다. 그런데 최환 서울지검 공안부장은 사건 초기 주검을 화장하려던 청와대와 경찰의 압력에 형사법적 원칙을 내세워 부검을 주장했고, 정구영 서울지검장도 뜻을 같이 했다. 이들의 이런 판단 덕에 결국 사건의 진상을 밝히는 데 검찰도 일조할 수 있었다. 대신 권력에 미운털이 박힌 서울지검 라인은 다음 인사에서 불이익을 받아야 했다. 당시 서울지검을 출입했던 신경민 MBC 기자는 광주고검장으로 좌천된 정 지검장과 출입 기자들의 마지막 인사자리를 두고 "대부분 기자들은 이 자리와 그의 모습을 지금도 기억한다. 기자도, 검사도 모두 그 자리에서 울컥했다. 아무도 선뜻 말을 꺼내지 못해 긴 침묵이 넓은 지검장실을 감싸고 휘돌았다"고 회상하기도 했다.

그 뒤 20여 년, 지금의 검찰은 어떤가? 온라인 상에서 정확한 경제예측으로 정부를 꼬집다가 구속된 '미네르바' 사건, 정부 비판 보도를 했다가 공직자 명예훼손 혐의로 기소된 〈PD수첩〉 사건, 법원의 조정에 응한 게 배임이라며 기소됐던 정연주 전 KBS 사장 사건, 검찰의 핍박을 받다가 스스로 목숨을 끊은 고

• 신경민, 〈신경민, 클로징을 말하다〉(도서출판 참나무, 2009), 50쪽.

노무현 전 대통령 사건……. 검찰이 권력의 하수인 시절을 넘어 '권력 그 자체가 됐다'는 말이 아무렇지도 않게 회자될 지경이다. 군사정권이 물러나면서 과거 법 위에 군림하던 중앙정보부(현 국가정보원)와 보안사(현 국군기무사령부), 경찰 등 권력기관은 힘이 빠졌는데, 엉뚱하게도 그 공백을 검찰이 채운 결과다. 전 세계 어느 나라 검찰이 권력과의 수평적인 제휴 아래 무소불위의 힘을 휘두르고 있다는 얘기를 들을까? 민주화가 검찰의 힘을 키워줬는데, 이제 거꾸로 검찰이 민주주의를 위협하는 역설이 이 땅에서 벌어지고 있다.

왜 검찰만 갖고 그래?

검사들은 검찰에 대한 이런 비판을 어떻게 받아들일까? 수긍하는 경우가 의외로 꽤 있다. 문제가 많고 바뀌어야 할 것도 적지 않단다. 한 검찰 간부는 "도덕성, 정치적 중립성, 수사능력 3가지 측면 모두에서 한꺼번에 위기가 왔다는 점에서 검찰이 과거와는 다른 위기를 맞았다"는 평가를 내놓기도 했다.

그런데 대다수가 억울해하는 대목도 있다. '스폰서 검사' 논란이나 전관예우가 대표적이다. 검사들은 사석에서 스폰서 논란과 관련해, 너무 오래전 이야기로 검찰 전체를 접대나 향응을 제공받아 즐기는 집단으로 매도한다는 반박을 내놓는다. 좀더 솔직한 이들은 설령 그런 접대를 받았다고 하더라도 그게 검사들만의 전유물이었느냐고 묻는다. 우리나라에서 권력이든 돈이든 뭔가를 쥐고 있는 이들 가운데 그런 접대에서 자유로운 사람이 얼마나 되느냐는 것이다.

그런데 검찰의 경우엔 더 호된 비판을 받는다. 물론 누군가의 잘못을 가려내고 처벌하는 검사라는 직업 특성상 감시가 당연하고 더욱 비판을 받아야 하는 것은 맞다. 하지만 접대 문화는 우리 사회에 매우 광범위하게 퍼져 있으며 어느 한 직종만의 특수한 사안은 아니라는 말도 틀린 것은 아니다.

전관예우는 어떤가. 법조계 전관예우가 없어져야 할 병폐임은 분명하다. 검사들도 이 자체에 동의하지 않는 경우는 별로 없다. 그런데 다른 분야의 전관예우는 어떤가? 사실 우리나라에서 전관예우는 법조계만의 전유물로 취급된다. 언론이고 국민이고 다른 분야 전관예우에는 별 관심을 기울이지 않는다. 그런데 경제부처 장·차관들, 공정거래위원회와 금융감독원 임직원들이 대형 로펌에 가서 한 달에 수천만~억대 월급을 받는 것은 뭔가. 퇴직한 국세청 간부가 재벌기업으로부터 자문료 명목으로 수십억을 받은 것은 또 뭔가. 이 또한 '전관'이 아니라면 있을 수 없는 혜택들이다. 최근 저축은행 사태로 금감원 직원들의 '막무가내식 전관예우'가 사회적 논란이 됐지만, 그 전에는 아무도 법조계 이외의 전관예우에는 관심을 기울이지 않았다. 금감원 출신을 금융회사 감사 등으로 모시는 것은 공개적인 전관예우 선언이었지만, 언론이나 국민은 법원이나 검찰의 전관예우에만 관심을 쏟아온 게 사실이다.

검찰 개혁은 국정원 개혁보다 어렵다

결국 이런 결론이 가능하겠다. 검찰이 권력과 기득권자의 편에 선 정치적 행보를 한 것은 맞지만, 상대적으로 과잉 비난을 받아온 측면도 있다! 하기야 우리나라 신문이나 방송에서 제일 많이 나오는 뉴스 가운데 하나가 검찰에 대한 것이고, 이 가운데 상당수는 검찰의 행태를 꼬집거나 비판하는 보도다. 그런데 그런 수많은 비판의 결과 검찰이 변한 게 있나? 아니면 현실성 있는 검찰 개혁 방안이 논의되고 있나? 안타깝게도 아니라는 답을 내놓을 수밖에 없다.

경찰에서 수사권조정을 목놓아 외치고 있지만 정치권이나 국민들은 별다른 반응을 보이지 않아 '메아리 없는 고함'에 가깝다. 정치권에서 고위공직자비리수사처 신설 또는 중수부 폐지 등을 가끔씩 얘기하지만 언제나 용두사미로 끝날 뿐이다. 고양이 목에 방울달기가 어렵기도 할뿐더러, 검찰 개혁이 형사사법 시스템 전체와 얽힌 문제라 해법 마련이 쉽지 않기도 할 것이다. 비난과 비판은 넘쳐나는데 실제적 변화나 개혁의 기미는 보이지 않는다. 현재 대한민국에서 검찰 개혁은 풀리지 않은 숙제와도 같은 존재다.

"검찰 개혁에 비하면 국정원 개혁은 상대적으로 부담이 덜했다."* 참여정부 시절 청와대 민정수석과 비서실장 등을 지낸 문

• 문재인, 〈문재인의 운명〉(가교출판, 2011), 241쪽.

재인 변호사는 자신의 저서에서 이렇게 말했다. 노무현 대통령
의 여러 개혁 노력을 설명하는 과정에서 국정원 개혁을 다뤘는
데, 그 장의 첫 문장이 바로 검찰 개혁과 비교해 쉬웠다는 것이
다. 그만큼 검찰 개혁은 어려운 문제였다는 얘기일 터. 그런데
그게 과연 참여정부 역량만의 한계였을까? 문 변호사는 항변한
다. "진보·개혁 진영에서는 참여정부가 검찰 개혁에 실패했다고
말한다. 참여정부 때 검찰 개혁을 더 많이, 또 더 근본적으로 해
야 했으나, 그렇게 하지 못했던 것은 사실이다. 그러나 그것이
참여정부의 책임인 양 한마디로 규정해버리면 과연 온당한 평가
일까?" 이에 대해 제대로 반박을 내놓을 사람이 얼마나 될까?

싸잡아 비난하는 게 능사는 아니다

나도 모르게 검찰을 둘러싼 이런 문제의식들이 머릿속에 또아
리를 틀었다. 물론 특별한 경험이나 뛰어난 두뇌를 가진 게 아니
어서 검찰 개혁의 비법이나 청사진을 제시할 능력은 없다. 하지
만 검찰을 몇년 출입해본 결과, 검찰 개혁을 주장하는 이들이 먼

저 주목하고 생각해볼 대목들에 대해서는 조금이지만 해줄 수 있는 말은 있었다.

그 하나가, 검찰도 자세히 보면 내부적으로 복잡다단하다는 점이다. 1827명(2011년 11월 현재) 검사 가운데 법무부와 대검, 서울중앙지검 등 핵심 기관·부서에 근무하는 엘리트 검사는 10~20%에 불과하다. 언론의 주목을 끄는 사건들을 처리하는 이도, 검찰조직 차원에서 내려지는 주된 결정도 모두 이들의 몫이다. 때문에 시민들은 이들이 검찰의 전부인 것으로 안다.

하지만 일선 검찰청에 근무하는 대다수 검사들은 그런 정치적인 이슈들과는 무관하다. 권력집단의 일원이라기보다는 평범한 직장인으로서 자신의 업무를 수행할 뿐이다. 금태섭 변호사가 검사로 일하던 시절 〈한겨레〉에 '검찰 수사를 받으면 일단 변호인의 조력을 받으라'는 내용을 담은 기고문을 싣자 그런 차이가 단적으로 드러나기도 했다. 검찰 핵심에 근무하는 이른바 '성골 귀족 검사님'들은 "어떻게 이런 일이 있을 수 있냐"며 강력한 비난을 쏟아냈지만, 대다수 평범한 '월급쟁이 검사씨'들은 "그렇게 생각할 수도 있지 않냐"며 쿨하게 반응하고 넘어갔다.

노무현 전 대통령이 스스로 목숨을 끊었을 때는 어땠을까? 어떤 검사는 "죄가 없는 것은 아니었잖냐"라는 반응을 보였고, 또 다른 검사는 "검찰이 죽인 게 맞다. 죄송하다"며 머리를 숙였다. 또 노 전 대통령 수사 당사자는 "우리가 무슨 죄가 있냐? 범죄 척결은 계속돼야 한다"고 반응했지만, 다른 검사는 이들 수사를 진행했던 동료 검사들을 싸잡아 "망나니들"이라고 평했다.

이런 차이는 개별 검사의 심성 차원의 문제가 아니다. 검찰조직에서 상층부와 하층부, 엘리트와 평민 사이 간극이 넓고, 이는 검사들 스스로 더 잘 체감하고 있다. 같은 스폰서를 둬도 흔하디흔한 부장검사는 파면이라는 강한 처벌을 받지만, 검찰총장 후보와 같은 고위직은 조사도 받지 않고 멀쩡히 변호사로 일하는 것을 그들도 보고 있기 때문이다.

대한민국 검찰은 왜 …

도대체 대한민국 검찰은 어떻게 굴러가고 있고, 그 안에서는 무슨 일이 벌어지고 있는 것일까? 시간적으로 매우 잠시, 공간적으로 극히 일부분만을 지켜봤지만 그에 대한 이야기를 풀어보고자 한다. 앞서 말했듯이, 검찰이 어떤 조직이고 어떻게 돌아가는지에 대해 정확하게 이해하지 못하면 아무리 검찰을 강도 높게 비판하고 비난해도, 검찰의 실제적 변화와는 무관한 독백에 불과할 수밖에 없을 것이기 때문이다.

이 책은 크게 4개 장으로 나뉜다.

첫 번째 장 '리얼 검사'는 말 그대로 검사 개개인에 대한 글이다. 어떤 사람들이 검사가 되고 어떤 유형의 검사가 존재하는지, 내가 겪은 경험을 위주로 살펴봤다. 겪어본 검사라야 우리나라 전체 검사의 10분의 1에도 못 미치는 만큼 '장님 코끼리 만지기'식 오류의 가능성이 있을 것이다. 이런 점을 의식해 최대한 균형감각을 유지하려고 노력했으며, 다른 기자나 변호사들의 다양한 의견이나 조언을 내용에 반영했다.

두 번째 장 '검사의 적, 검찰'은 이 책의 핵심적인 메시지를 담고 있다. 검찰조직이 어떤 인사 메커니즘에 의해 운용되는지를 살펴보고 그 속에서 검사들이 어떻게 분화돼가는지를 다뤘다. 정치적 편향성 등 검찰의 문제점을 제대로 파악하고 이에 대한 해결책을 마련하기 위해서는 검찰조직이 어떻게 돌아가는지 그 메커니즘을 알아야만 한다. 짧은 경험 속에서 알게 된 그 메커니즘을 최대한 쉽고 자세하게 소개해보려 노력했다.

세 번째 장 '노무현과 망나니의 칼'은 검찰 역사에서 씻을 수 없는 오욕으로 남게 된 노 전 대통령 사건을 다뤘다. 검찰은 왜, 어떻게 전직 대통령을 죽음으로 몰아가게 됐을까? 이 문제를 이해하기 위해 수사를 이끈 핵심 인사들에 관한 여러 이야기를 모아봤으며, 당시 상황을 재구성해 사건 흐름을 정리해봤다.

네 번째 장 '작은 제언'에서는 '그래서 뭘 어떻게 해야 하는지'에 대한 몇몇 아이디어를 정리해봤다. 더불어 끊임없이 논란이 되는 '검·경 수사권조정 논란'과 관련한 나름의 접근법을 소개했다.

이외에도 검찰을 출입하며 자연스레 알게 된 그들만의 문화에 대한 이야기를 책 중간중간에 소개했다. 사소한 에피소드에 불과하기도 하지만, 어쩌면 이런 일상 속 단면을 통해 검찰과 검사들을 좀더 제대로 이해할 수 있지 않을까 싶다.

대한민국 검사들의 생리와 검찰 시스템의 문제를 짚어보겠다며 호언장담을 했지만, 실제 탈고하고 보니 창피함이 앞선다. "첫 책을 내면서 자기 맘에 들 때까지 원고를 들고 있으면 평생 책을 못 낼 것"이라는 주변의 조언에 따라 원고를 넘기고 말았지만, 부끄러움에 잠을 못 이룰 정도다. 하지만 '모자란 것은 모자란 대로 검찰 문제를 고민하는 또 다른 누군가에게 조금이나마 참고가 될 수 있지 않겠나'라는 자위를 해본다. 모자람만이 가득하다면 그 자체로 반면교사의 구실은 하지 않을까? 이런 부끄러움이 진심이기에, 언제 어떤 방식으로건 책의 내용과 관련해 쓴소리를 해오는 이가 있다면 대환영이다.

2011년 겨울

이순혁

차례

3 노무현과 망나니의 칼

4 작은 제언

- 일러두기

개별 검사 이름 뒤 ( ) 속 숫자는 사법연수원 기수를 나타낸다.

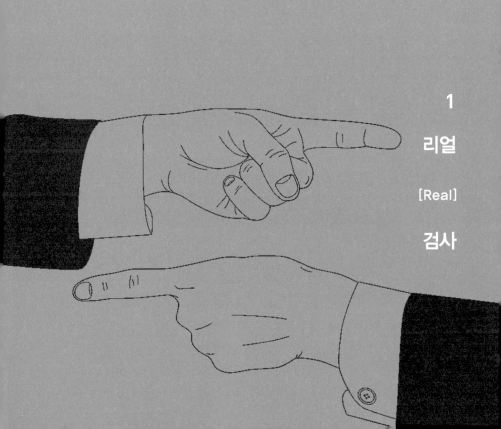

1

리얼

[Real]

검사

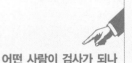
드라마나 영화에서 그려지는 검사들
은 대개 젊은 시절 어렵게 공부해 사법시험에 합격한 뒤 사회악
과 정면대결을 펼치는 정의의 사도이거나, 출세를 위해 배신은
물론 야비한 술수까지 마다하지 않는 사악한 수재인 경우가 대
부분이다. 하지만 실제 공·사석에서 겪어본 검사들은 대부분 평
범한 직장인에 가까운 모습이었다. 과다한 업무로 인한 잦은 야
근, 조직에 대한 기대와 불만이 적당히 뒤섞인 태도, 대화가 잘
통하지 않는 상관과의 트러블, 동료들과의 적당한 정도의 동지
애와 경쟁 등, 여느 평범한 월급쟁이들과 크게 다를 바 없는 일
상을 사는 이들이었다.

물론 이런 설명은 검사 일반에 대한 엄밀한 평가라기보다는
인상비평에 가까운 것이어서 한계가 있을 것이다. 기자 생활을
하며 겪어본 검사들은 대한민국 검사 1800여 명 가운데 일부분
에 불과할뿐더러, 그 검사들이 기자를 대할 때와 평소 모습은 다
를 수 있기 때문이다. 하지만 영화에 등장하는 '거악 척결'이라
는 목표를 향해 물불 안 가리고 돌진하는 검사나, 머리에 포마드
를 잔뜩 바른 채 어깨에 힘만 주고 앉아 있는 검사는 현실 속에

서는 찾아보기 힘들다는 점만은 분명하다.

　검사란 어떤 사람들이기에 영화나 드라마에서 나오는 모습과 실제 직접 겪어본 느낌이 이렇게 다른 것일까? 과연 어떤 사람이 검사가 되는 것일까?

젊어서부터 권력 지향적이었던 인사

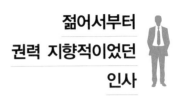

영화나 드라마에 나오는 검사의 모습과 실제 검사의 모습은 무척이나 다르다고 했지만, 영화도 동시대의 문화적 산물인 만큼 현실과 무관할 수는 없을 것이다. 금테 안경에 머릿기름을 잔뜩 바른 채 어깨에 힘주고 앉아 있는 검사는 없을지언정, 부와 권력을 좇는 출세지향적인 검사들이야 왜 없겠는가. 사실 겉으로 표가 안 나서 그렇지 검사 가운데 상당수는 출세의 지름길로 검사라는 직업을 선택한 이들일 것이다.

물론 출세를 위해 검사를 선택했다는 이유로 그들을 비난하거나 비판하는 것은 부당한 면이 있다. 대한민국의 보통 엄마, 아빠들이 아이들에게 거는 가장 흔한 기대 중 하나가 "너는 커서 꼭 판·검사 돼야 한다" 아닌가. 이렇듯 출세 권하는 사회에서 그 출세를 좇아온 이를 일방적으로 매도하면 당사자로서는 좀 억울할 것이다. 또 정치인이나 기업인, 군인이나 경찰 등도 따지고 보면 출세를 향한 꿈에 주변 환경이나 자신의 적성을 적절히 감안해 선택한 직업들이지 않겠나.

하지만 검사들 중에는 그런 출세를 위해 검찰조직을 찾아온 이들이 더 많은 듯하다. 더욱 큰 문제는 이들 중 다수가 '출세를 해서 뭘 어떻게 해야지'란 목적을 위해서가 아니라 그냥 힘세고 높은 자리에 오르고 싶다는 욕망, 다시 말해 '출세를 위한 출세'를 향해 달려온 이들로 보인다는 점이다. 출세를 통해 자신의 꿈을 펼치고 사회를 어떻게 변화시켜나가겠다는 게 아니라, 뭔가를 누리고 힘을 가지기 위해, 대우 받기 위해 검사가 된 이들이 많다는 것이다.

게다가 현재의 검찰조직에서는 위로 올라갈수록 이런 생각으로 무장한 이들이 더욱 많아진다. 직급이 올라갈수록 자리가 급속히 줄어드는 피라미드 모양의 관료 조직인 검찰에서 살아남기 위해서는 주변 동료들과 치열한 경쟁을 벌여야 하는데, 아무래도 욕심 많고 출세욕 강한 이들이 경쟁에서 살아남을 가능성이 높기 때문이다.

"나도 박철언처럼 되고 싶다"

다음은 1980년대 후반 서울대 법대를 다닌 한 변호사의 말이다.

"4학년 때 법대 동기 모임이 있었다. 그때 □□□이 한 말이 워낙 인상적이어서 지금도 기억이 생생하다. 그때는 노태우 대통령 처남인 박철언이 실세 중의 실세로 잘 나가던 시절이었다. 박철언 사조직인 월계수회가 얼마나 힘이 센지, 또 어디까지 손을 뻗쳐 국정을 농단하는지 등에 대해 언론 보도도 많이 쏟아지던 때였다. 그런데 그날 술자리에서 □□□이 '나도 박철언 같은 사람이 되고 싶다'고 말을 꺼내더라. 순간 모두들 흠칫 놀랐다. 그때만 해도 1987년 민주화운동 분위기도 남아 있고 해서 학교에서 사법고시 공부를 하는 것에 대해 좀 쪽팔려하는 분위기가 있었기 때문이다. 그런 상황에서 '난 판사보다는 검사가 맞는 것 같고, 검사라고 다 같은 검사가 아닌 것 같다. 박철언처럼 안기부 파견도 다녀오고, 그래서 고위층과 연줄도 만들고 해야 잘 나가는 검사가 되는 것 아니겠어?'라는 얘기를 듣게 되다니 너무 놀라웠다. 당연한 것 아니냐는 표정으로 그런 얘기를 하던 □□□의 얼굴이 기억에 생생하다."

□□□은 사법시험을 준비하는 비슷한 처지인 법대 동기생들끼리 만난 자리여서 너무 쉽게 속마음을 털어놨는지 모른다. 여하튼 그는 그해 재학 중에 사법시험에 합격하더니 실제 검찰을 선택했고, 지금도 검사로서 탄탄대로를 걷고 있다. 유력 인사의 딸과 결혼했으며, 일선 지청장과 법무부-대검-서울중앙지검에서 두루 주요 보직을 거쳤다.* 업무능력도, 성격도 무난하다는 평가를 받고 있다. 선배는 물론이고 후배, 기자들로부터도 특별히 나쁜 평을 듣지 않는 '괜찮은 검사'로 살아가고 있다.

사실 출세를 위해 사법시험 공부에 뛰어든 이가 그 하나뿐이겠는가. 앞서 사례를 얘기한 변호사와 비슷한 또래의 한 법조인도 "서울대 법대 85, 86학번 가운데 박철언을 롤모델로 삼고 사

---

* 법무부-대검-서울중앙지검은 검사들이 가장 선호하는 근무처로 이른바 '트라이앵글'이라고 불린다. 이중에서도 법무부와 대검은 검사로서 능력을 인정 받아야 함은 물론이고, 어느 정도 직위 이상에 있는 고위 인사의 추천이 있어야만 진입이 가능하다.

법고시를 공부한 이들이 꽤 있었다"고 말했다. 실제로 독재정권 시절 사회의 부정의에 눈을 감고 도서관을 선택했던 이들 가운데 상당수는 이와 별반 사정이 다르지 않을 것이다.

가외 이야기지만, 법원의 판사들 또한 큰 틀에서는 이와 비슷한 느낌이었다. 다만 똑같이 법률을 공부했지만 덜 사교적이고, 조직생활에 덜 익숙하고, 덜 권력지향적인 이들이 판사의 길을 선택한 것 아니었을까. 물론 누구나 한 직업 또는 조직에 오랫동안 몸을 담고 있다보면 그 직업 또는 조직의 논리에 익숙해지는 법인지라, 판사들 가운데는 권력지향적인 검사나 검찰조직에 대한 문제의식을 키워온 이가 적지 않았다.

하지만 그렇다 해도 판사와 검사를 나란히 놓고 보면 이질감보다는 동질감이 더 큰 것 같다. 뿌리가 같기 때문이다. 판·검사란 말에서 알 수 있듯이 국민들도 판사와 검사를 구분하기보다는 한데 묶어 생각하는 경우가 많다. 다음은 앞서 □□□ 검사를 언급한 변호사의 이어지는 회고담이다.

"검사 중 □□□이 꼈다면, 판사 출신 중에는 우리보다 조금 선배인 ○○○을 들 수 있겠다. 5공 시절엔 사법시험 공부하는 법대생들도 엠티를 가서는 〈아침이슬〉 같은 노래를 불렀거든. 운동에 동참하지 못하지만 마음만은 그게 아니라는 것이었지. 그런데, 좋은 집안에서 태어나 풍족하게 자란 ○○○이 엠티를 가서 〈서울에서 평양까지〉라는 민중가요를 개사해 불렀단다. '소련도 가고 달나라도 가고 못 가는 곳 없는데~'라는 가사를 '예일도 가고 하버드도 가고 못 갈 곳이 없는데'로 개사해 아무렇지도 않게 노래를 불렀다지. ○○○은 그 뒤 판사가 됐다가 지금은 여성 정치인이 돼 있다. 그때 엠티를 같이 갔던 이들 가운데 하나는 TV 뉴스에서 ○○○ 얼굴을 볼 때마다 그 엠티가 생각난다며 혀를 끌끌 차더라."

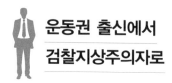

운동권 출신에서 검찰지상주의자로

상대적으로 소수지만 검찰에는 운동권 출신 검사들도 적지 않다. 한때 운동권이었던 이들이 사회 여러 분야로 진출해 나름의 삶을 살고 있는 만큼 유독 검사의 길을 선택한 이들만 이상하게 볼 일은 아니다. 하지만 운동권에서 배웠음직한 기술(?)을 검찰에서도 잘 활용해 승승장구하는 모습을 보고 있노라면 좀 어색한 느낌이 드는 게 사실이다. 자타가 공인하는 '검찰 최고의 이론가' 이완규 부장검사(23기)가 그 대표적인 예다.

'검사가 학문을 하는 사람도 아닌데 웬 이론가?'라는 의문이 떠오를 법하지만, 굴곡진 검찰의 역사는 검찰로 하여금 이론가를 필요로 하게 했다. 잠깐 그 굴곡진 역사를 짚어보자.

과거 군사정권 시절 검찰은 정권의 핵심 통치기구 중 하나였다. 시국, 공안 사건 처리와 관련해 정권 안보의 첨병 역할을 맡았으며, 경우에 따라 경찰, 중앙정보부, 보안사와 함께 최고 권력자의 정치적 반대파를 길들이거나 제거하는 데 결정적인 구실을 했다. 말이 좋아 '핵심 통치기구'지, 실제로는 '권력의 개'라고 불렸을 정도다. 권력자에게 충성을 다 바치던 그 시절, 검찰은 힘없고 '빽' 없는 일반 국민들 앞에서는 한없이 높기만 한 상전으로 군림했다.

정도의 차이가 있었다지만 법원의 사정도 크게 다르지 않았다. 최고 권력자나 정권이 민감해할 만한 시국 사건의 경우엔, 불법감금과 고문을 통해 억지자백을 받아낸 게 눈에 빤히 보여도 애써 외면한 채 유죄를 선고하는 게 그 시절 대다수 판사들의 모습이었다. 검찰이 낸 공소장의 오자까지 그대로 판결문에 담는 웃지 못할 풍경이 벌어지기도 했다. 검찰이 '권력의 개'라는 비아냥거림을 받았다면, 법원은 '권력의 시녀'라는 오명을 뒤집어써야 했다.

이렇듯 법원과 검찰이 국민과 헌법이 부여한 본래의 책무 대신 독재정권에만 충성을 다하는 행태를 거듭하는 동안 사법체계 전반에 대한 국민들의 불신은 커졌고, 이는 결국 두 기관에 큰 업보로 남게 됐다. 그 결과 군부 독재정권이 막을 내리자, 정권이 바뀔 때마다 '사법제도 개혁'이 국정운영의 주된 화두 가운데 하나로 떠올랐다. 이를 위해 김영삼 정부 시절 세계화추진위원회 사법개혁 담당 소위원회, 김대중 정부 시절 사법개혁추진위원회(사개추), 노무현 정부 시절 사법개혁위원회(사개위)와 사법제도개혁추진위원회(사개추위) 등이 만들어졌다. 이명박 정부 들어서서도 국회에 사법제도개혁특별위원회(사개특위·위원장 이주영)가 꾸려져 대검 중앙수사부 폐지, 특별수사청 설치, 법원 상고심 개편, 양형기준법 개선안 등을 논의했다.

이 가운데서도 사법제도의 틀과 관행을 바꾸기 위해 가장 진지한 노력을 기울이고, 일부나마 실행에 옮겨 나름의 결과물을 낸 것으로는 노무현 정부 시절 사개위와 사개추위를 들 수 있다. 대법원장 산하에 민관 합동으로 꾸려진 사개위(위원장 조준희)가 주요 개혁의제를 추려 사법개혁의 기본 방안을 설정하는 권고 기구였다면, 대통령 직속으로 설치된 사개추위(위원장 한승헌)는 법원과 검찰 등 이해 당사자들과 전문가들이 함께 모여 사개위가 내놓은 개혁의제를 심의하고 이를 입법화하도록 하는 후속 추진업무를 맡았다.

사개위와 사개추위의 활동 결과, 2008년 전국 25개 대학에 법학전문대학원(로스쿨)이 설치돼 법조인 양성 방식에 일대 변혁이 일어났으며, 형사재판에서도 국민참여재판이 도입되고 검찰이 불기소 처분한 사건을 법원이 직권으로 기소하도록 하는 재정신청의 범위가 일반 고소사건까지로 확대되는 등 적지 않은 변화가 이뤄졌다. 이는 사법제도 개혁에 대한 노 전 대통령의 강한 의지와, 다른 정권에서와 달리 정권과 검찰이 긴장관계에 있었던 점 등이 복합적으로 작용한 결과였다.

이런 변화를 이끌어낸 사개추위는 행정부 부처들과 법원, 검찰 등에서 추천한 위원들, 변호사, 법학교수 등 다양한 이해 관계자와 전문가들로 꾸려져 있었다. 그런데 사개추위 논의 과정에서 개혁 과제를 놓고 검찰 쪽 위원들과 나머지 직역 추천 위원들이 대립하는 일이 자주 있었다. 사개추위에 참여한 이들 가운데는 아무래도 기존 형사사법시스템에 문제의식을 가지고 있는 사람이 많았을 텐데, 반면에 검찰은 기존 검찰권을 옹호하는 쪽에 설 수밖에 없었기 때문이다. 형사소송법 개정 논의에 있어서 주된 안건이었던 검사 작성 피의자 신문조서의 증거능력 배제, 재정신청 확대 등은 사실 검찰권 약화 또는 견제로 이어질 수 있는 사안들이었다.

피의자 신문조서의 증거능력, 그 자세한 내용은 이렇다. 피의자가 검사 앞에서 조사를 받고 작성한 신문조서는 통상 증거능력이 인정됐다. 재판부에서 증거로 받아들였다는 얘기인데, 그 증거능력이 너무 강해 법정에서 피의자가 "조서가 강압에 의해 쓰여진 것"이라고 주장해도 조서의 증거능력을 내세워 유죄 판결이 내려졌다. 이에 검사가 작성한 조서의 증거능력을 아예 인정해주지 말고 공개된 법정에서의 진술만 증거로 인정해야 한다는 주장이 나왔는데, 물론 검찰은 이를 극력 반대했다. 이 문제는 결국, 피의자가 동의하면 증거로 채택할 수 있도록 하는 수준에서 정리됐다.

다음으로 재정신청이란, 검사가 고소 고발 사건을 불기소 결정할 경우 당사자가 이에 불복해 관할 고등법원에 불기소 결정의 옳고 그름의 판단을 구하는 제도다. 검사의 기소독점권을 견제하기 위한 제도로, 법원이 재정신청을 받아들이면 검찰은 의무적으로 기소를 해야 한다. 과거엔 공무원의 범죄 등 일부 범죄에 한해서만 재정신청이 가능했는데, 사개추위 논의를 거치며 고발 사건은 빼고 모든 고소사건으로 그 범위가 확대됐다. 재정신청이 일반화되면 검찰로서는 기소독점권이 흔들리게 돼, 검찰의 권한 약화로 이어질 수 있는 사안이었다.*

이런 문제들을 두고 양쪽은 치열한 다툼과 논쟁을 벌였다. 이 과정에서 검찰은 사개추위 내부에서의 투쟁은 물론 외부에서 언론을 이용해 검찰조직에 유리한 쪽으로 논의를 이끌어가기 위한 노력을 기울였다.* 이때 검찰 쪽 이데올로그(이론가)로 가장 큰 활약을 펼친 인물이 당시 대검찰청 미래기획단 소속 부부장 검사였던 이완규 부장검사였다.

이 부장검사는 서울대 법대 79학번으로 모교에서 형법 전공으로 석사, 박사 학위를 받았으며 독일 프라이부르크 막스 플랭크 국제형사법연구소에서 유학했다. 1990년 서른 나이에 뒤늦게 사법시험에 합격한 뒤 검사의 길을 택했고, 2003년 노무현 전 대통령 취임 직후 열린 '전국 검사들과의 대화'에 평검사 대표로 나가기도 했다.

이 부장검사는 2003년 사개위 출범 때 검찰 쪽 전문위원으로 참여했고, 2005~2006년 사개추위 시절에도 전문위원으로 합류해 검찰 쪽 주장을 대변했다. 하지만 사개추위 흐름은 그나 검찰 쪽 바람대로 흘러가지 않았다. 앞서 말한 대로, 위원회의 전반적 분위기가 기존 형사사법시스템을 바꿔야 한다는 쪽이었

• 사개추위의 안건으로 떠오르기 전까지 재정신청은 사실상 사문화된 것이나 다름없었다. 2005년 218건이 신청됐는데 인용(공소제기가 됨) 건수는 0건이었다. 2006년과 2007년에도 200여 건이 접수됐는데 인용된 것은 각각 1건씩에 불과했다. 그러던 것이 2008~2009년 5000건 이상 접수됐으며 인용건수도 100건 가까이로 대폭 늘어났다.
• 당시 사개추위 기획추진단장으로 사법개혁 실무를 총괄했던 김선수 변호사(현 민주사회를 위한 변호사모임 회장)는 자신의 저서 〈사법개혁 리포트〉(2008, 박영사)에서 이와 관련된 검사들의 움직임을 자세히 기록했다.

고, 이는 결과적으로 검찰 권한 약화 또는 견제를 위한 제도적 장치 마련으로 이어졌기 때문이다.

이때 이 부장검사는 사개추위 외곽에서 사개추위를 공격하기 시작했다. 사개추위 논의가 한창이던 2006년 7월 〈형사소송법 특강〉이란 책을 펴내 "'개혁' 코드에 맞춰 진행 중인 사개추위 내부 논의가 어떤 철학도 없이, 형사소송시스템에 대한 제대로 된 이해도 없이 졸속적으로 진행된다"고 비판했다. 과거 형사재판이 조서에만 의존해 폐해가 컸던 만큼 모든 증거자료를 공판에 집중시키고 공개적인 법정에서 사건의 실체를 가리고 유무죄를 판단하자는 공판중심주의에 직격탄을 날리고 나선 것이다.

이 부장검사는 책을 낸 뒤 언론 인터뷰에서도 "공판중심주의를 제기한 주도자들의 발상부터 문제가 있으므로 이에 대한 타당성부터 검토해야 한다", "수사단계 진술을 증거로 사용하는 것을 막는 게 공판중심주의라는 판사와 변호사, 학자들의 편협함에 당혹스러웠다", "비현실적 개혁안의 문제점을 지적하면 '반개혁'으로 평가되는 사개추위 모습을 보고 기가 막히고 답답해 밤잠을 설칠 때가 한두 번이 아니었다"고 밝혔다.[•]

또 다른 언론 인터뷰에서는 "대법관 구성의 다양화를 주장하는 여론이 거세지며 사법개혁이 추진됐으나 법원의 권한 약화나 법원이 변화해야 할 부분은 별로 언급되지 않"았다며 법원으로 공격의 타깃을 돌리기도 했다.[•] 일선 지방검찰청 검사들을

• 〈한국일보〉 2006년 7월 18일치 '이완규 검사 사개추위 형소법 개정案 비판'
• 〈연합뉴스〉 2006년 7월 17일치 "사개추위 형사소송법 개정안 재논의해야"

상대로 "현행법으로도 이미 공판중심주의는 확립되어 있으므로 새삼스럽게 공판중심주의를 주장할 이유가 없다"는 내용의 강연을 하기도 했다.* 사개추위 논의에 참여하는 당사자가 사개추위 바깥에서 사개추위를 비난하는 활동을 펼친 것이다.

이렇듯 이완규 부장검사가 검찰권 수호를 위해 '맹활약'을 펼치던 시절, 한 검찰 간부는 다음과 같이 말했다.

검찰 이데올로그가 된 언더서클 지도자

"내가 대학을 다니던 80년대 초반엔 교정에 경찰관들이 상주하고 있었다. 학생들을 감시한다며 학교 곳곳을 어슬렁거리며 돌아다니거나 200 $m\ell$짜리 우유팩으로 족구를 하는 형사들을 보는 게 일상이었어. 물론 그렇게 대기하다가 혹여 학생들이 (민주화를 요구하는) 구호를 외치거나 유인물이라도 뿌리려 치면 금세 달려와 잡아가곤 했지. 말 그대로 입도 뻥긋 못 하게 하던 시절이었지.

그렇게 감시하고 탄압을 해도 또 누군가 몇몇은 붙들려갈 각오를 하고서라도 할 말은 하겠다며 나섰는데, 이들이 만들어낸 방법 가운데 하나가 밧줄로 자신의 몸을 묶고 도서관 창 바깥에 매달려 구호를 외치는 것이었다. 그러면 형사들이 황급히 도서관으로 올라와 밧줄을 끌어올렸는데, 적어도 완전히 끌어올려지기 전까지는 학우들에게 하고 싶은 말을 맘껏 하고, 유인물도

• 〈경기일보〉 2006년 10월25일치 "'공판중심주의… 법원 생각이 문제'-대검찰청 이완규 연구원 수원지검서 강좌'

맘껏 뿌릴 수 있었으니까.

　물론 그런 뒤에는 경찰에 끌려가 얻어맞고 형사처벌을 받거나 학교당국의 징계를 받아야 했지. 이런 일이 계속 일어나자 결국 학교에서 도서관 창문에 쇠창살을 설치했어. 그래서 우리 같은 고시생들은 '쇠창살 안에서 공부하는 신세가 됐다'며 쓴웃음을 짓곤 했지.

　여하튼 이런 '도서관 투쟁'을 (서울대) 법대 81학번들이 주도했는데, 언더(지하)에서 이들을 지도하고 가르친 사람 가운데 하나가 바로 이완규 부장이야. 골수 운동권이던 이 부장은 나중에 강제 징집돼 군대에 끌려갔는데, 거기서도 따로 관리가 됐나보더라고. 어느 부대에서인지 행정병으로 일하고 있는데 보안사에서 어떻게 알고는 찾아와 '이런 ×은 이렇게 편한 곳에 둘 수 없다'며 훈련이 고된 부대로 끌고 갔다나.

　결국 그 부대에서 헬기레펠을 하다가 허리를 다쳤다던가 해서 의병전역을 했다지. 그런데도 그 성치 않은 몸을 이끌고 세미나에 나와 후배들을 챙겼다는 거야. 내 친구들이 '참 훌륭한 선배'라며 존경에 겨워 얘기하던 게 기억나네. 그런 사람이 나중에 검사가 됐다기에 깜짝 놀랐는데, 그때의 열정으로 지금은 저렇게 검찰조직 보호에 앞장서는 것을 보니 감회가 새롭더라고."

　이 부장검사는 2011년 11월 30일 검·경 수사권조정 논의에 불만을 표시하며 사직원을 제출했다. 그는 이 때도 검찰 내부통신망에 올린 글을 통해 수사권조정에 따른 검사의 권한 침해 가능성을 언급하며 검찰총장에게 '직을 걸라'고 일갈했다.

이 부장검사의 경우는 말 그대로 극적인 변신에 해당하지만, 사실 80년대 학번 검사 가운데는 학생운동에 뛰어들었다가 뒤늦게 사법시험에 합격해 검사의 길로 들어서 나름 활약을 펼친 이들이 적지 않다.

2005~2007년 서울중앙지검 특수부와 대검 중수부에 근무하면서 당시 청와대 인사들이 여럿 연루됐던 '행담도 의혹 사건'*과 국부 유출 논란으로 시작해 아직까지도 매듭이 지어지지 않은 '외환은행 헐값 매각 의혹 사건'*등을 수사했으며, 최근 대검 중수부의 저축은행 비리 수사에도 참여한 심재돈 부장검사(24기·현 서울중앙지검 특수3부장)가 대표적인 경우다.

특수통인 심 부장검사는 검찰조직, 검찰권 옹호론자로도 이름을 날렸다. 그는 2008년 11월 외환은행을 론스타에 헐값으로 매각한 혐의로 기소된 변양호 전 재정경제부 국장 결심 공판 때 서울중앙지법 재판부가 추가 증인신문 주장을 채택하지 않는다는 이유로 구형도 하지 않은 채 재판정에서 퇴정해 언론을 탔다.*

• 노무현 정부 시절인 2005년 문정인 동북아시대위원장과 정태인 국민경제비서관 등이 행담도 개발에 외압을 행사했다는 혐의로 기소돼 재판을 받은 사건을 말한다. 2009년 대법원에서 문 전 위원장에게는 무죄가, 정 전 비서관에게는 징역 6개월에 집행유예 1년이 확정됐다.

• 2003년 정부가 보유중이던 외환은행을 론스타 펀드에 매각하면서 당시 재정경제부 금융정책국장과 외환은행장 등이 배임을 해 싼 값에 은행을 넘긴 혐의로 검찰에 기소된 사건. 유무죄가 엎치락뒤치락하며 100회가 넘는 공판이 진행됐고, 지난 2010년 말 대법원에서 무죄 판결이 내려졌다. 하지만 외환은행이 외환카드 매각을 앞두고 주가를 조작한 혐의에 관해서는 유죄가 확정돼 론스타가 대주주 자격을 상실했고 2011년 11월 금융위가 론스타에 지분 강제매각 명령을 내렸다.

• 〈조선일보〉 2008년 11월11치. '법정 박차고 나간 검사… 판사는 '구형' 없이 결심 공판'

검사가 재판부 결정에 반발해 법정에서 일방적으로 나가는 것은 보통 재판에서는 상상하기도 어려운 일이다. 또 이 재판부가 변 전 국장에게 무죄를 선고하자 재판부에 여러 차례 항의 메일을 보내, 법원에서 검찰에 공식적으로 문제를 제기했고, 결국 심 부장검사가 재판장을 찾아가 사과하는 일이 벌어진 것으로 알려져 있다.•

이렇듯 검찰지상주의자로 법원과의 충돌도 마다하지 않았던 심 부장검사는 참여정부 시절 사개추위의 형사소송법 개정 논의에 대해서도 당연히(!) 강력한 반대 의견을 냈다. 그는 형사소송법 개정 논의의 바탕이 됐던 '조서재판'•의 문제점 자체를 부인했으며 "검사들로 하여금 수사에서 손을 떼게 만들겠다는 것이 사개추위의 기본입장이고 이런 발상에서 현재의 사개추위 형사소송법 개정안이 마련됐다고 보여진다"고 주장했다.•

이렇듯 특수통의 면모와 검찰 이론가의 풍모를 함께 갖춘 그 또한 한때는 골수 운동권이었다고 한다. 심 부장검사의 서울대 법대 후배인 변호사의 기억이다.

• 〈미디어오늘〉 2009년 2월4일치. '변양호 미스터리 영원히 미궁에 빠질까'
• 과거 독재정권 시절 재판정에서 피고인이 고문을 당해 허위로 자백했을 뿐이라고 주장해도 판사들 상당수는 조서에 피고인 자신의 죄를 시인한 것으로 나온다며 유죄 판결을 내렸다. 이렇듯 법정에 나온 사건 당사자나 관계자들의 진술, 증언이 아닌 검찰이 만들어 제출한 서류에 의존해 진행해온 형사재판을 가리켜 '조서재판'이라고 이른다.
• 〈내일신문〉 2005년 6월1일치. '대검찰청 '형사소송법 개정안' 공청회 "사개추위 결정 졸속" 성토대회로 끝나'

참여정부 시절엔 운동권 전력 덕 보기도

"입학하자마자 어떻게 만날 기회가 있었는데 재돈이 형이 '너, 공산주의 반대가 뭐지 알아'라고 묻더라고. 고등학교에서 배운 대로 '민주주의요'라고 답했지. 그랬더니 친절한 목소리로 '공산주의의 반대는 민주주의가 아니라 자본주의란다'라고 말하더라고. 지금 생각하면 참 참 우스운 장면이었지. 그 시절만 해도 신입생들이 입학하면 1~2년 선배들이 하나씩 붙어서 이런저런 얘기를 해주며 운동권으로 끌어들이는 작업을 했거든. 내 경우엔 재돈이 형이 그런 선배였던 셈이지. 그런데 (검찰로 간 뒤로는) 사람이 무섭게 변했더라고."

이외에도 운동권 출신 검사들은 꽤 많은데, 특이한 점은 상당수가 정치인이나 재벌 등 힘 있는 이들에 대한 수사를 주로 하는 특수부에 포진해 있다는 점이다.

이용호게이트 특검(2001년)을 시작으로 현대차 비자금 사건과 외환은행 헐값 매각 의혹 사건(2006년), 삼성 특별수사·감찰본부의 비자금·편법승계 사건(2007년), 신정아 학력위조 사건(2007년) 등을 다뤄 '권력형 비리 수사 전문'으로 유명한 윤대진 부장검사(25기·현 대검 첨단범죄수사과장)는 부인(판사)과 함께 서울대 커플 운동권으로 유명했다. 윤 부장검사와 친분이 있는 한 변호사는 "윤 부장은 서울대 법대 83학번 골수 운동권이었는데, 그때 인연으로 나중에 참여정부 시절 청와대에서 파견 근무하는 등 덕을 좀 보기도 했다"고 말했다. 윤 부장검사는 연수원생 시절 노무현 전 대통령이 몸담았던 법무법인 해마루에서 변호사 시보 생활을 하기도 했다.

2009~2011년 서울중앙지검 특수1부 부부장으로 근무하며 한명숙 전 총리의 정치자금법 위반 사건*과 안원구 국세청 국장 사건* 등 정치적으로 민감한 사건들을 다룬 임관혁 부장검사(26기·현 공주지청장) 또한 한때 서울대 사회대 NL(민족해방) 운동권의 핵심으로 활동했던 인사다. 그 인연으로 야당 또는 재야 쪽으로 지인이 많은 임 부장검사는 한 전 총리 사건을 맡으며 개인적으로는 곤혹스런 처지에 놓이기도 했다고 한다.

이들 말고도 기억나는 운동권 출신 검사들은 꽤 있다. 술 한잔 함께 하다 어색한 웃음과 함께 "나도 한때는 운동을 했었지"라며 입을 여는 경우가 종종 있었다. 앞서 말했듯이 운동권 출신들이 사회 여러 분야에 두루두루 진출해 있는 만큼, 운동권 출신 검사라는 이유만으로 이상하게 볼 일은 아니다. 보수 여당인 한나라당의 실력자 가운데 하나인 이재오 의원이나 차기 대권주

• 여기서 말하는 한명숙 전 총리 사건이란 한 전 총리가 건설업체 사장인 한아무개씨로부터 9억여 원의 금품을 수수한 혐의로 기소된 사건에 관한 수사를 일컫는다. 이에 앞서 한 전 총리는 곽영욱 전 대한통운 사장으로부터 5만 달러를 수수한 혐의로 서울중앙지검 특수2부의 수사를 받고 기소됐다가 1심에서 무죄가 선고됐다. 한 전 총리에 관한 '1차 수사'가 사실상 실패로 돌아가자 검찰 수뇌부는 자존심 회복을 벼르며 특수1부에 '2차 수사'를 맡겼는데 임 부장검사가 이 사건 주무를 맡게 된 것이다. 이 사건도 2011년 10월 31일 서울중앙지법 1심 재판에서 무죄가 선고돼 검찰로서는 '무리한 표적 수사를 진행했다'는 비판을 피하기 어렵게 됐다.

• 안원구 전 국세청 국장이 세무조사 기업들로부터 금품을 받고 편의를 봐줬다는 혐의로 기소된 사건. 하지만 안 국장은 이명박 대통령 소유 의혹이 있는 도곡동 땅의 진실, 한상률 전 국세청장의 연임 로비 등과 관련한 진실을 알고 있어 정권 핵심부에서 입막음과 함께 사퇴를 종용했으며 이에 불복하자 표적 수사를 당했다고 주장했다.

자 후보로 거론되는 김문수 경기도지사 같은 이들도 골수 중에서도 골수 운동권 출신 아닌가.

그런데 이런 운동권 출신 검사들에겐 언뜻 보기에 이상한(?) 대목이 하나 있다. 운동에 매진하느라 비교적 뒤늦게 사법시험에 합격한 이들이 법조인 가운데서도 판사나 변호사가 아닌 검사를 선택했다는 점이다. 일견 생각하기엔 운동권 시절 맞서 싸우던 적(!)에 가까운 검사보다는, 정치권력과 거리를 두고 있으며 업무상으로도 좀더 독자적 활동이 가능한 판사를 선호할 법도 하건만, 실제는 전혀 그렇지 않다는 것이다.

이를 두고 "판사보다는 검사가 사회의 거악과 직접 맞닥뜨려 싸울 수 있기 때문 아니겠는가"(한 검사), "부패 척결엔 좌우가 따로 없다"(운동권 출신 검사)라고도 하고, 혹자는 "운동권이나 검사 모두 권력지향적이라는 점은 공통적이지 않냐"(한 변호사)고도 한다. "판사 임관 성적이 안 돼 검사가 된 경우도 있을 것"이라는 농담 섞인 얘기를 들어보기도 했다.

아마도 운동권 출신 검사들이 거물 정치인이나 재벌 등을 수사하는 특수부에서 두각을 드러내는 경우가 많은 것을 보면 '거악과의 싸움을 위해서'라는 전자의 논리가 그럴듯하고, 궤변에 가까운 논리로 검찰조직 보호를 위해 헌신하는 모습을 보노라면 '권력지향적이라는 점은 공통적'이라는 후자 쪽에 무게가 실리기도 한다.

정답은 아무도 모르겠지만 아마도 검사를 선택한 이유는 저마다 다르지 않을까 싶다. 정치권에 몸담은 운동권 출신들이 좌우를 막론하고 두루 퍼져 있듯이, 검찰을 택한 운동권 출신들의 스펙트럼 또한 다양할 것이기 때문이다. 같은 운동권 출신이라도 사상은 물론 사람으로서의 결은 제각기 다르고 그에 따라 검찰을 선택한 이유는 다를 수밖에 없을 것이다. 그들 모두 과거에 비춰 현재 자신의 모습이 부끄럽지 않기만을 바랄 뿐이다.

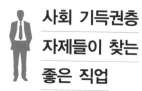

사회 기득권층 자제들이 찾는 좋은 직업

흔히들 "'개천에서 용난다'는 말은 이제 옛 말이 됐다"고 말한다. 이런 말이 판·검사만큼 그대로 맞아떨어지는 직종도 없을 것이다. 과거에는 각 지역마다 공부 잘한다는 수재들이 지역 명문고를 거쳐 명문대 법대에 입학하고, 이들 중 사법시험에 합격한 이들이 판·검사의 길을 걸었다. 이중에는 지주 등 부유층이나 상류층의 자식도 있었지만, 자영농이나 빈농 또는 도시 서민의 자식들이 더 많았을 것이다. 또 이들 대다수는 서울대 법대 등 이른바 명문대 동창생이었으나, 고향이나 고교가 서로 달라 대학이나 연수원에서는 이질적인 문화의 융합이나 교류가 상당했을 것이다.

하지만, 요즈음 판·검사가 되는 이들은 경제적, 문화적인 평준화가 상당히 진행됐다는 게 법조계 안팎의 공통적인 평가다. 그 평준화된 모델은 짐작하기 어렵지 않다. 대개 중산층 이상 가정에서 태어나 경제적으로 큰 어려움 없이 살아왔다. 괜찮은 머리를 타고난 데다 학원이나 과외의 도움을 받아 이른바 좋은 고교와 대학을 졸업했다. 또 머리가 굳어지기 전 공부하기 시작해 젊은 나이에 사법시험에 합격하고 사법연수원에서도 좋은 점수를 받아 판·검사에 임용됐으리라.

이러한 흐름이 강화되면서 과거 법조인의 주류를 이뤘던 지방 명문고 출신들은 크게 줄었고, 그 자리는 서울 강남이나 특목고 출신들이 메웠다. 이런 변화는 누구보다 매년 후배 검사들을 충원 받아 함께 생활하는 검사들 스스로가 잘 안다. 법조팀에 근무하던 시절 영남 지역 명문고 출신 한 검사장(현 변호사)과 사적인 자리를 가진 적이 있는데 그는 "우리 고등학교 동문 가운데 검사가 9명인데, 그 중에 검사장이 5명이야"라며 너털웃음을 지었다. 고교 평준화 이후 후배들 가운데 사법시험 합격자가 크게 줄었기 때문인데 "갈수록 후배들이 띄엄띄엄 들어와 왠지 모르게 섭섭하다"는 말이 뒤따랐다.

법무부에서 검찰 인사와 조직을 총괄하는 검찰과장 출신 한 간부도 "두고 봐라. 지금은 지역이 어디네, 고교가 어디네 따지지만, 10~20년만 지나면 그런 구분들은 거의 사라질 것이다. 그때는 어느 외고를 나왔다는 것 정도나 얘기가 될 것"이라고 말했다.

이런 젊은 법조인의 '사회·경제적 상향 평준화' 경향에 대한 우려는 판사라고 다르지 않다. 한 현직 대법관도 기자들과 만난 자리에서 "요즘 판사로 임용된 후배들은 외고나 강남 출신이 너무 많아 걱정스럽다. 고생해본 적도 없고, 어려운 경험도 별로 없는 이들이 실제 사건 당사자들의 마음이나 처지를 얼마나 이해하고 재판에 임할 수 있을지 걱정이다"라고 고민을 얘기하기도 했다.

〈한겨레21〉에서 일하던 2010년 2월, 이런 흐름을 구체적으로 살펴보기 위해 1990년, 2000년, 2010년 판·검사 임용자의 출신 지역과 출신 고교를 분석해봤다.* 2010년 검사 임용자 가운데 외고 출신이 20% 이상을 차지했고 갈수록 증가세에 있었다.연수원 졸업 뒤 군법무관을 거쳐 검사가 될 이들을 감안하면 실제 검사 임용자 가운데 외고 출신 비율은 훨씬 높아진다. 반면, 과거 지역 명문고들은 1년에 많아야 1~2명의 판·검사 임용자를 배출했으며, 아예 없는 경우도 적지 않았다.*

출신 지역별로는 수도권의 강세가 눈에 띄었다. 1990년 판·검사 임용자 가운데 서울 출신은 15%가량이었지만, 2010년엔 서울 출신이 30% 이상을 차지했다.

서울 · 외고 출신의 고급 샐러리맨

수도권의 좋은 집안에서 태어나 특목고 등을 거친 이들이 검찰이란 좋은 직장을 찾아가는 기류가 강화된 셈인데, 물론 부유하게 컸다고 검사의 자격이 없다고 할 수는 없는 노릇이다. 또 강남이나 특목고 출신들의 약진은 법조뿐 아니라 사회 전 분야에 걸쳐 일어나는 현상이기도 하다.

• 〈한겨레21〉 799호(2010.2.26 발매) 특집 'S(서울)-F(외고)라인 판 · 검사가 뜬다'
• 특히 대원외고는 2000년 이후 사법시험 합격자 최대 배출 고교 자리를 놓치지 않고 있는 것으로 알려져 있다. 한편 과거 지방 명문고가 평준화로 법조인 배출자가 크게 줄어든 대신, 1990년대 이후에는 일부 비평준화 지역 고교들이 법조인을 여럿 배출하고 있다.

여기에 좋은 쪽으로 생각해보자면, 수도권이나 외고 출신 위주의 신세대 검사들의 충원이 검찰조직에 끼치는 긍정적 변화도 적지 않을 것이다. 아무래도 선배들보다는 덜 권위적이고, 더 리버럴할 것이기 때문이다. 실제 부장검사 이상 간부들이 "요즘은 우리가 평검사들 눈치를 보고 산다"며 엄살(?)을 늘어놓는 경우가 적지 않았다. '검찰에서 편하게 생활하려면 믿을 만한 스폰서 하나는 있어야 한다'는 말이 어색하지 않을 정도로 '스폰서 문화'가 일반적이었던 과거 검찰에서, 조금이라도 개선된 게 있다면 이런 신세대 검사들의 등장이 끼친 영향도 클 것이다.

실제 한 부장검사는 '스폰서가 있던 것은 사실 아니냐?'는 질문에 "(지금은) 후배들이 싫어할 줄 뻔히 알면서 누가 그렇게 하겠느냐"고 말했다. "회식하고 술 마시자는 얘기 자체를 싫어하는 기색이 역력하다"며 연신 '세상이 변했다'고 한탄(?)하기도 했다. 또 다른 검찰 간부는 "요즘 부장들은 차장에 치받을 일이 있으면 해당 사건 주임검사가 직접 찾아가도록 한다"며 "젊은 검사들은 불만이 있거나 의견이 다를 경우 그 자리에서 곧바로 '안 된다'고 말하기 때문"이라고 말하기도 했다.

이는 젊은 검사들이 상대적으로 강단이 있다는 말인데, 한편으로는 현 시스템에서 부장검사가 놓인 처지를 단적으로 보여주는 사례이기도 하다. 옛날 선배들처럼 아랫사람의 의견을 막무가내로 누를 수 없는데, 그렇다고 본인이 직접 나서 위험을 감수하고 윗사람과 직접 부딪히기는 부담스럽다는 것이다. 평검사가 고위 간부와 의견 충돌을 빚을 경우엔 조직 내 동정 여론도 있고 세월이 좀 흐르면 고위층이 퇴임하거나 조직 내 여론에 따라 '복권'이 가능하지만, 부장검사가 3~4년가량 선배인 차장검사나 6~7년가량 선배인 검사장과 관계가 틀어질 경우엔 얘기가 다르다. 사실상 같이 늙어가는 처지이기 때문에 자신의 인사나 평판에 두고두고 좋지 않은 영향을 끼칠 수 있기 때문이다.

다시 신세대 검사 이야기로 돌아가서, 상대적으로 눈치를 덜 보는 수도권·외고 출신의 신세대 검사들이 많아질수록 검찰을 병들게 하는 주요 원인 가운데 하나인 '지역 따지는 문화'가 점차 줄어드는 장점도 있을 것이다.

하지만 이런 긍정적인 변화가 전부는 아니다. 이른바 '웰빙' 풍조에 따라 고된 야근 등은 갈수록 기피하는 분위기다. 출세욕이건 사명감이건, 일에 대한 욕심이나 집착 같은 것도 옅어질 수밖에 없다. 한마디로 검사가 고급 샐러리맨화 되어가는 분위기가 강해졌다. 머리 좋고 공부 잘해서 직업 선택의 여지가 넓은데, 주변의 기대에도 부응하며 당장의 대우도 좋고 퇴직 이후까지 보장되는 안정적 전문직으로서 검사는 해볼 만한 일 아니겠는가.

이런 변화를 바라보는 검찰 외부와 내부의 시선은 다르다. 검찰 외부에서는 자연스런 세대교체를 통한 검찰 변화를 기대하는 쪽이 있겠지만, 검찰 내부에서는, 특히 고위직들은 이런 신세대 검찰 문화가 수사력 약화의 한 요인으로 이어지는 것을 우려하는 목소리가 크다.

하지만 자연스런 세대교체를 통한 검찰 개혁에 너무 큰 기대를 걸기는 힘들어 보인다. 시스템이 바뀌지 않는 한 근본적 변혁을 기대하기는 어렵기 때문이다. 현 구조가 계속된다면 적당한 정도의 능력이나 노력에 연줄과 배경을 갖춰 출세한 선배들의 길을 밟아가는 소수의 주류 검사들과, 적당히 자신이 맡은 일에 신경 쓰며 언제 변호사로 전직해 돈을 많이 벌 것인지 고민하는 비주류 다수 검사들로 나뉘는 현실이 계속될 것이란 얘기다. 그리고 신세대 검사들이 검찰조직 문화와 패턴을 바꾸는 것 이상으로 검찰조직 또한 젊은 검사들의 의식이나 스타일을 바꿔나가지 않겠는가.

결국, 근본적 문제가 고쳐지지 않은 채 고급 샐러리맨화한 검사들만 늘어난다면 검찰은 그 정치성은 여전하면서 업무능력은 더 떨어질 수도 있다. 이런 흐름이 고착화 된다면 단점은 여전한데 그나마 조직을 유지하게 해준 최소한의 장점마저 줄어드는 최악의 길을 걸을 수도 있다는 것이다.

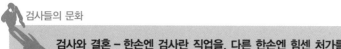

검사와 결혼 – 한손엔 검사란 직업을, 다른 한손엔 힘센 처가를

우리나라에서 판사나 검사라는 타이틀 자체가 출세의 상징인 만큼, 검사들은 결혼 시장에서 선호도가 높다. 특히 법조인 숫자 자체가 적었던 과거에는 더욱 그랬다. 때문에 정치인이나 기업가, 고위 관료 등은 딸들의 배필로 의사, 관료 등과 함께 판·검사를 한두 명씩 넣고 싶어했다. 그런 결과, 현재 고위직 검사들 중에는 부유하거나 힘센 처가를 둔 이가 많다.

그러던 게 1980년대를 지나면서부터는 이와는 약간 다른 흐름이 형성되기 시작했다. 검찰 고위직이 검사 사위를 들이는, 검찰(장인)이 검찰(사위)을 재생하는 구조가 만들어진 것이다. 이른바 '법조귀족'의 탄생이다. 법조인들이 사위로 법조인을 선호하는 데다 젊은 검사들은 검사로서 직장생활은 물론 경제적으로도 도움이 될 법조인 집안 출신 여성을 마다할 이유가 없을 것이다. 서초동에서 활동하는 한 변호사의 말이다.

"언제부터인지 법조귀족들이 많아졌다. 이들은 눈에 안 보이는 이너서클을 형성한다. 젊은 시절부터 서로 잘 알고 근무지도 서로 당겨주고 그런다. 주로 법무부나 서울중앙지검 금융조세조사부 등 노른자위 보직을 주고받곤 한다. 당장 생각나는 것만 해도 (전 법무부장관) 박○○의 사위 김○○ 검사, 김○○ 전 대검 차장의 사위 전○○ 검사, (광역자치단체장 출신 유력정치인) 심○○의 아들 심○○는 서울 ㅎ고 동문으로 친구이다. 하나같이 다들 잘 나가지. 그 윗급으로도 (전 서울지검장) 임○○의 사위, (검사장을 지낸) 노○○ 검사장의 사위, (대검 공안부장을 지낸) 진○○의 사위, (검사장을 지낸) 김○○의 사위, (법무연수원장까지 지낸)

전○○의 사위 등 한둘이 아니다. 몇년 전에 법무부 검찰과 1-1˚인 김○○ 검사가 신임검사들을 상대로 '검찰에서는 줄 없이도 잘 나갈 수 있으니 걱정 말고 열심히 일만 잘하면 된다'고 얘기를 했다는데 이를 두고 누가 욕을 하더라. 그런 말을 한 본인은 정작 (법조계 유명인사인) 김○○ 변호사 사위였기 때문이다."

이 변호사는 "미리부터 유력자 딸을 골라 가려고 하기도 한다. 내 경우도 어떤 후배가 '(검찰에서 잘 나가는) ○○○ 부장 좀 아냐? 자연스레 소개 좀 시켜달라'고 하더라"며 "코어끼리 뭉치는 데 자기도 끼고 싶었던 것 아니겠냐"라고 말했다.

이명박 정부가 들어선 뒤로는 가까운 친인척을 통해 여권 핵심부와 직접적인 인연을 맺은 이들이 잘 나간다. 최교일(15기) 서울중앙지검장과 국민수(16기) 검찰국장을 두고서 처가 덕을 봤다는 평이 도는 게 대표적이다. 또 대통령 친인척과 친분이 있는 것으로 알려진 평검사가 청와대 사정라인 주요 보직에 임명되고, 법무부에 오래 근무한 한 간부는 대통령의 사위(이상주 변호사)와 친하다는 소문을 퍼뜨렸다며 청와대 민정수석실에서 '경고'를 받았다고도 한다.

젊은 법조인이 판·검사생활에 있어 든든한 배경이 될 법조인 집안 출신 여성을 선호하는 것 이상으로, 고위직 출신 법조인이 판·검사

• 법무부에서도 가장 핵심은 검찰을 관할하는 검찰국인데, 검찰국에는 4개 과가 있다. 검찰과(과거 검찰1과), 형사기획과(과거 검찰2과), 공안기획과(과거 검찰3과), 국제형사과(과거 검찰4과)가 그것이다. 이 중에서도 검찰 인사와 예산을 관리하는 검찰과가 가장 파위가 센데, 검찰과 수석검사는 '1-1(일 다시 일)'이라는 은어로 불린다. '검찰1과의 1번 검사'란 말인데, 평검사 인사 실무를 총괄해 '이조전랑'이라는 별칭으로 불리며, 검사 개개인들의 자력이나 평판 등을 속속들이 알고 있어 간부들도 함부로 대하지 못한다. 몇년 전에는 검찰과에 부부장검사 자리가 새로 생겼는데, 이 자리는 '1-0(일 다시 영)'으로 불린다.

사위를 맞기 위해 유난을 떠는 경우도 많다. 이들은 대개 사법연수원 교수로 나가 있는 후배 부장검사들에게 쓸 만한 연수원생을 소개해 달라는 '압박성 부탁'을 했다고 한다.*

한때 연수원생과 연수원 교수들 사이에서는 검사장 출신으로 정부기관 위원장까지 지낸 ㅈ씨가 법조인 사윗감 물색에 공을 들인 것으로 유명했다. 한 변호사는 "(ㅈ씨가) 연수원생과 군법무관 중에서 사윗감을 너무 세게 물색하고 다녀 소문이 파다했는데, 심지어 딸보다도 자신이 먼저 사윗감을 만났다더라"며 "자기가 얼마나 힘이 있고 뒤를 봐줄 수 있는지 보여주고 먼저 기선을 제압하려는 것일 텐데, 검찰 고위직 출신에, 책도 내고, 박사이고, 검찰 퇴임 뒤에도 또다른 정부기관 기관장까지 거쳤다며 어떻게나 폼을 잡았던지 (연수원생들 사이에서) 말이 많았다"고 말했다.

또 다른 검사장 출신의 ㅈ씨는 일선 지검장 재직 시절 검찰청에 맘에 드는 총각 검사가 초임발령 나자, 일부러 주말이면 서울 자신의 집으로 심부름을 보내 자연스레 자신의 딸과 만나도록 했고 결국 결혼까지 성사시킨 것으로 알려져 있다.

딸이 나이가 있거나 미모가 떨어질 경우엔 쉽사리 연을 맺지 못해, 주변 지인들 여럿에게 연통을 넣는 수밖에 없다. 서초동을 출입하던 시절 만난 법조계 소식에 밝은 한 변호사의 얘기다.

"사법시험에 합격해 연수원을 수료한 뒤 군 복무중으로, 판사 임용을 앞두고 있던 모 검찰관이 검찰총장 출신 인사의 딸과 선을 보

---

* 우스갯소리로 검찰에서 파견된 사법연수원 교수의 2대 임무가 있다고 한다. 하나는 똑똑한 연수원생들이 검찰을 선택하도록 하는 것이요, 또 다른 하나는 선배들에게 법조인 사위를 골라주는 것이라고 한다.

게 됐나봐. 가까운 친척이 총장의 불알친구여서 다리를 놔줬다지 아마. 총장의 딸을 만나본 검찰관은 외모나 성격 등 여러모로 '내 짝이 아니다.' 결론을 내렸대. 그런데 그 즈음 다리를 놔준 친척이 전화를 걸어와 '총장이 직접 얘기하더라. 한 번만 더 만나달라'고 부탁하더란다.

좀 황당하긴 했으나 집안 어르신 체면도 있고 해서 한두 번 더 만나보려고 했는데, 그 뒤 얼마 안 돼 총장이 직접 연락해와 식사를 함께 하게 됐대. 그런데 그 자리에서 총장이 '내가 생활해보니 법조인은 처가가 중요하더라', '초임이야 성적순이어서 어쩔 수 없지만 법원 고위직에 있는 친한 동기에게 얘기해 두 번째는 서울로 발령받게 해주겠다' 등의 말을 넌지시 건네더란 거야.

또 다시 황당해진 검찰관은 이건 아니라는 생각을 굳히고 관계를 정리하려고 총장 딸을 만났대. 그때 총장의 딸이 중견기업에 다니고 있었는데 무심코 '어떻게 그 회사를 다니게 됐냐'고 묻자 '예전에 어떤 판사랑 결혼 직전까지 갔다. 그런데 그 중간에 내가 직장이 없는 것이 마음에 걸린다고 하더라. 결혼이 무산된 뒤 그 이야기를 엄마에게 했더니 아빠가 어떻게 손을 쓰셨는지 이튿날 (지금 다니는) 회사에서 연락이 와서 출근하라고 해 지금까지 다니게 됐다'고 답하더란다.

갈수록 황당한 얘기가 이어지자 검찰관이 당황해하고 있었는데, 그때 총장 딸이 엄마에게서 전화가 왔다며 전화기를 건네주더란다. 얼결에 전화기를 건네받았는데, 총장 부인이 또 다시 '중요한 사람 전화니 받아보세요'라며 누군가를 바꿔주더란다. 누군지 궁금해하며 통화를 하는데, 알고 보니 그 총장 집안에서 대놓고 다니는 용한 점쟁이였다나. 전화기 건너편 점쟁이가 말하길 '내가 수십 년 동안 ×총장님 점을 봐주면서 총장님까지 만들어줬다. 우리 검찰관님 사주를 보고 내가 깜짝 놀랐다. 더욱이나 이 댁 따님이랑 궁합이 너무 너무 잘 맞다. 둘이 만나면 정말 좋다' 등등 장광설을 풀어놓더라나.

완전히 질린 검찰관은 더 이상 참지 못하고 '우리는 인연이 아닌 것 같습니다. 먼저 일어나겠습니다'라며 자리를 일어섰단다. 그런데 총장 딸이 뒤따라 나오더니 팔짱을 끼며 이런 말을 했다나. '엄마가 오늘은 집에 들어오지 않아도 된다고 했는데……'"

이 검찰관과 총장 딸의 인연은 거기까지였지만, 총장 딸은 그 뒤 또 다른 법조인을 만나 결혼에 성공했다고 한다.

법조인 사위를 들이는 것에는 성공했지만, 결국 딸의 이혼을 지켜봐야만 했던 고위직의 경우도 있다. 서초동 밑바닥 소문에 밝은 관계자의 얘기다.

"(최고위직에까지 올랐던) ○○○ 선생이 날라리 딸 때문에 고생이 많았단다. 본인은 후배들로부터 존경 받고 훌륭한 선배라는 평을 받는데, 딸은 어려서부터 좀 놀았나봐. 나이트클럽 같은 곳도 드나들고. 그래도 어찌어찌 노력해서 법조인과 결혼을 시켰는데, 이 법조인이 수도권의 한 도시에서 일하게 됐대. 장인 얼굴을 봐서라도 열심히 일 좀 해보겠다고 직장 근처에 오피스텔 얻어 혼자 살면서 서울 집에는 일주일에 한두 번이나 들어갔단다. 그런데 그 딸이 삶이 심심해졌는지, 옛 버릇을 못 버렸는지 나이트클럽엘 가끔 드나들게 됐나봐. 가끔씩 즐기면 좋은데, 하필 한번은 '대물'을 만나게 된 거야. 만남이 일회성을 넘어간 것이지. 그러다가 그 딸은 여러 가지 상황을 고려해 관계를 끝내려고 했대. 그런데 이번엔 이 대물이 떨어지지를 않더라나. 끈질기게 들러붙어 거의 협박 수준으로 나오자 '내 남편이 누군지 아느냐'며 남편 명함을 보여줬는데, 이 대물이 '장난하냐'며 남편 사무실로 전화를 걸었다나. 결국 이 법조인은 충격을 받고 이혼한 뒤 사표를 내고 유학 떠났다지."

이것은 서초동 바닥에 워낙에 파다하게 퍼졌기에 복수의 소식통이 전해준 이야기다. 하지만 일각에서는 "(그 딸이) 그 정도까지는 아니었는데 좀 과장된 얘기인 것 같다"는 말도 있다. 사실 소문은 소문일 뿐. 하지만, 아닌 땐 굴뚝에 연기가 날 리도 없는 법. 뭔가 말 못할 사정으로 고위직 출신 인사의 딸이 이혼을 하게 된 것은 분명한 사실인 듯하다.

얘기를 하다보니 검사의 결혼에 관해 부정적인 이야기만 한 것 같은데, 그런 검사만 있는 것은 아니다. 본가의 반대에도 불구하고 첫사랑과 순애보를 성사시킨 검사도 있고, 평범한 처자와 선을 봐 행복하게 사는 경우도 있다. 한동네 누나랑 결혼한 경우도 있다.

2010~2011년 한화와 태광그룹 수사를 지휘하다가 법무부와 갈등을 빚어 검찰조직을 떠난 것으로 알려진 대표적인 강골 검사였던 남기춘(15기·현 변호사) 전 서울서부지검장의 결혼사는 유명하다. 서울대 법대 1학년(1979년) 시절 민주화 요구 데모에 참가했다가 함께 데모를 하던 동료 학생의 집으로 잠시 피신을 했었는데, 이게 인연이 돼 사법시험에 합격한 뒤 이 학생과 결혼에 골인한 것이다. 명문가에 매우 부유했던 남 전 검사장의 집에서 여성이 연상인 점 등을 들어 끝내 결혼을 반대하자, 그는 부인과 증인 몇 명만 데리고 명동성당에서 단출하게 결혼식을 올렸다고 한다.

강력통으로 전주지검 차장검사를 끝으로 검찰을 떠난 정윤기(17

기) 변호사는 사석에서 사법시험 합격 뒤 여러 선자리를 거절하고 고향 마을 인근 하위직 경찰관의 딸과 만나 한 달여 만에 결혼한 것을 두고 "내 평생을 두고 가장 잘한 일"이라며 자랑하곤 했다.

가장 센세이셔널하게는 다방 여종업원과 결혼한 경우도 있다. 훗날 검찰 최고위직에 오르기도 한 이 검사는 군법무관 시절 만났던 다방 여종업원이 임신을 하자 '내가 책임지겠다'며 결혼을 한 것으로 유명하다.

그러고 보면 검사들의 결혼도 케이스 바이 케이스인 듯하다. 물론 검사가 유력가 사위가 되는 비율이 일반인에 비해 비교할 수 없을 정도로 높고, 세월이 흐를수록 낭만적인 사랑보다는 셈법에 따른 결혼이 늘어난 것은 분명한 사실이다.

법조인 부부가 많아지는 추세도 확실해 보인다. 대학 시절부터 고시공부를 함께 하거나 연수원에서 만나 결혼까지 이어진 경우가 많아졌다는 것이다. 특히 여검사의 경우는 이 타이밍을 놓치면 결혼에 애를 먹는 경우가 많다. 검사라는 직업 자체가 좀 무서운 면(?)이 있는 데다, 상대적으로 격무이고 지방 근무를 해야 하는 등 일반적인 남성들이 선호하기 어려운 조건들을 가지고 있기 때문으로 보인다.

2

검사의

적,

검찰

조직에 해가 되면 수장도 찍어내는 조직 논리

〈한겨레21〉에 근무하던 2009~2010
년 무렵 어느 날 저녁, 오랜만에 서초동을 찾았다. 과거 법조팀
에서 일할 때부터 친분이 있던 한 검찰 간부와 저녁식사 약속이
있었기 때문이다. 마침 함께 보기로 한 일행들이 조금 늦는 바람
에 그 검찰 간부와 둘이서 맥주를 한잔 하며 가벼운 대화를 나누
게 됐다. 안부와 농담 몇 마디가 오가던 중 그 간부가 물었다.

"이 기자, 검찰이 왜 조폭 수사를 경찰에 다 맡기지 않고 직접
하는 줄 알아?"

"글쎄요. 뭐 특별한 이유가 있을까요."

"그게 말야, 하늘 아래 두 조직은 있을 수 없는 법이거든."

순간 나도 모르게 웃음이 빵 터졌다. 하지만 정작 말을 꺼낸
당사자는 꽤나 진지한 표정이었다. 20년가량 몸담아온 평소 검
찰의 조직문화에 많은 문제의식을 가지고 있었던 것이다.

"이게, 농담 같지만 농담이 아니야. 솔직히 검찰이 그(조폭) 조
직보다 더하면 더했지 모자라지 않잖아. 검사들이야 그 안에만
있다보니 그것을 당연시하며 살고 있는 것이고……."

실제 그랬다. 생각해보면 옆에서 지켜본 검사들 상당수가 "검

찰조직이 이래서는", "검찰조직을 위해서는"이라는 말을 입에
달고 살았다. '검찰'이라는 말만큼이나 '검찰조직'이라는 말을
자주 들었다. 그래서일까. 검사들에게 한번 부장검사로 모신 선
배는 변호사로 개업을 했건 기업체 임원이 됐건 항상 "부장님"이
었고, 한번 총장을 지낸 이는 영원히 "총장님"이란 호칭이 따라
다녔다.

심지어 소장파들이 수뇌부나 선배들의 처사에 문제제기를 할
때조차 '조직'을 명분 삼았다. 노무현 정부 시절 강정구 동국대
교수의 국가보안법 위반 혐의 수사와 관련해 천정배 법무부장
관이 불구속 수사하라며 수사지휘권을 발령하자, 대검의 중간
간부들이 나서서 김종빈 검찰총장에게 퇴진을 압박한 게 대표
적이다. 김 총장은 언론 인터뷰 등을 통해 장관의 수사지휘권 발
동을 받아들이되 검찰의 독립을 위해 스스로 사표를 내고 나왔
다고 밝혔지만, 그의 사퇴는 당시 대검 과장(부장검사) 등 중간간
부들이 "검찰조직을 위해 결단하셔야 한다"며 의견을 개진한 것
이 결정적인 영향을 끼쳤다는 게 정설이다. 김 총장은 자신을 보
좌하는 참모들이 깨끗이 사퇴하시라는 의견을 내자, 매우 당혹
해했다고 한다.

좀더 최근인 2011년 7월 김준규 검찰총장의 퇴임도 비슷한 맥
락에서 이뤄진 일이다. 6월 28일 국회 법제사법위원회는 형사
소송법에 경찰의 수사개시권을 명문화하고, 경찰에 대한 검찰
수사지휘의 구체적 사항은 법무부령이 아닌 대통령령으로 하는
등의 내용을 담은 검·경 수사권조정안을 통과시켰다.

이에 이튿날 아침 검·경 수사권조정 논의의 검찰 쪽 파트너였던 홍만표(17기·현 변호사) 대검 기획조정부장이 사의를 표시하고 검찰 내부 통신망에 "이제 떠나야 할 때가 됐습니다"라는 제목의 글을 올렸다. 점심께는 대검 선임연구관과 기획관, 과장 등 차장·부장검사급 중간 간부 30명가량이 참석한 가운데 긴급회의가 열렸고, 국회 법사위의 개정안 통과에 격분하는 발언과 함께 지휘부 책임론이 제기됐다. 회의 직후 김호철(20기) 형사정책단장, 구본선(23기) 정책기획과장, 이완규 형사1과장 등이 공식적으로 사의를 표명하기도 했다.

오후 늦게는 김홍일(15기) 중앙수사부장, 조영곤(15기) 형사·강력부장, 신종대(14기) 공안부장, 정병두(16기) 공판송무부장 등 대검 검사장급 간부들도 사표 행렬에 동참했다. 결국 이날 밤 김준규 총장 주재로 간부회의가 열렸고, 김 총장은 "국회 결정을 받아들일 수 없으며, (거취에 관해서는) 세계검찰총장회의가 끝나는 7월 4일 입장을 표명하겠다"며 사실상 사퇴 의사를 밝혔다. 검찰의 이 같은 집단행동에 비판 여론이 쏟아졌고 청와대도 김 총장의 사퇴를 만류했지만, 흐름상 김 총장의 퇴진은 기정사실화됐다.

논의 흐름을 보면, 수사권조정 논의 담당 책임자가 사의를 밝힌 것을 시작으로, 밑에서부터 들끓어올라 위로 번져간 형식이다. 대검의 부장검사급과 차장검사급, 검사장급들의 잇따른 대책회의와 집단 사의 표명은 수사권조정안을 통과시킨 국회에 대한 반발의 뜻도 있었겠지만 김 총장의 결단을 재촉하는 의사표시이기도 했다. 조직을 생각할 때 있을 수 없는 일이 일어난 만큼, 수장이 책임을 져야 한다는 무언의 합의가 이뤄진 것이다. 만약 아랫사람들이 잇따라 사의를 밝혔는데 총장이 자리를 계속 보전하겠다고 했다면 어떻게 됐을까? 한 법조기자는 "(총장으로서) 아무것도 할 수 없는, 그야말로 (검찰 안에서) 바보가 되는 것이지"라고 말했다. 바깥에서 보기엔 이해가 안 되겠지만, 검찰 안에서는 이런 게 상식이다.

　검찰의 조직 논리란 게 무엇이고, 얼마나 강력한 영향력을 갖기에 평소 하늘처럼 모시던 조직의 수장이자 검찰권의 상징인 총장을 쫓아내는 동력이 되기도 하는 것일까?

피라미드형 조직

검찰조직은 하나, 전국 검사도 하나

검찰이 하나의 강력한 조직으로 존재한다는 점은 누군가에게는 쌉쌀한 농담거리지만, 대다수 검사들에게는 너무나도 당연한 것이다. 그도 그럴 것이, 국회에서 제정한 법률에 그렇게 명시돼 있었다.

검찰청법 제11조 (검사의 직무)

검사는 검찰사무에 관하여 상사의 명령에 복종한다.

검찰총장과 검사장은 소속검사로 하여금 그 권한에 속하는 직무의 일부를 처리케 할 수 있다.

검찰총장과 검사장은 소속검사의 직무를 자신이 처리하거나 다른 검사로 하여금 처리케 할 수 있다. (법률 제81호, 1949.12.20 제정 및 시행)

이른바 '검사동일체 원칙'이다. 검사동일체 원칙이란 말 그대로 전국 검찰은 한 몸이란 말이다. 이를 두고 형사소송법 해설서에서는 "전국의 모든 검사가 검찰총장을 정점으로 한 피라미드형 상하의 계층적 조직체를 형성하고 일체불가분의 유기적 통일체로서 활동하는 것"이라는 설명을 달기도 한다.

검찰이 추구하는 조직이 어떤 조직인지 제대로 알기 위해서는, 상명하복을 명시한 첫 번째 조항 이상으로 상관이 자신의 일을 부하 검사에게 대신 시킬 수 있고, 부하 검사가 상관의 의견에 반대 의견을 표명하거나 고집을 부리면 다른 검사로 하여금 수사나 기소, 재판유지를 대신 진행하도록 할 수 있다고 규정하고 있는 두 번째와 세 번째 조항을 주목해야 한다. 이 조항들이 바로 조폭에 필적할 만한 '검찰조직'을 만들어낸 법적인 뿌리이기 때문이다.*

검찰이 왜 이렇게 하나의 단일한 대오를 갖춘 조직이어야 할까? 형사소송법 책에서는 전국적으로 균형 있는 검찰권 행사를 가능하게 해 공정을 기하고, 범죄수사에 있어서 신속성과 기동성을 확보하는 데 그 취지가 있다고 설명한다. 하지만 검

---

* 검사동일체 원칙이 악용된 대표적 사례로는 1964년에 일어난 '1차 인민혁명당 사건'을 들 수 있다. 당시 김형욱 중앙정보부장은 북한의 지령을 받아 국가변란을 꾀한 지하조직 인민혁명당을 적발했다고 발표하고 47명의 피의자를 검찰에 송치했다. 하지만 사건을 송치 받은 서울지검 공안부가 20일가량 수사를 진행했지만 아무런 물증을 찾을 수 없었다. 이에 공안부 이용훈 부장검사와 김병리, 장원찬 검사는 "법률가로서 도저히 이들을 기소할 수 없다"며 버텼다. 검찰 수뇌부는 이들에게 회유와 압박을 가했지만 통하지 않자 결국 당직을 서던 정명래 검사로 하여금 공소장을 작성하도록 했다. 그는 담당검사가 아니었기에 사건 실체를 전혀 몰랐지만, 검사동일체 원칙에 따라 그의 기소는 법적으로 아무런 문제가 없었다. 기소를 거부한 이 부장검사 등 3명은 사표를 써야 했지만, 정 검사는 그 공로를 인정 받아 다음 인사 때 중앙정보부 부국장으로 옮겨갔다. 이 사건을 계기로 검찰은 독재정권의 완벽한 통제 아래에 놓이게 됐다.

찰이 전국적인 단일 조직체인 덕분에 검찰권이 얼마나 균형 있고 공정하게 행사됐는지는 의문이다. 역사적으로 우리나라 검찰이 단일 조직체가 아닌 적이 없어 비교는 불가능하지만, 검사동일체 원칙이 확고한 지금 검찰이란 단어를 말할 때 균형이나 공정을 떠올리는 이는 별로 없기 때문이다.

반면에 그 조항의 폐해는 어떤가? 검찰이 그런 단일 조직체이기에 온갖 압력이나 부당한 명령이 가능했고, 그 결과 검찰권이 왜곡되게 행사돼온 게 현실이다. 정치적으로 민감한 사건에서 정권 고위층의 지시나 요구를 받은 고위층이 담당 검사에게 부당한 지시나 압력을 가할 수 있는 밑바탕이 됐기 때문이다. 결국 검사동일체 원칙이야말로 굴욕스러웠던 검찰의 역사를 있게 한 법적 기반이었다. 영화나 드라마에서 상관이 주임검사에게 "더 이상 파면 윗선이 다칠 수 있다. (수사를) 그만해라", "이번 건은 한 3~4명 구속시키는 선에서 대충 정리해라" 등 부당한 명령을 내리는 장면들이 현실에서도 이뤄질 수 있었던 근거가 이 법조문이었던 것이다.

이런 검사동일체 원칙의 덕을 가장 크게 본 이는 최고 권력자를 비롯한 정권 수뇌부였다. 법무부장관과 검찰총장만 확실한 '자기 사람'을 앉히면 전국 모든 사건에 대해 영향력을 행사할 수 있었기 때문이다. 다음으로 검찰 핵심에서 성장해오며 한 발짝씩 올라 조직의 정상에 올랐던 '잘 나가던 검사'들도 덕을 보았다. 피라미드형의 단일 조직체여서 자리가 올라갈수록 그에 비례해 더 많은 권력과 권한을 휘두를 수 있었을 것이기 때문이다.

하지만 세상이 점차 민주화되며 이런 검사동일체 조항에 대한 비판의 목소리도 커졌다. 상명하복의 문제점이 부각되면서 군대와 같이 극히 경직된 검찰구조에 대한 문제의식도 깊어갔다. 법리적인 문제점도 있었다. 검사 개개인에게 '공익의 대표자'로서 범죄수사와 공소 제기 및 유지, 재판 집행과 지휘 등의 권한이 있음을 명시한 검찰청법과 배치·모순된다는 지적이 있었던 것이다.

어느 법 조항에서는 개별 검사에게 한없이 막강한 권한을 부여했는데, 또 다른 법 조항에서는 검사를 투입과 교체가 자유로운 부속품쯤으로 규정한 것이다. 이런 지적들이 계속되자, 결국 참여정부 시절인 2004년 1월 검사동일체 원칙이 삭제되고 대신 '검찰사무에 관한 지휘·감독' 조항이 신설됐다.

검찰청법 제7조(검찰사무에 관한 지휘·감독)

① 검사는 검찰사무에 관하여 소속 상급자의 지휘·감독에 따른다.

② 검사는 구체적 사건과 관련된 제1항의 지휘·감독의 적법성 또는 정당성 여부에 대하여 이견이 있는 때에는 이의를 제기할 수 있다.(법률 제 7078호, 2004.1.20 시행)

제7조의2 (검사 직무의 위임·이전 및 승계)

① 검찰총장, 각급 검찰청의 검사장(檢事長) 및 지청장은 소속 검사로 하여금 그 권한에 속하는 직무의 일부를 처리하게 할 수 있다.

② 검찰총장, 각급 검찰청의 검사장 및 지청장은 소속 검사의 직무를 자신이 처리하거나 다른 검사로 하여금 처리하게 할 수 있다.

이름이 '검찰사무에 관한 지휘·감독' 조항으로 바뀌고 부당한 지휘·감독에 이의제기권이 신설됐지만, 강고한 조직주의의 분위기는 여전하다. 현장에서도 이런 개정이 별다른 효과를 낸 것 같지는 않다. 과문해서겠지만, 평검사가 이 조항의 이의제기권에 근거해 부당한 수사 방침이나 지휘에 문제제기를 했다는 얘기는 들어보지 못했다. 이명박 정부가 들어선 뒤 검찰권 남용 수준이 과거 군사독재 시절 못지않다는 지적이 많지만, 검찰 내부는 너무나도 조용하지 않은가.

결국 법조문은 법조문일 뿐이고 현실은 따로 있는 것 아닐까. 법조문은 약간이나마 바뀌었지만 현실은 그만큼의 변화조차 수용하기 버거워하는 것 아니냐는 얘기다. 그렇다면 이제 그런 검찰의 '현실'을 구성하는 요인들을 살펴보자.

철저한 기수 문화

사법시험에 합격하고 사법연수원을 졸업한 뒤 친지들의 축복 속에 검사로 임용된다. 개인은 물론 가문의 자랑이라 할 만한 경사이리라. 본인은 물론 가족까지도 주변 사람들의 부러움 섞인 시선을 받으며 으쓱해할 것이다.

실제 검사에게 부여된 막강한 권한은 어떤가. 자신에게 배당된 사건들의 무수한 피의자들에 대한 1차 생사여탈권을 가질 것이며, 자신보다 나이가 훨씬 많은 직원이나 경찰관도 그를 깍듯이 모실 것이다. 대외적으로도 3급 대우를 받는 고위 공무원, 어떤 자리에 가도 함부로 무시하지 못할 '높은 분'인 것이다.

하지만 기존 검찰조직에서 보자면 어떨까? 냉정하게 말하자면 전국 1800여 명 검사들 집단에 충원된 막내일 뿐이다. 그 막둥이 검사는 근무연수와 보직 경력에 따라 한 걸음 한 걸음 위로 올라가는 조직인으로서의 경로를 밟을 것이다. 검사 임용은 바깥에서 보자면 선망의 대상이지만, 안에서 보자면 층층시하 조직생활의 시작이기도 한 것이다.

그런 검찰의 조직 구성과 관련해 우리나라 현행법에서는 검사를 검찰총장과 검사라는 단 두 개의 계급으로 나눈다.

검찰청법 제6조(검사의 직급)

검사의 직급은 검찰총장과 검사로 구분한다.(법률 제7078호, 2004.1.20 시행)

하지만 이는 법 조항일 뿐 실제 검사들의 계급은 훨씬 세부적으로 나뉜다. 초임 검사 발령 뒤 약 12~13년가량 경력(군법무관 포함)이 쌓이면 부부장검사가 된다. 이제 지방 소규모 지청의 부장검사를 시작으로 1년 단위로 좀더 큰 규모의 검찰청 부장검사로 옮겨오게 된다. 초임 부장검사 시절엔 검사 2~4명가량 근무하는 시골 소규모 지청*의 지청장으로 발령이 나기도 한다. 또 평범한 부장검사들이 일선 지청-검찰청의 부장검사 보직을 밟아갈 때,

---

• 규모가 적어 지청장 아래 부장검사 없이 2~4명의 평검사들만 있는 지청을 비부치지청이라고 한다. 속초, 영월, 논산, 공주, 제천, 영동, 상주, 의성, 영덕, 경주, 안동, 거창, 밀양, 정읍, 남원, 장흥, 해남 지청 등이 이에 해당한다.

잘 나가는 이들은 법무부나 대검의 과장, 또는 정부부처 파견을 거치기도 한다.[*] 부장검사라는 타이틀까지는 자동승진이지만 보직에 따라 권한과 역할이 천차만별이기에 부장검사라도 다 같은 부장검사가 아니라는 말이다.

부장검사 4~5년차, 즉 검사 경력 17~18년차에는 그 차이가 명확해진다. 이 즈음 서울중앙지검 부장검사로 발령을 받을 수 있는데, 현재 검사임용 동기 가운데 약 3분의 1만 거칠 수 있다. 결국 법무부나 대검 근무 경력이 있는 등 잘 나가는 이들 위주로 22~23개가량인 서울중앙지검 부장검사 직위를 거친다는 얘기다. 기수가 낮아질수록 한해 임관된 동기 검사들이 많아 경쟁률은 더욱 높아질 것이다.

서울중앙지검 부장검사로 발령 받지 못한 동기생들은 주로 고검 또는 다른 지방검찰청의 선임 형사부장(제1형사부장) 자리에 배치된다. 경우에 따라서는 가끔씩은 국회 파견, 법무부 근무 등 중요 보직에 있느라 서울중앙지검 부장검사 직위를 건너뛰기도 한다.

서울중앙지검 부장검사를 거친 뒤에는 대검 기획관이나 법무부 심의관, 또는 차장검사 없이 부장검사 1명과 평검사 10명가량을 밑에 두고 있는 중간 규모 지청[*]의 지청장, 검사가 20명가

• 타 부처 파견은 부장검사 이전인 검사 10년차 전후 때부터 가능한데 직급이 매우 높다. 고참 평검사는 2급 공무원, 부장검사는 1급 공무원 대우를 받는다. 해당 기관 직원이라면 행정고시 출신도 20년 넘게 근무해야 국장급으로 올라설 수 있는데, 검사는 10년 남짓한 경력만으로도 그와 같은 대우를 받는 것이다.
• 지청 규모가 중간 정도로 지청장 아래 부장검사가 있어 평검사들을 통솔하는 지청을 부치지청이라고 한다. 평택, 여주, 강릉, 원주, 서산, 홍성, 천안, 충주, 김천, 포항, 진주, 통영, 군산, 목포 지청 등이 이에 해당한다.

량에서 많게는 40명 가까이 근무하는 대규모 지청*의 차장검사 등을 거친다. 그리고 이 경쟁에서 탈락한 이들은 주로 고검에 배치된다.

2~3년 뒤엔 서울중앙지검을 비롯한 수도권 지역 검찰청 차장검사 또는 성남, 안양, 안산, 부천, 고양, 천안, 순천, 부산동부, 대구서부 지청 등 규모가 큰 지청의 지청장으로 발령날 수 있다. 부장검사가 그러하듯 검찰청 규모 등에 따라 차장검사나 지청장의 연조에도 약간씩 편차가 있는데 대략 경력 20년차 검사들이 배치된다.

지난 2009년 8월 사법연수원 17기(1985년 사법시험 합격-1988년 초 사법연수원 졸업) 8명이 검사장으로 승진했는데, 이듬해 8월 17기만 4명이 추가로 검사장으로 승진했다. 연수원 18기 인사들의 검사장 승진이 일괄적으로 1년 늦춰지면서 검사장 승진 인사 룰이 약간 바뀌었다. 과거엔 주요지검 차장 자리가 검사장 승진 직전 보직이었는데, 이때부터는 고양, 부천, 성남, 안산, 안양 지청 등 대형지청 지청장 자리가 검사장 승진 직전 보직으로 추가됐다.

하지만 인사 룰이 완전히 정착된 게 아니어서 서울중앙지검 3차장검사 자리 등은 여전히 검사장 승진 직전 보직이며, 또 대검 또는 법무연수원 선임연구관이라는 자리에 승진 유력자들을 배치해놓기도 했다. 큰 골격은 그대로지만 세부적인 인사 룰은 여

---

*규모가 커서 지청장 아래에 차장검사와 2명 이상의 부장검사가 있어 평검사들을 통솔하는 지청들을 차치지청이라고 한다. 고양, 부천, 성남, 안산, 안양, 대구서부, 부산동부, 순천 지청 등이 이에 해당한다.

서울중앙지검 조직과 업무

검사장(고검장급)

1차장검사(검사장급)	2차장검사	3차장검사
형사1~8부 - 경찰 송치사건 등 일반 형사사건	**총무부** - 지검 운영계획 수립과 심사 분석 - 직원·사법경찰관리 등 교양 교육	**특별수사1~3부** - 검사장이 지정하는 사건(특별수사 사건)
조사부 - 주요 고소·고발·진정사건	**공안1·2부** - 간첩·선거·노동 관계 사건 - 공안·노동 정세조사와 자료 수집 - 보안관찰처분 사항	**금융조세조사1~3부** - 금융·조세·증권 관련 사건
여성아동범죄조사부 - 주요 성범죄 및 여성·아동 피해 사건	**외사부** - 외국인 또는 외국인 관련 사건 - 외국인 관련 자료 수집·정비	**강력부** - 마약·조직폭력 사건
	공판1·2부 - 공판 유지, 형 집행, 상소, 판례 조사, 사면과 복권, 범죄인 인도, 형사보상금 지급 등	**첨단범죄수사1·2부** - 인터넷과 컴퓨터 등 이용한 첨단범죄 사건 - 정보처리기기와 정보통신매체 압수수색과 분석

- 서울중앙지검의 업무 구분은 크게 1차장 산하는 형사사건, 2차장 산하는 공안사건, 3차장 산하는 인지사건을 맡는다.
- 서울중앙지검에 전입온 검사는 보통 형사부나 공판부에서 6개월~1년가량 일한 뒤 인지부서에 지원하고 재주껏 옮겨가고, 여기에서 능력을 보여줘 인정을 받으면 대검과 법무부 등으로 발령날 수 있다.
- 검찰청 전체 인원의 절반가량이 1차장 산하에 배치돼 있고 검사장 대우를 받는 1차장이 2, 3차장에 비해 격이 더 높지만, 대다수 검사들은 3차장 산하를 지향한다. 자체적으로 수집한 첩보나 제보 등에 바탕해 수사를 진행해나가는 인지수사를 선호하는 것이다. 검찰 수뇌부에서도 일반 형사사건을 처리해 큰 사고만 치지 않으면 되는 1차장검사보다는 검찰 명예와 능력을 보여주는 인지부서를 담당하는 3차장검사 인선에 신경을 더 쓴다.

전히 유동적인 셈이다.

참고로, 일반 회사에서는 부장 아래에 '부장 바로 밑 직위'라는 뜻의 차장이 있는 게 보통이지만, 검찰에서는 검사장 밑에 '검사장을 보좌하는 바로 아래 직위'라는 뜻의 차장검사가 있으며 그 아래에 부장검사들이 포진해 있다.

다음은 이른바 '별'이라고 불리는 검사장 자리다. 연수원 동기 가운데 검사장이 되는 숫자는 몇 년 전까지만 해도 7~8명가량이었는데, 노무현 정부 시절이던 2007년 초 서울고검 형사부장·공판부장·송무부장, 서울중앙지검 1차장검사와 부산·대구·광주·대전지검 차장검사 등 8자리가 검사장급으로 승격되며 티오가 늘어나 한 기수에 12명가량이 검사장으로 승진한다. 서울중앙지검 부장검사 자리를 거친 이들 가운데서도 절반 정도만이 검사장으로 승진하는 셈이다. 2011년 8월에는 사법연수원 18기 8명이 검사장 자리에 올랐다.

검사장이 아닌 차장검사 등에게 '검사장급 대우'를 해주는 것은 검찰조직의 숙원과도 같았던 검사장 자리 확대를 위해 고안해낸 편법이었다. 당시 법무부는 검사장과 마찬가지로 차관급 대우를 받는 법원의 고법 부장판사 숫자에 비해 검사장 자리가 훨씬 적다는 논리를 내세웠는데, 검찰과 가장 긴장관계에 있던 참여정부가 이를 받아줬다는 점이 아이러니다.

또 기왕에 검사장 자리를 늘린다면 춘천, 청주, 전주, 창원 지검 등에 비해 규모가 비슷하거나 더 큰 성남, 안산, 안양, 고양, 부천 지청 등의 지청장을 검사장급으로 승격시키는 게 합리적인데 그렇게 하지도 않았다.

한편, 검사장급 자리 확대는 검찰을 더욱 정치적인 조직으로 만드는 부작용을 가져오기도 했다. 검사장 숫자가 늘어나자 잘못 찍히면 지검이나 고검의 차장검사 등 말만 검사장인 자리를 전전할 수 있게 됐기 때문이다. 과거에는 일단 검사장으로 승진하면 일선 검찰청 검사장 또는 법무부의 실·국장, 대검의 부장 등 주요 보직을 거쳤지만, 그런 보장이 사라지자 검사장 내부 경쟁도 치열해졌고 따라서 자연스레 인사권을 쥔 권력자나 정치권에 더욱 움츠러든 태도를 취할 수밖에 없게 됐다.

여하튼, 보통 검사장으로 승진하면 주요 지검(서울중앙·부산·대구·광주·대전지검) 차장검사 또는 서울고검 형사·공판·송무부장, 고검 차장검사 등을 거친 뒤 법무부 실·국장, 대검의 부장검사, 일선 지검장 등을 거친다. 여기서 약 3~4년이 흐르면 고검장 승진 대상이 되는데, 이때는 한 기수에 보통 4~6명 정도가 살아남게 된다. 약 2년 뒤엔 검찰총장 또는 장관이 되거나 검사생활을 마치게 된다. 검찰총장 임기가 2년이기 때문에 평균 사법연수원 두 개 기수에서 한 명의 검찰총장이 나오는 셈이다.

이처럼 장황하리만치 복잡하고 긴 '검사의 일생'을 그림으로 그려보면 위로 갈수록 자리가 크게 줄어드는 전형적인 피라미드 구조이다. 흡사 사관생도들이 사관학교를 졸업하고 임관한 뒤 소대장–중대장–대대장–연대장–사단장 등 보직을 거치며 계급이 높아져가는데, 그럴수록 자리는 급속히 줄어드는 것과 유사하다.

사실 이런 피라미드형 조직은 군대뿐 아니라 일반 기업체 등에서도 살펴볼 수 있다. 하지만 검찰형 피라미드 조직은 이들과 비교해도 훨씬 경직된 형태이다. 거의 모든 보직이 사법연수원 한 기수 후배에게 물려지는 시스템이기 때문이다. 현재 보직자 다음 기수 가운데 가장 보낼 만한 사람을 찾아 그 자리에 앉히는 게 일반적인 룰이라는 얘기다. 결국 대부분 보직이 '검사 몇 년 차가 오는 자리'로 정해져 있기에, 배우에게 신인상을 받을 기회가 딱 한 번에 그치듯 검사에게 있어 어떤 보직에 갈 기회는 '그 경력 때 딱 한 번'뿐인 경우가 대부분이다. 예외적으로 장관이나 총장이 기수에 상관없이 누군가를 특정 보직에 배치하기도 하지만, 이런 경우는 극히 드물다. 결국 검찰은 피라미드형 조직이라는 하드웨어에 기계적인 연공서열형 인사시스템이라는 소프트웨어로 작동되는 지극히 경직된 조직체.

그런데 실제 업무 수행에서 효율성을 중시하는 조직이라면 어떨까? 경험이나 능력이 어느 정도 검증된 이 가운데 그 자리에 가장 적당하고 유능한 사람을 골라 발령낼 것이다. 하지만 앞서 설명했듯이 검찰은 그렇게 하지 않고 있다.

왜 검찰에서는 대부분 보직을 무조건 연수원 한 기수 후배에게 물려주는 것일까? 그리고 왜 검사들은 군대와도 같은 연공서열형 계급 조직의 구성원이어야 하는가? 군대야, 생명을 내놓고 싸우는 전장에서는 계급에 바탕한 강력한 위계질서가 적합하다는 이유를 댈 수 있을 텐데, 법률전문가로서 법률해석과 적용이 주 업무인 검찰이 왜 그런 위계적인 조직구조를 가져야 하는지 의문이다.

인사의 필수 작동 요인 ❶ 학연과 지연

"나는 다시 옛날로 돌아간다면 재수를 할 거야. 내가 우리 동기 중에서 최연소로 재학 중 (사법고시에) 합격했는데, 그런데도 너무 힘들더라고. 누구는 TK네, 누구는 호남이네. 누구는 고대 몫이 네……. 학교고 지역이고 아무런 배경 없이 살아오는데 너무 힘들었어."

검사장까지 거친 한 법조인이 술자리에서 털어놓은 얘기다. 말 그대로 지역이나 학교 등 뭔가 배경이 되고 권력자와 엮일 만한 요인 없이 검찰에서 살아남는다는 게 얼마나 힘들고 어려웠는지에 대한 토로였다.

이뿐만이 아니다. 1차로 검사장 승진에 성공한 강원도 출신 한 검사는 사석에서 이런저런 얘기 끝에 냉소적인 표정을 지으며 "어떨 때는 이놈의 본적지를 확 뽑아다가 경상도건 전라도건 어디에건 새로 박고 싶은 생각이 들기도 한다"고 토로하기도 했다.

그렇다면 지연이나 학연의 끈을 어느 정도 갖춘 이들은 좀 여유로울까? 2006년 여름 어느 날 점심 식사 자리에서 동석한 검찰 간부는 이런 말을 던졌다.

"개털 클럽이라고 들어봤어?"

점심식사를 하게 된 식당이 보신탕집이었는데, 그날은 공교롭게도 고대 출신인 김성호 법무부장관이 취임하는 날이었다. 식사 자리에서 자연스레 새로 취임한 장관 얘기가 나오다가 메뉴가 보신탕이어서 그런지 갑자기 '개털 클럽' 얘기가 나온 것이다. 이어지는 설명은 이랬다.

"지금 느끼는 것이지만 고대가 참 좋은 학교야. 사회에 나가면 도움이 많이 된다니까. 고려대, 호남향우회, 해병대가 우리나라의 3대 조직이라는 얘기도 있지만, 이런 게 나쁘다기보다도 그렇게 뭉칠 수 있는 게 대단한 것 아니겠어? 검찰에서 고대 출신은 기수별로도 배려가 되잖아. 그런데 '개털 클럽'은 말야, 서울에서 태어나 뺑뺑이로 고등학교 다니다 서울대 나온 나 같은 검사를 가리키는 말이야. 그런데 말 그대로 꽝이야. 영남이나 호남은 지역이라도 되지만, 우리 같은 사람들은 정말 비빌 언덕이 없거든."

이 간부는 서울대 법대를 나왔고 대학 재학 중에 사법시험에 합격했으며, 검찰 고위직 출신 장인을 둔 법조인 가족이었다. 보직 관리도 잘 돼 동기 가운데 선두권에 속했으며, 몇 년 뒤엔 1차로 검사장으로 승진했다. 이런 정도 배경을 갖춘 검사까지도 더 나은 배경, 더 확실한 연줄이 없음을 아쉬워하는 게 검찰의 현실인 것이다.

실제 검찰을 출입하며 겪은 검사들 대다수는 자신의 배경이나 연줄이 부족한 것을 아쉬워했다. 비서울대 출신들은 그 자체로 비주류로 분류되는 시선에, 영·호남 출신은 정권의 향배에 너무 많은 영향을 받을 수밖에 없는 처지에, 수도권이나 충청·강원·제주 출신들은 이도 저도 아닌 '기타 지역'으로 분류되는 신세에, 고대 출신들은 '자기들끼리 뭉치고 서로 챙겨준다'는 세간의 평가에 불만스러워했다. 자신의 검사생활이 잘 안 풀리게 된 게 "뺑뺑이(평준화) 세대여서 (명문고가 아닌) 그냥 고등학교를 나온 탓"이라며 늘상 불만을 토로하던 부장검사도 있었다.

검사들이 이처럼 자신의 배경이나 연줄에 대해 고민할 수밖에 없었던 이유는 위로 올라갈수록 자리가 급격하게 줄어드는 피라미드 구조에서 능력 이상으로 지연이나 학연 등이 인사에 영향을 끼치기 때문이다. 이런 풍조는 위로 올라갈수록 더욱 심해져 검사장급의 승진이나 보직 인사에서는 검사로서의 능력이나 자질보다 당시의 정치적 상황과 지연, 학연 등이 절대적인 영향력을 행사한다.

검찰에서 지연과 학연이 인사에 강력한 영향을 끼치게 된 역사는 뿌리가 깊다. 우선 지역을 살펴보면, 과거 군사독재 정권의 수장이었던 박정희와 전두환, 노태우는 자신들의 동향인 TK(대구·경북) 출신들에게 검찰을 맡겼다. 검사라고 모두 같은 검사가 아닌 시절이었다. TK 출신만이, 또는 TK 핵심 인사의 확실한 신임을 받는 검사만이 주요 보직을 거칠 수 있었다. 경북고 등 TK 출신들은 임관과 동시에 법무부나 대검, 서울지검 등에서 근무하며 경력관리가 시작됐다고 한다.

이 시절 검사들의 신세는 횟감에 비유되곤 했다. TK 중에서도 경북고 출신은 '광어', 경북고 이외 TK 지역 고교 출신은 '도다리', 나머지 기타 지역 출신은 '잡어'로 불린 것이다.

당시 상대적으로 가장 불이익을 받은 이들은 호남 출신 검사들이었다. 법무부나 대검, 서울지검에 근무하는 호남 출신 검사는 가뭄에 콩 나듯 했다. 1980년대 후반 검찰에 들어와 20년가량 근무하고 변호사로 개업한 한 호남 출신 법조인은 "그 시절 우리 같은 이들에게 서울지검 발령은 하늘의 별따기와도 같았다. 한번은 서울지역에 근무하는 동향 출신 검사들이 저녁 모임을 가졌다. 몇명 되지도 않았는데 혹시라도 말이 나올까봐 어찌나 조심하고 서로 입단속을 했던지, 모임 뒤 '오늘 저녁 먹은 일은 무덤까지 가지고 가자'고 결의를 했을 정도였다"고 말했다.

검사장 승진 때 호남 출신은 구색을 맞추는 차원에서 한 자리 정도 배려가 됐지만, 이들은 검사장 자리 중에서도 한직을 맴돌아야 했다. 호남 출신 검사들은 심지어 본적이나 출신지를 속이는 경우도 있었다고 한다.

먼 훗날 이 시절 받았던 '호남 차별' 덕을 본 웃지 못할 경우도 있다. 전북 전주 출신인 신건 전 국정원장(현 민주당 국회의원)이 2005년 국정원 직원들의 불법 도청을 묵인한 혐의로 구속된 뒤 재판을 받고 있던 시절 검찰에서는 신 전 원장이 감옥 안에서 나름 호강(?)을 받고 있다는 소문이 돌았다. 과거 호남 몫으로 검사장으로 승진했지만 주요 보직을 받지 못하고 법무부 교정국장으로 2년 동안이나 재직했는데, 그 시절 교정공무원 처우 개선을 위해 많이 노력한 결과 교도관들이 이를 고마워해 잘 모시고 있다고 하는 얘기였다.

군사독재 정권이 종식된 뒤에도 지역이 바뀌었을 뿐, 최고 권력자와 동향인 검사들이 검찰 상층부를 장악하는 패턴은 계속됐다.

김영삼 정부 시절엔 PK(부산·경남) 출신들이, 김대중 정부 시절엔 과거 설움을 당하던 호남 출신 검사들이 득세한 것이다. 한때 지역 때문에 불이익을 받던 이들은 복수라도 하듯 동향끼리 뭉치며 또 다시 정권을 위해 복무했다. 이들 가운데 '선'을 넘은 일부 간부들은 훗날 정권이 바뀐 뒤 후배들에 의해 철창신세를 지기도 했다.

이렇듯 정권의 향배와 검찰 수뇌부가 공동운명체가 되는 행태가 반복되는 가운데 검찰의 정치적 중립성 시비는 계속됐고, 법조문에 검찰의 정치적 중립의무가 추가되기도 했다.

> 검찰청법 제4조 (검사의 직무)
> ② 검사는 그 직무를 수행할 때 국민 전체에 대한 봉사자로서 정치적 중립을 지켜야 하며 주어진 권한을 남용하여서는 아니 된다. (신설 1997.1.13)

여기에 주요 보직들에 대한 지역안배라는 무형의 룰이 굳어졌다. 이른바 '빅4'(법무부 검찰국장, 대검 중수부장·공안부장, 서울중앙지검장)를 한 지역 출신이 독식하는 일은 없도록 했고, 정치인이나 재벌 등을 주로 수사하는 서울중앙지검 특수부의 경우 1부장과 2부장은 영·호남, 3부장은 기타 지역 출신으로 배치하는 관행이 정착됐다.* 특수부 안에서도 지역을 안배해 부장검사와 부부장검

---

* 필자가 법조팀에 근무하던 2006년의 경우 김현웅 특수1부장(16기·현 서울서부지검장)은 전남 고흥 출신, 김경수(17기·현 서울고검 차장) 특수2부장은 경남 진주 출신, 홍만표 특수3부장은 강원 삼척 출신으로 지역 균형을 갖췄다. 2007년 최재경 특수1부장(17기·현 대검 중수부장)은 경남 산청 출신이지만 대구고를 나와 TK로 분류되는 인사였고, 오광수 특수2부장(18기·현 법무연수원 연구위원)은 전북 남원 출신, 이명재 특수3부장(18기·현 법무부 인권

사는 다른 지역 출신으로 배치했고, 평검사들도 지역을 고루 섞어 인사를 하게 됐다. 물론 인사 관행을 어떻게 만들건 정권 핵심과 특수 관계에 있는 소수 인사들이야 주요 보직을 거치며 잘 나가기 마련이었지만, 적어도 눈에 띄는 자리에서는 형식적 균형을 맞추게 됐다.

돌고 도는 게 세상사여서 그럴까. 여러모로 복고풍을 표방한 이명박 정부가 들어선 뒤엔 TK, 그 중에서도 경북고 전성시대가 재현됐다. 정권 초기 촛불 탄압 등 왕성한 활동을 펼쳤던 김경한(1기) 법무장관이 대표적이다. 그는 과거 군사독재 정권 시절 법무부에서만 10년 넘게 근무했으며 검찰국 검찰과장과 서울지검 공안1부장 등을 거친 '성골 TK'의 대표적 인물이다.

또 정권 교체 직후인 2008년 3월 인사에서는 검사장 승진자 11명 가운데서 경북고 출신이 3명(김영한, 최교일, 김병화)을 차지했으며 이외에도 5명(권재진, 김태현, 박용석, 정진영, 박기준)의 경북고 출신 고위급 간부들이 핵심 요직에 배치됐다. '경북고 광어시대'가 10여 년 만에 재연된 것이다.

복수의 검찰 관계자는, 김 장관이 취임 뒤 인사협의차 임채진 검찰총장과 만난 자리에서 "임 총장, 인사는 경력이고 뭐고 필요 없고 그냥 박으면 돼"라는 취지의 말로 대화를 시작했다고

국장)은 충남 논산으로 역시나 지역 균형을 이뤘다. 이런 룰은 이명박 정부가 들어선 뒤 허물어지는 양상을 보이기도 했다. 2010년 라인업은 부산 출신의 김기동(21기·현 성남지청 차장) 특수1부장, 경북 칠곡 출신의 권오성(22기·현 서울남부지검 형사2부장) 특수2부장, 전남 담양 출신인 양부남(23기·현 서산지청장) 특수3부장이었다. 이른바 기타 지역 티오가 없어지고 영남 티오가 2명으로 늘어난 셈이다.

전한다. 과거 검찰과장으로 있으면서 요직에는 무조건 TK를 박아넣는 인사실무를 총괄했던 경험이 있었기에 가능한 얘기였을 것이다. 이에 임 총장이 곤혹스러워했음은 물론이다.

김 장관 스스로가 그런 인사 원칙을 방증한다는 얘기도 있다. 그는 노태우 대통령 시절인 1980년대 후반 요직인 법무부 검찰3과장과 검찰1과장 자리에 있었고 서울지검 형사6부장을 거쳐 1990년 말 서울지검 공안1부장으로 옮겨갔다. 당시 공안2부장은 울산 출신에 부산고를 나온 PK 인사인 최병국(현 한나라당 국회의원) 부장검사였다. 그런데 최 의원은 김 장관보다 사법시험 2년 선배였다. 공안2부장보다 공안1부장에 선임이 배치되는 게 상식이자 관례였는데, 그럴 룰을 깨고 '성골 TK'인 김 장관이 선임 자리를 꿰찬 것이다. 공교롭게도 이명박 정부가 출범할 당시 최 의원은 국회 법제사법위원장으로, 김 장관의 인사청문회를 주관했다.

정권 후반기인 2011년 8월 검찰 인사에서는 권재진(10기) 전 청와대 민정수석과 최교일 전 검찰국장이 각각 법무장관과 서울중앙지검장으로 발탁되며 경북고의 힘을 보여줬다. 이 가운데 권 장관은 2009년 6월 천성관(12기) 검찰총장 지명 때도 유력 총장 후보로 거론됐다가 김 장관과 같은 경북고 출신이란 점 때문에 밀렸던 경험이 있었다. 결국, 청와대 민정수석을 거쳐 2년여 만에 장관이 돼 검찰로 금의환향한 셈이다.

다음으로 학연을 살펴보자면, 검찰에서는 서울대 출신이 전체 검사의 절반가량을 차지하는데 위로 올라갈수록 그 비율은 더욱 높아진다. 이런 구조에서 서울대 출신이야 학교에 따른 별다른 메리트를 못 느끼겠지만 비서울대 출신들은 서울대가 아니라는 사실 자체로 소수라는 점을 의식하지 않을 수 없다. 그 자체가 눈에 띄는 요소이기 때문이다. 한 부장검사는 "서울대 출신은 실수를 해도 '실수 좀 했지 뭐'라고 이해해주지만, 우리 같은 이는 그런 실수를 하면 '서울대가 아니니까 그래'라는 뒷말이 나오곤 했다. 그래서 더 열심히 일할 수밖에 없었다"고 말했다.

비서울대 가운데서도 고대는 조금 달랐다. 서울대 다음으로 인원이 많았던 고대 출신들은 나름 지분을 인정받았다. 기수마다 편차가 있겠지만 검사장 승진 인사에서 평균 2~3명 정도는 고대 몫으로 분류가 됐다. 연세대와 성균관대, 한양대 등은 합쳐서 한 기수에 2명가량 검사장을 배출했고, 지방대 출신은 몇 기수에 한 명 정도 검사장이 나왔다.

참고로, 현재 검찰 수뇌부에서 지방대 출신으로는 김홍일 부산고검장이 유명하다. 충남 예산 출신으로 예산고를 거쳐 충남대를 나온 김 검사장은 평검사 시절부터 줄곧 강력부에서 한 우물을 파왔으며 무겁고 진중한 스타일로 검찰 내 선후배들의 신망이 높다. 여기에 서울중앙지검 3차장검사 시절 BBK 사건을 잘(!) 처리한 덕분에 정권에서도 나름 배려를 받아 2009년 대검 중수부장에 임명됐다. 당시 검찰 안팎에서는 "모르긴 몰라도 지방대 출신 중수부장은 당분간은 전무후무한 사례가 될 것 같다"는 말이 나오기도 했다. 2011년 8월 정기인사 때 부산고검장으로 영전했는데 이를 두고 "60여 년 검찰 역사상 김경회(부산대)

전 대구고검장, 김양균(전남대 · 헌법재판관 역임) 전 광주고검장에 이어 3번째 지방대 출신 고검장이 배출됐다"는 언론 보도가 나오기도 했다.

이때 인사에서는 경북대 출신 변찬우(18기 · 현 서울고검 형사부장) 당시 성남지청장이 검사장으로 승진했는데, 지방대 출신 9번째 검사장이라고 한다.

이명박 정권에선 TKK(대구·경북·고대)가 득세

사실 검찰에서 학연은 지연에 비해 돋보이는 변수도 아니었고 크게 공론화된 적도 별로 없었다. 그러던 게 이명박 정권이 들어선 뒤 고대 출신들이 주요 보직에 대거 진출하면서 뒷말이 많아졌다. 대검 중수부의 수사를 받던 노무현 전 대통령이 서거한 뒤인 2009년 8월 인사에서 이른바 '빅4' 가운데서도 검찰조직(인사)과 주요 수사를 총괄하는 가장 힘 있는 자리인 법무부 검찰국장과 서울중앙지검장에 고대 출신인 최교일, 노환균(14기) 검사장이 각각 임명된 게 대표적이다. 이들은 TK 출신이라는 공통점도 가지고 있어 검사들 사이에서는 TK와 고대의 K를 합친 것을 뜻하는 이른바 'TKK검사'로 불리기도 했다. 최교일 검사장은 경북 영주 출신으로 고려대 법대 80학번이고, 노환균 검사장은 경북 상주 출신으로 고려대 법대 75학번이다.

이명박 정권에서 학연의 힘이 발휘된 결정적 사례는 김준규 검찰총장에 이어 2011년 8월 새 검찰총장에 한상대(13기) 현 총장이 임명된 것이다. 사법시험 합격자가 300명으로 늘어난 첫 세대인 연수원 13기는 유난히 인물이 많고 보직 경쟁도 심하기로 유명했는데, 법무부에 주로 근무한 기획통인 한 총장은 나름 선두권이긴 했지만 검찰총장 후보로까지 손꼽히지는 않았던 인물이다. 그는 이명박 정부가 들어선 뒤 법무부 법무실장에 이어 검찰국장 자리를 꿰차면서 두각을 나타냈다. 뒤이어 2011년 1월 서울고검장에서 서울고검의 산하기관인 서울중앙지검장으로 이례적으로 보직을 바꾼 뒤 불과 8개월 만에 검찰총장으로 직행했다.

이를 두고 민감한 사건을 가장 많이 다루는 서울중앙지검장에서 검찰총장으로 직행하는 좋지 않은 선례라는 비판이 언론에서 나오기도 했다. 우리나라 주요 특수·공안 사건 대부분을 처리하는 서울중앙지검장이 검찰총장으로 직행하는 게 관례화될 경우, 서울중앙지검장이 다음 자리를 의식해 민감한 사건의 경우엔 정권의 눈치를 봐가며 지휘권을 행사할 수밖에 없다는 지적이었다.

실제 서울중앙지검장으로 있던 몇 달 사이 그는 현 정권 출범과 관련한 치부를 가장 많이 아는 인물로 의혹의 중심에 있던 한상률 전 국세청장 사건을 개인비리 수준에서 털었고, 국무총리실 공직윤리지원관실 민간인 불법사찰의 피해자인 김종익씨를 횡령 혐의로 기소했다. 또 2007년 대선 당시 이명박 대통령의 발목을 잡았던 BBK 사건 의혹의 당사자 중 한 명인 에리카 김에게 기소유예 처분을 내리는 등 정치적으로 민감한 사안을 잘(!) 처리하는 실력을 유감없이 보여줬다. 이를 두고 언론에서는

"임기 말을 함께 할 검찰 총수로서 믿을 수 있겠다는, 정치적 측면에서도 검증된 후보가 된 셈"이라는 평가를 내놓기도 했다.*

이런 이력의 한 총장이 정권 말기에 총장 자리를 거머쥐자 검찰 안팎에서는 "(MB가 총장 인선에서) 정권이 바뀌면 박근혜에게 줄을 댈 가능성이 커 TK는 애초부터 고려하지 않았다고 한다. 대신 대학 후배는 배신할 가능성이 적다고 판단한 것 같다"는 분석이 나오기도 했다.

이런 현실을 예상하기라도 했던 것일까? 한 총장이 서울고검장으로 있던 2011년 1월 초, 사석에서 만난 검찰 간부는 "두고 보라"며 이명박 정부의 인사패턴과 관련해 다음과 같은 분석을 내놨다.

"정권 말기로 갈수록 누가 중용되는지 잘 봐라. 분명 고대 출신과 테크노크라트들일 것이다. TK가 지금까지는 큰소리 많이 쳤지만, TK는 모두 박근혜에 줄선 지 오래고 청와대도 이런 사실을 잘 알고 있다. 그렇다고 MB가 호남 출신을 쓸 수도 없지 않겠냐. 결국 수도권처럼 무색무취한 지역 출신에 경기고 등을 나온 테크노크라트와 학교 후배인 고대 출신을 중용할 수밖에 없다. 검찰뿐 아니라 다른 부처에서도 고대 출신들 봐라. 엄청 욕먹고 있잖아. 자기들이 능력이 뛰어나서 그런 줄 알고 날뛰는데, 정권 바뀐 뒤에 어떻게 될 줄 알고 저러는지 모르겠다. 원~. 그런데 이 기자, 혹시 고대 나온 거 아니지?"

• 〈한국일보〉 2011년 7월16일치. 1면 '서울중앙지검장→검찰총장 직행 논란'

인사의 필수 작동 요인 ❷ – 근무연과 혈연

지연과 학연이 검찰 인사의 매크로한 기준으로 작동한다면 검찰 인사의 마이크로한 측면을 채우는 것은 근무연과 혈연, 평판 등이다. 또 검사장 등 고위급들의 인사에 지연과 학연이 절대적 영향력을 행사한다면, 평검사 인사는 상대적으로 근무연과 평판 등에 더 민감하다.

근무연은 말 그대로 함께 근무를 하며 쌓은 인연을 말한다. 초임검사 시절 모시던 상관이 나중에 힘 있는 유력자가 돼 힘을 써준다면 해당 후배 검사의 근무연이 좋다고 말할 수 있다. 때문에 상당수 검사들은 초임이나 두 번째 임지에서 어떤 부장검사를 모시고, 어떤 선배들과 함께 일하느냐가 검사로서의 삶에 큰 영향을 끼친다고 말한다. 아무래도 훌륭하거나 뛰어난 이들과 함께 근무하는 동안 배우는 것도 많고 훗날 자신을 끌어줄 '원군'이 돼줄 가능성도 클 것이다. 물론, 그런 기회를 얼마나 잘 활용하는가는 검사들마다 천차만별이다.

법조계 사정에 밝은 한 변호사의 말이다.

"◇◇◇은 성격이 너무 내성적인 데다 성적이 뛰어난 것도 아니고, 누구랑 잘 어울리는 스타일이 아니어서 대학 시절부터 아웃사이더라는 평이 많았다. 한마디로 검사에 어울리지 않는 스타일이었다. 임관 성적도 꼴찌에 가까워 서울에서 먼 남쪽 바다 ○○지청이 초임지였는데, 나중에 이 선수가 갑자기 서울지검으로 발령이 나서 주변에서 모두들 놀랐다. 알고 보니 지청 초임검사 시절 모신 부장검사 덕을 좀 봤다더라. 강력통으로 나중에 서울지검장까지 지낸 ◎◎◎ 검사장이 초임 부장이었다더라. 그 당시 어떻게 잘 모셨는지 그 인연으로 ◎◎◎ 검사장이 힘을 좀 써줘 서울지검으로 발령이 났다는 거야. 그런데 ◇◇◇은 서울지검에 근무하면서 실력을 못 보여줬는지, 아니면 또 다른 줄을 찾지 못했는지, ◎◎◎ 검사장이 퇴임하자 중앙 무대에서 순식간에 사라지더라고."

◇◇◇ 검사는 한 차례 서울지검 근무 뒤 내내 지방 검찰청을 전전하다가 얼마 전 수도권 지역 한 검찰청 형사부장을 끝으로 변호사로 개업했다.

근무연은 초임검사에게만 중요한 것은 아니다. 서울중앙지검 부장검사 진입에 실패한 뒤 2~3년 전 지방 검찰청의 형사1부장을 끝으로 옷을 벗은 한 변호사는 사석에서 "☆☆고검에서 고검장으로 모신 △△△선생이 장관만 되셨더라도 검사로서 삶이 이렇게 끝나지는 않았을 텐데"라는 말을 여러 차례 되뇌이곤 했다. 또 2008년 봄 정기인사 때 중수1과장에 의외의 인물이었던 박경호(19기·현 서울고검 검사) 법무연수원 기획부장이 임명되자, 법무연수원장에서 검찰총장으로 직행한 임채진(9기) 검찰총장의 맘에 들어 딸려온 인사라는 평이 돌았다.

근무연은 지연이나 학연과 달리 객관적으로 드러나는 표식은 아니지만 그 이상의 힘을 발휘할 때가 많다. 학연과 지연은 집단적 관계로 맺어지지만, 근무연은 개별 검사끼리 맺어지는 인연인지라 더욱 각별하기 때문이다.

물론 근무연에는 긍정적인 측면이 있다. 상급자가 함께 일해 본 후배 가운데 능력이 뛰어난 이를 발탁하는 일은 어떤 나라, 어떤 조직에서건 흔히 있는 일이다. 또 함께 근무한 인연으로 선배가 후배를 위해 힘을 써준다는 것은, 그 후배가 자신과 인간적 관계가 좋을 뿐 아니라 능력도 괜찮기 때문인 경우가 많을 것이다. '깜이 안 되는 이'를 친분만을 이유로 여기저기에 추천하고 다니다가는 추천자 자신의 평판도 문제가 될 수 있기 때문이다. 이런 점을 감안하면, 근무연이 지연이나 학연만큼 폐해가 크다고 할 수는 없을 듯하다.

하지만 근무연은 개별 검사끼리의 각별함에 기반한 만큼, 자칫하면 측근이나 사조직으로 악용될 수도 있다. 노무현 정권 말기인 2007년 여름, 당시 여당에 몸담고 있던 검찰 고위직 출신 인사로 법무부장관 하마평에 오르내리던 인사와 저녁식사를 할 기회가 있었다. 그런데 이 고위급 출신 인사를 수행하고 나온 이는 당시 수도권 지역 한 검찰청의 차장검사였다. 현직 검사가 정치권에 몸담은 검사 출신 선배를 수행하다니, 좀 황당했다. 당사자에게 에둘러 '두 분이 어떤 인연이시기에 이런 자리까지 함께 나오셨는지요?'라고 물었다. "몇년 전 ○○지검에서 검사장님으로 모신 각별한 인연이 있다"는 답이 돌아왔다. 당시 만난 고위직 출신 인사는 장관에 임명되지 못했지만, 그를 수행하던 차장검사는 얼마 뒤 검사장으로 승진해 현재도 검찰에서 중요한 보직을 맡고 있다.

근무연에 기반한 친분이 인사에서 얼마나 영향력을 발휘할 수 있는지는 2010년 4월 나라를 뒤흔들었던 '스폰서 검사' 파문 때 확인되기도 했다. 당시 〈PD수첩〉이 공개한 녹음테이프에서, 박기준(14기·현 변호사) 검사장은 건설업자 정아무개씨와의 전화통화에서 다음과 같이 말했다.

"천성관 검찰총장이 발령났다고? 그러면 엄청난 인사요인이 있네. 내가 지금 통화 좀 해야 된다. 천성관 아주 친하거든. 그러면 (나는) 무조건 발령난다. 그렇게 되면 부산(지검장)이나 검찰국장 두 자리 중에 (하나 자리에) 간다." 실제 다음 인사 때 그는 장담했던 대로 부산지검장으로 발령났다.

참고로, '스폰서 검사' 파문의 주역이었던 박기준 전 부산지검장은 2007년 인사에서 검사장으로 승진했는데 검찰 안에서는 '승진 서열이 안 되는데 국회 몫으로 된 것'이라는 평이 많았다. 서열에서 밀려 서울중앙지검 부장검사도 거치지 못했는데, 승진 직전 국회 법제사법위원회 전문위원으로 근무한 덕을 봤다는 것이다. 이 때문인지 '스폰서 검사' 파문이 터진 뒤 검찰에서는 한승철(17기) 대검 감찰부장을 두고서는 "안타깝게 됐다"는 얘기가 많았지만, 박 검사장을 두고서는 "승진시키지 말아야 할 사람을 승진시킨 게 문제였다"는 평가가 많았다.

사실, 공식적인 검사 인사권자는 법무부장관이지만 검사 인사는 통상 총장과 협의를 거친 뒤 청와대의 재가를 거치는 게 보통이다. 이 과정에서 청와대 실세들의 목소리가 반영돼 검찰의 정치성 문제가 논란이 되는데, 국회(법사위원장)에서도 상황에 따라 한 자리 정도에는 영향력을 발휘하곤 한다.

다음으로 혈연은 성격상 매우 소수에게만 해당하는 이야기인데, 소수인 만큼 더욱 강력한 영향력을 행사할 수 있다. 한두 해 전 어떤 술자리에서 한 검사는 법무부에 근무중인 검사들 여럿을 호명하더니 "○○○는 대법원장 사위, ○○○는 전직 총장 아들, ○○○와 ○○○는 전직 총장 사위, ○○○는 전 변협회장 아들"이라며 "법무부에 아무나 근무하는 게 아니라니까"라고 한탄했다.

이런 실태와 관련해 법무부의 한 고위직 인사와 얘기를 나눌 기회가 있었다. 그는 "너무 부정적으로만 보지 마라. 나부터도 아무런 배경 없어도 법무부에 근무했잖아. 그런 '빽' 없이 열심히 일하고 능력을 인정 받아 법무부에 근무하는 경우가 훨씬 더 많다"고 말했다. 그래서 되물었다. "비율로 계산해보면 어떨까요? 전체 검사 중에 그런 유력자를 부모나 장인으로 둔 검사는 극소수인데 법무부에 근무하는 검사 중에 그런 유력자를 친인척으로 둔 검사는 왜 이리 많은 건가요?"

"하여튼 까칠하긴 하하. 그래도 그 친구들이 다 괜찮아. 일도 잘하고"란 답이 돌아왔다.

실제 직접 계산해보지는 않았지만, 유독 법무부나 대검 등에 근무하는 검사들 가운데 유력자 친인척을 둔 이들이 많았다. 아무래도 아버지나 장인 등의 후광을 입어서겠지만, 앞서 언급한 고위직 인사의 말처럼 "이들이 대개는 업무능력도 뛰어난 편"이라는 의견도 적지 않다. 실제 "과거 검사장급 이상 간부들이 검사 사위를 맞을 때 아무나 고르는 게 아니었다. 빠릿빠릿해 보이고 똑똑한 검사들을 골라 사위로 맞았다. 머리 괜찮고 업무 능력도 있고 배경까지 좋으니, 잘 나가는 경우가 많지 않겠냐"는 얘기를 검찰 고위직들로부터 여러 차례 듣기도 했다.

혈연 덕을 보는 이들은 대개 처가나 본가가 법조인 집안인 경우들이다. 하지만 예외적인 경우가 종종 있는데 최교일 서울중앙지검장과 국민수 검찰국장이 대표적이라고 한다. 최 검사장의 장인은 중소기업체 오너인데 검찰 쪽 사정에 밝으며 지인들도 매우 많다고 한다. 이런 사정을 잘 아는 한 인사는 "(최 검사장 장인이) 검찰과 연관이 있는 업종도 아니고 그냥 평범한 기업체를 운영하는데 이상하게도 검찰 쪽 관리를 잘해왔다더라. 아무래도 지역(TK)이 그러니 김대중-노무현 정권 때는 제때 승진은 되게 하더라도 요직에까지는 못 보내줬는데, 이명박 정권에서는 무지 잘 나가게 되더라"고 말했다. 물론 최 검사장의 약진에는 처가만큼이나 지연(TK)이나 학연(경북고-고려대)이 큰 영향을 끼쳤을 것이다.

국민수 검찰국장도 군 고위 장성 출신인 장인이 정권 핵심실세와 깊은 관계를 맺고 있어 덕을 본 것이라는 해석이 많다.

평검사 인사의 핵심 요인, 평판문화와 연줄

능력 이외에도 지연과 학연, 근무연, 혈연 등이 검사 인사에 영향을 끼치는 요소들이라고 했지만, 이들 요소들 사이에 어떤 정해진 배합(?) 규칙이 있는 것은 아니다. 인사가 이뤄질 때의 상황에 따라 어떤 특정한 요소가 더 중요한 역할을 하기도 하고,

반대로 어떤 요소는 아무런 영향을 끼치지 못할 수도 있다. 또 같은 인사에서도 검사들마다 어떤 요소에 결정적인 영향을 받았는지는 모두 제각각일 것이다.

그렇다면 어떤 검사들이 인사에서 두각을 드러낼까? 생각해 보면, 일단 자타가 공인할 정도로 수사에 열심이고 성과를 거둔 검사, 장관이나 총장 등 인사권자를 지근에서 모시며 좋은 관계를 맺었던 검사, 정치인이나 고위간부 등 든든한 '빽'을 둔 검사들이 떠오른다. 그런데 이들마다 각각 어떤 요인이 인사에 결정적 영향을 끼쳤는지 분류하는 게 쉽지 않다. 수사에 열심이고 자타가 공인할 만한 성과를 낸 검사라면 힘 있는 상관 중 여럿이 훌륭한 검사라며 주변에 추천하기 마련이다. 또 장관이나 총장을 지근거리에 모시며 인정 받는 이들도 분명 나름 업무능력을 갖추고 있다는 평가를 받았기에 그 자리에 갔을 것이다.

또 윗사람과 연줄에 바탕해 한두 번이야 발탁이 가능하지만 능력이 떨어진다면 계속해서 잘 나가기는 어려울 것이다. 결국 검찰조직에는 기회와 능력, 이 두 가지를 축으로 한 복합적인 메커니즘이 존재한다. 또 이런 메커니즘 속에서 살아남아 엘리트주의와 연줄주의로 동시에 얽혀 있는 존재들이 바로 법무부와 대검 등에 포진한 이른바 '잘 나가는 검사'들이다.

이런 복잡한 메커니즘 속에서 엘리트 검사로 살아남을 수 있는 자산을 개념화시키자면, 이는 '평판'이란 말로 표현할 수 있을 것 같다. 앞서 언급한 여러 인연들과 이에 바탕한 검사로서의 능력이나 스타일, 여기에 주변 선후배들의 평가까지 더해져 한 검사에 대한 평판이 형성된다고 할 수 있는데, 이 평판이 조직 안에서 잘 나가는 검사냐 또는 그렇지 못한 검사냐를 가르는 기준이 된다는 것이다. 평검사 인사는 간부에 비해 상대적으로 풀이 큰 만큼, 지연이나 학연보다는 이런 평판에 좌지우지되는 경우가 많다.

평판이 작동하는 메커니즘을 좀더 구체적으로 살펴보자. 일단 평검사들이 가장 선호하는 근무처인 법무부와 대검은 유력자의 추천이 필수다. 그러면 추천을 받은 인사 실무부서에서는 해당 검사에 대한 평판을 알아본다. 이른바 평판조회다. 장관이나 총장이 일방적으로 콕 짚어 "○○○ 검사는 이번에 ~로 보내"라고 지시할 수 있겠지만, 모든 검사 인사를 이렇게 할 수는 없다. 1800여 명 검사 인사를 일일이 챙길 수는 없는 노릇이기 때문이다.

결국 추천이 있더라도 검사로서 능력과 관련한 부정적인 평가, 상관이나 동료들과 어울리는 데 문제가 있다는 얘기들이 돈다면 법무부, 대검 진입은 어렵다. 따지고 보면 애초 유력자의 추천 또한 어느 정도 평판에 근거할 수밖에 없다. 평판이 나쁜 검사를 추천해 뒷말이 나올 경우엔 자신의 평판에도 악영향을 미칠 수 있기 때문이다.

예를 들어 대검 중수부에서 검사 1~2명을 추가 충원한다고 하자. 지검 특수부를 거치면서 좋은 평가를 받았던 수십 명의 검사가 잠재적 후보군이 될 것이다. 과연 누구를 뽑을까? 능력 등에 관한 평판이 얼마나 좋은지, 밀어주는 유력자가 얼마나 센 인물인지, 여기에 운은 얼마나 따르는지 등이 종합돼 최종 승리자가 낙점될 것이다.

서울중앙지검도 정도의 차이는 있지만 비슷하다. 운이 좋아 서울중앙지검에서 전출을 가는 검사가 많을 때 전입대상이라면 경쟁률이 낮아 별다른 추천 없이도 진입이 가능하겠지만, 이런 경우는 흔치 않다. 특출난 성과를 올려 총장 등의 포상을 받거나, 추천 또는 평판을 어느 정도 얻어야 진입할 수 있다.

이런 평판문화에 따른 인사시스템은 나름 장점이 있다. 지역, 근무연, 유력자와의 혈연 등 경직된 하나의 기준이 아니라 능력이나 스타일 등을 더한 조직 내 종합적인 평가에 따라 인사가 이뤄진다는 얘기이기 때문이다. 이런 시스템에서는 업무건 개인적인 요인이건, 업무수행에 문제가 될 우려가 있는 이들을 걸러줄 수 있다. 또 별다른 배경은 없지만 열심히 하는 이는 그 자체로 좋은 평판을 얻어 발탁될 기회를 얻을 수 있다. 반면 검사로서의 능력이나 자세는 모자란데 든든한 '빽'이 있어 잘 나가고 있는 경우는 걸러질 가능성이 크다. 이 모든 게 '평판에 근거한 여론'이란 게 힘을 발휘하기 때문이다.

실제 법조팀에 근무하면서도 별다른 연줄이나 배경은 없지만 지방에 근무하다가 뛰어난 성과를 내고 여러 사람들의 추천을 받아 서울중앙지검으로 발령받은 뒤, 서울중앙지검 형사부에서 두각을 드러내고 특수부나 금융조세조사부, 대검중수부 등으로 옮겨가 실력을 발휘하는 검사들을 여럿 봐왔다. 돌이켜 생각해보면, 군대와도 같은 강고한 수직적 조직체계를 갖춘 검찰이 최소한의 건강성이나 업무적인 면에서 효율성을 확보할 수 있었던 배경에는 이런 평판에 의거한 추천 또는 발탁 인사 메커니즘이 자리하고 있는 것 같다.

하지만 이런 평판문화의 한계도 분명하다. 기존 검찰조직과 다른 생각을 가진 이들은 철저히 배제하는 결과를 낳을 수 있기 때문이다. 적당한 정도로 윗사람 지시를 수용할 줄 알고 조직생활에도 별 문제없는 이들만이 좋은 평판을 얻고 그에 바탕해 좋은 보직을 꿰찰 수 있다는 것이다. 정의감에 불타지만 모난 성격의 검사보다는 윗사람 뜻을 잘 파악해가며 일도 열심히하는 이들이 선호될 수밖에 없다. 또 아무래도 업무 태도나 인간관계에서 두루두루 좋은 검사가 평판도 좋고 위로부터 자주 많이 부름을 받지 않겠는가.

사실 평검사는 아니지만 한화그룹을 수사하면서 법무부와 갈등을 빚은 끝에 옷을 벗은 것으로 알려진 남기춘 전 서울서부지검장이 이런 사례다. 자타가 공인하는 강성검사인 남 전 검사장은 물불 가리지 않는 업무 스타일로 검찰 수뇌부에서 다루기 매우 껄끄러워했다고 한다. 1990년대 말 심재륜 전 대검 중수부장이 김태정 총장 등 검찰 수뇌부와 정면충돌해 이른바 '항명 파동'을 벌일 때에도 드러내놓고 심 검사장을 보좌하며 반기를 들기도 했다. 이런 스타일 때문에 검사장 승진도 어려웠지만 강력-특수통 선배들의 강력한 지지와 성원을 받아 막차로 승진할 수 있었다. 하지만 검사장이 된 뒤 재벌 수사를 두고 법무부와 갈등을 빚은 끝에 조직을 떠나야만 했다. 이에 반해 현장보다는 법무부와 대검 참모부서에 오래 근무한 이른바 '기획통'들은 어떤가? 두루 원만한 업무능력과 인간관계를 보이며 상대적으로 순탄하게 검사생활을 하고 승진도 하는 게 보통이다.

또 다른 문제는 누구 못지않게 열심히 일하더라도 검사 초년병 시절에 조직 내에서 자신의 평판을 좋게 만들어주고 끌어줄 유력자를 만나지 못할 경우엔 좋은 평판을 얻기가 힘들다는 점이다. 이를 두고 몇몇 검사들은 "특별히 태어날 때부터 집안이 좋았던 경우를 제외한 대다수 검사들은 검사 1, 2학년 시절 대검이나 법무부에 근무했던 선배와 함께 근무할 기회가 있느냐 없느냐가 검사로서의 한평생을 가른다"고 말하기도 한다.

여기서 학년이란 검사들끼리 쓰는 일종의 은어로, 초임지 검사 시절을 1학년이라고 부르고, 다음 임지 생활을 2학년, 그 다음 임지에 있을 때 3학년이라고 부른다. "검사는 3학년 때가 가장 위험하다"는 말이 있는데, 이는 초임지나 두 번째 임지에서는 배우느라 겸손하고 조심스럽지만, 세 번째 임지에서는 어쭙잖게 배운 검사 일을 좀 안다며 함부로 행동할 가능성이 있다는 말이다. 참고로, 같은 법조인이지만 판사들은 '학년'이란 말을 쓰지 않는다.

평판을 생각하니 떠오르는 게 하나 있다. 바로 모임이다. 이렇듯 평판이 중요하게 취급되기 때문인지, 검찰에서는 여러 종류의 모임이 많다. 대개는 과거 모셨던 상사를 중심으로 한 모임들이다. 법조를 출입하던 시절 지켜본 대검이나 법무부, 서울중앙지검에 근무하는 검사들은 연말이면 검사들끼리 만나는 약속자리에 가느라 바빴다. 대부분 과거 함께 근무하던 지청이나 부, 또는 수사팀 모임이었다.

좋게 보면 1년에 한두 번씩이라도 만나 안부를 묻고 친분을 확인하는 즐거운 술자리이지만, 조금 냉정하게 보면 끊임없이 서로의 인연을 확인하며 서로에 대한 평가를 재생산해내는 계기이기도 하다. 사실 검찰에서는 선배들도 후배들의 평판을 무시할 수 없는데, 평소 업무능력이나 평소 검사로서의 됨됨이는 물론 이런 자리도 잘 만들어 후배들을 챙기고 다독일 줄 알아야 조직 내에서 신망 있는 검사이자 훌륭한 선배로 인정받을 수 있다.

전관예우도 이런 평판문화와 관련이 있다. 전직 총장이나 검사장 등이 전화를 걸어 전화변론*을 하는데, 수사검사로서는 평판 때문에 전직들의 눈치를 보지 않을 수 없다. 냉정하게 전화를 끊거나 요청을 거절할 경우, 현 고위직들에게 자신에 대한 험담을 하고 다닐 수 있기 때문이다.

실제 수년 전 전관 변호사로 일하다가 장관으로 온 케이스가 있었는데, 이 인사는 취임 초부터 특별수사통 검사들의 업무행태를 크게 비판했다. 이를 두고 검사들 사이에서는 자신이 변호인이었던 사건에서 담당검사가 제대로 예우를 해주지 않았기

• 검사 출신 변호사들이 의뢰인의 부탁을 받아 담당 수사검사에게 전화를 걸어 선처를 부탁하는 관행을 일컫는 말이다. 사건이 법원으로 넘어가기 전, 전화 및 통화로 변론을 하고 구속기소 사안을 불구속기소로, 불구속기소를 무혐의로 바꿔주고 많게는 억대의 수임료를 받는 것으로 알려져 있다. 전화변론은 도덕적으로도 비난 받아 마땅하고 변호사협회에 정식 선임계도 내지 않아 거액을 탈세하는 범죄에 해당하지만, 오랜 기간 유지돼온 법조계의 관행이다. 돈 많은 사건 당사자와 전관들만 득을 보고 대다수 시민들에게는 좌절감을 안겨주는 '유전무죄 무전유죄'의 대표적 사례이기도 하다.

때문이라는 얘기가 파다했다. 실제 냉랭하게 응대한 당사자로 지목된 몇몇 특수통 인사들은 해당 장관 시절 지방을 맴돌기도 했다.

결국 검사들은 전관 선배들의 전화를 받으면 부탁을 들어주지는 못하더라도 최대한 친절하게 그 이유와 상황을 설명해주는 게 보통이다. 질이 나쁜 전관들은 이를 이용해 의뢰인을 옆에 앉혀둔 채 해당 검사에게 전화를 걸어 담당 검사와의 사이가 얼마나 돈독한지를 자랑하며 생색을 낸다고 한다.

물론 검사라고 이런 현실이 좋은 것만은 아니다. 한 평검사는 "한번 총장을 지내면 나가서도 계속 총장인 줄 아는 사람들이 적지 않다. 몇 년 전에 퇴임한 X 총장이 대표적이다. 얘기대로 안 해주면 어찌나 씹고 다니던지"라고 말하기도 했다. 또 다른 특수통 검사도 술자리에서 과거 특수부에서 전관들이 너무 무섭게 달려드는 바람에 특수부에서 도망(?)을 친 일화를 들려주기도 했다. 돈 많은 건설업자와 관련된 지저분한 사건을 맡고 있었는데, 전직 총장과 검사장 등 전관 여럿이 들러붙는 바람에 자신으로서는 견적이 안 나오더란 것이다. 이때 변호인으로 참여한 전관 가운데는 일반인에게는 매우 훌륭한 총장으로 널리 알려진 X 총장도 포함돼 있었다.

평판문화의 문제점 가운데서도 가장 심각한 대목은, 현 검찰 조직 구조상 좋은 평판을 얻지 못한 이들이 되레 검찰 본연의 임무를 수행해야 한다는 점이다. 잘 나가는 이들은 법무부나 대검, 서울중앙지검 등에서 윗사람들을 모시며 기획통, 특수통, 공안통으로 커나가지만, 검찰의 애초 존재 이유인 경찰수사 지휘와 공판 유지는 대부분 '평판 경쟁'에서 누락된 이들의 몫이기 때문이다. 평판경쟁의 승자들이 고위직 인사들이나 사회지도층 등을 대하며 지내고, 패자들은 일반 시민들을 상대하는 구실을 한다는 얘기이다. 현재 검찰 구조가 이런데, 검사들은 과연 누구를 바라보고 일을 할까?

업무성과보다 각종 연줄로 매겨지는 서열

지금까지 언급한 지연, 학연, 혈연, 근무연, 평판 등은 고위직 인사에서 더욱 큰 힘을 발휘한다. 좀더 자세히 얘기해보자. 이런 요인들에 근거해 매년 동기 사이에서 서열이 정해지고 그에 따라 보직이 정해진다. 문제는 해당 보직에서 일궈낸 업무성과가 서열이나 인사에 별 영향을 끼치지 않는다는 것이다.

과거 법조팀에 근무하던 시절을 떠올려보면, 검사장 보직이동 인사를 앞두고 수많은 인사 전망을 담은 이야기들이 도는데, 그 분석의 근거로 해당 직책에서의 업무성과가 얘기된 사례를 들어본 기억이 없다. 고위층과의 인연이나 지역, 출신학교 같은 요소들에 근거해 각각의 다음 보직을 예측하는 게 거의 전부였던 것이다. 특별히 민감한 사건을 제대로 처리하지 못해 문제가 될 수도 있다는 얘기가 도는 경우는 인사 대상인 수십 명 검사장 가운데 한두 명에 불과했다. 평판에 검사로서의 실력이나 자질이 일부 포함될 수 있겠지만, 이 또한 객관적인 업무평가와는 거리가 먼 게 사실이다.

실제 검찰 인사가 어떻게 돌아가는지 작은 실례를 들어보자. 다음은 검사장 승진 직전 보직에 해당하는 전국에서 가장 규모가 큰 8개 지청의 지청장들의 최근 검사장 승진 현황이다.

공교롭게도 성남지청장 출신들은 모두 검사장으로 승진했다. 성남지청이 매년 업무에서 뛰어난 성과를 내서일까? 아니다. 다음 인사에서 승진시켜줄, 서열이 높은 인사를 그 자리에 보내기 때문이다. 반대로 최근 천안지청장은 5명 전원이 검사장 승진에서 탈락했다. 천안지청 업무 성과가 매년 제일 낮아서일까? 아니다. 승진 서열에서 상대적으로 밀리는 이들이 배치되는 자리일 뿐이다. 해당 보직에서 일궈낸 성과가 지청마다, 각 시기마다 제각각일 텐데, 인사는 이처럼 그런 성과나 평가와 무관하게 돌아가

| 주요 지청 지청장 검사장 승진 현황 |

구분	성남 지청	부천 지청	안산 지청	고양 지청	천안 지청	순천 지청	부산 동부지청	대구 서부지청
06.2 ~07.3	황교안 (13)	이중훈 (14)	정기용 (13)	정진영 (13)	석동현 (15)	민유태 (14)	조한욱 (13)	
07.3 ~08.3	김영한 (14)	박종환 (15)	이재원 (14)	곽상욱 (13)	박민호 (16)	이동호 (15)	김제식 (14)	곽상도 (15)
08.3 ~09.1	송해은 (15)	성시웅 (15)	구본민 (15)	성영훈 (15)	이재순 (16)	이경재 (16)	이건종 (15)	이중환 (15)
09.1 ~09.8	임정혁 (16)	이경재 (16)	문규상 (16)	김헌정 (16)	박충근 (17)	차동언 (17)	임권수 (16)	황윤성 (16)
09.8 ~10.7	한무근 (17)	백종수 (17)	이건주 (17)	손기호 (17)	강인철 (18)	조주태 (18)	정대표 (17)	박충근 (17)
10.8 ~11.8	변찬우 (18)	이영렬 (18)	오광수 (18)	이명재 (18)	조희진 (19)	강인철 (18)	김해수 (18)	조주태 (18)

• **색글자**는 추후 검사장 승진자. 괄호 안 숫자는 사법연수원 기수.
• 안양지청은 2010년 개청해 제외. 대구 서부지청은 2007년 3월 개청.

고 있는 것이다.

 이뿐만이 아니다. 고참 부장검사급 이상은 각각 자리마다 승진 가능성 몇 %라는 게 공식처럼 나와 있다. 물론 그 가능성은 같은 업무를 다루는 자리라면 서울에서 멀수록 낮아지는 게 보통이다. 앞의 표에서 부산 동부지청과 대구 서부지청의 경우 몇몇 승진자가 있지만 예외적인 성격이 강하다. 임권수 검사장(현 전주지검장)과 임정혁 검사장(현 대검 공안부장)은 연수원 16기 중에서도 3차에 턱걸이로 검사장 승진한 이들이다. 또 김해수 검사장(현 대구지검 1차장검사)은 연수원 18기의 선두그룹이 아니었는데 TKK(대구고·고려대) 검사라는 예외적인 측면이 반영된 결과라는 평가가 많다. 이렇게 놓고 보면, 부산 동부지청장과 대구 서부지청장은 요행히 가끔씩 검사장 승진자를 배출하는 자리인 셈이다.

 거듭 생각해보자. 자신의 업무와 관련해서는 밑의 검사들이 큰 사고만 치지 않을 정도로 관리하면 된다. 이런 인사 구조에서 고위직 진출을 앞둔 이들은 무엇에 신경을 쓸까? 다음 인사에서 서열을 한 클릭이라도 전진시키기 위해 자신에게 힘이 돼줄 연줄을 찾거나, 그게 여의치 않다면 조직 내 좋은 평판 형성에라도 집중하는 게 당연한 일 아닐까.

인사의 돌발 변수, 음해

지금까지 설명한 여러 인사요인들에 바탕한 실제 인사는 어떻게 이뤄질까? 앞서 설명했듯이, 간부 인사의 경우는 법무부와 대검이 협의를 통해 안을 마련하고 청와대의 스크린과 재가를 받는 게 보통이다. 다음은 검찰국장 출신 한 변호사의 말이다.

"일반적으로 검사장급 이상 인사는 장관(법무부)과 총장(대검)이 각자 인사안을 마련하고 만나서 이를 토대로 협의를 한다. 승진자가 7명 정도일 경우 5명가량은 서로 일치하고 한두 명을 가지고 서로 논의하는 경우가 많다. 지역을 먼저 볼 것인지, 학교를 먼저 볼 것인지, 능력을 먼저 볼 것인지. 이렇게 해서 단일안이 마련되면 청와대에 보고한다. 청와대가 독자적인 안을 만들지는 않는다. 법무부와 대검이 마련한 인사안을 본 뒤 '아닌 것 같다'는 의견을 내면 장관과 총장이 다시 검토한다. 청와대가 주도권을 쥐고 있으나 비토권을 행사하는 정도다. 법무부와 대검 과장, 서울중앙지검 부장 자리 등도 장관과 총장이 협의하는데, 법무부가 우선이다. 법무부에서 '아무개는 우리가 쓸 테니 넘겨달라'고 하면 넘겨준다. 그러는 과정에서 법무부와 대검이 서로 바터(교환)하기도 한다. 평검사 인사는 검찰과장이 주로 하고 검찰국장이 스크린하는 정도다."

인사와 관련한 총장의 몫은 당시 총장이 얼마나 실세냐, 정권이나 장관과 관계가 어떠하냐에 달려 있다. 노무현 정부 초기 송광수 총장은 인사를 두고 강금실 법무장관과 공개적인 충돌을 불사했지만, 이명박 정부 초기 임채진 총장은 첫 인사에서 '대검 참모진조차 법무부(김경한 장관)가 짰다'는 조소 섞인 얘기를 들어야만 했다. 전 정권 때 임명된 임 총장은 운신의 폭이 좁아서 그랬겠지만, 검찰에게 참여정부가 만만한 반면 MB정부는 그만큼 어려웠다는 방증이 아닐까.

여하튼, 이런 메커니즘이 작동하는 구조에서는 장관이나 총장, 청와대의 힘 있는 누가 한마디를 해주느냐가 인사에 결정적 영향을 끼칠 수 있다. 좋은 얘기를 해준다면 좋겠지만 그게 안 될 경우에는 또 다른 방법이 있다. 경쟁자를 깎아내리는 것이다. 검찰 인사에서 끊이지 않는 음해 논란이 바로 이것이다.

"위관장교 시절에는 동기, 영관장교 시절에는 경쟁자, 장군 때는 적."

군인들이 사관학교 동기생을 두고 농담처럼 말하지만, 모두가 진실이라고 생각하는 말이다. 진급경쟁이 심한 피라미드 구조에서는 위로 올라갈수록 동기생들과 치열한 경쟁을 벌여야 한다. 군과 유사한 조직구조를 가진 검찰에서도 이런 금언은 그대로 적용된다.

그런데 음해와 관련된 논란은 좀체 외부에 드러나지 않는다. 사안의 성격상 은밀하게 비선을 통해 전달되기 때문이다. 기억에 남는 사례로는 박한철(13기) 헌법재판관의 경우가 있다.

2009년 5월 대검 중수부의 수사를 받던 노무현 전 대통령이 서거한 뒤 검찰은 거센 후폭풍에 휩싸였다. 연수원 9기인 임채진 총장이 사퇴한 뒤 연수원 12기였던 천성관 당시 서울중앙지검장이 새 총장 후보자로 지명되면서 연수원 10~11기 인사들이 대거 옷을 벗은 것이다. 그 여파로 그해 8월 대대적인 물갈이 인사가 이뤄졌는데, 우선 13기들이 대거 고검장으로 승진했다.

그런데 당시 인사에서 박한철 대구지검장이 고검장 승진에서 탈락해 많은 이들의 의구심을 샀다. 서울중앙지검 3차장, 법무부 기획조정실장, 삼성 사건 특별수사·감찰본부장에 이어 '빅4' 가운데 하나인 대검 공안부장을 거친 연수원 13기 선두그룹 중 하나였기 때문이다. 여기에 직전 보직인 대구지검장 자리도 비교적 고검장 승진이 잘 되는 자리였다.

이런 인사안이 발표되자 서초동에서는 "대검 공안부장 시절 (2008년) 촛불시위에 미온적으로 대처해 결과적으로 시위가 확산하도록 했다는 이유로 청와대에서 비토했다더라"는 소문이 파다하게 돌았다. 이와 관련해 그는 물론 그와 함께 대검 공안부에 근무했던 간부와 검사들, 박 검사장을 잘 아는 검사들 상당수가 "말도 안 되는 음해를 당한 것"이라며 아쉬워하고 억울해했다.

당시 공안부 사정을 잘 아는 검찰 관계자는 "아니 그럼 수십만 촛불인파 진압하라고 병력이라도 투입했어야 했단 말이냐? 그랬다간 난리가 났을 것이다. 검찰을 출입하는 조·중·동 기자들에게도 검찰이 과연 어떻게 대처해야 하는지 의견을 물었다. 다들 공권력 투입은 말도 안 된다고 하더라. 촛불은 검찰 차원의 문제가 아니라는 것이었다. 그런데 지금에 와서 이런 식으로 음해를 하다니, 이게 말이 되냐"고 말했다. 검찰에서 나와 김앤장 변호사로 활동하던 시절 만난 박 검사장 본인도 "승진이 안 된 것이야 조직인의 한 명으로서 받아들이겠지만, 당시 촛불 대처에 문제가 있었다는 지적은 수긍할 수 없다. (촛불집회를 주도한 게 누구인지 확인하기 위해) 내가 현장에 직접 나가본 게 한두 차례가 아니다. 그때 뭘 어떻게 했어야 했다는 것인가?"라며 억울함을 토로

했다.

　박 검사장은 당시 인사에서 고검장 승진에 성공한 동기들과 달리 서울동부지검장으로 전보됐다가 이듬해 옷을 벗었다.

　그런데 6개월 뒤 새옹지마라는 사자성어를 떠올릴 만한 일이 벌어졌다. 2011년 1월 동국대 총장으로 자리를 옮긴 김희옥 헌법재판관의 후임 재판관으로 지명받은 것이다. 지명자는 이명박 대통령이었다. 촛불집회 대처에 문제가 있었다는 이유로 고검장 승진에 물먹은 인사가 대통령 추천 몫의 헌법재판관으로 지명되다니 어찌된 일일까?

　이와 관련해 서초동 소식에 밝은 한 법조인은 훗날 다음과 같은 이야기를 내놨다.

　"위로 올라갈수록 동기가 적이라는 것 아니냐. 촛불집회 이야기는 승진 서열상 박 검사장 바로 뒤에 있던 ○○○ 검사장 작품이라더라. (MB 측근 가운데 한 명으로) 청와대에 있는 △△△이(가) 동창이잖아. 여기 통해 촛불 대처에 문제가 있었다는 얘기를 해서 (박 검사장 인사가) 그렇게 됐는데, 그 뒤에 전후 사정을 잘 아는 권재진 수석이 청와대에 들어가면서 잘 설명이 됐고 오해가 해소됐다고 그러더라."

검찰과
2 대 8 사회

2010년 봄 〈PD수첩〉의 보도로 '스폰
서 검사'가 장안의 화제로 떠오른 직후 검찰의 근본 문제가 무엇
인지, 또 그 해결책은 무엇인지에 관한 기획 기사를 쓰게 됐다.
이런 막연한 주제를 가지고 어디서부터 뭘 어떻게 접근할 것인
지 고민을 하다가 친분이 있는 한 부장검사에게 전화를 걸었다.
안부 인사가 오간 뒤 '지금 검찰의 가장 큰 문제가 뭐라고 생각
하냐'는 질문을 던졌다. '무슨 그런 당연한 질문을 하고 있냐'는
얘기와 함께 생각지 못했던 일장 연설이 이어졌다.

"검찰이 뭐가 문제냐고? 뭐긴 뭐야 인사시스템이지. 검사들이
많아지면서 경쟁이 치열해지잖아. 그러면서 검찰은 법무부, 그
중에서도 검찰국 출신의 기획통들이 장악해간다. 과도한 경쟁
속에서 소수 계층이 탄생하는 것이지. 그 이면에는 출세 포기하
고 샐러리맨화 돼가는 80%가 있는 셈이고……. 한 5년차 정도
에 법무부로 가는 검사가 있잖아. 그러면 그 검사는 계속 잘 나
간다. 그 전 보직에 따라 다음 보직 인사가 이뤄지는데, 남들이
선망하는 좋은 보직에 있으니 그 다음 보직도 잘 찾아갈 수밖에

없거든. 그러면서 계속 잘 나가는 것이고. 이런 선수들이 나중에 검찰지상주의자가 된다. 이렇게 잘 나가기만 했던 선수들이니 조직에 대한 충성도가 높고, 자기가 해온 일이 전부인 줄 알지. 그런데 그런 기획통 검사들 상당수가 알고 보면 검찰 고위직 친인척을 둔 검찰 가족이야."

전화기를 통해 들려오는 이야기는 들으면 들을수록 틀린 게 없는 말이었다. 앞서 검찰 인사에 영향을 끼치는 요소로 지연, 학연, 근무연, 혈연 등이 있으며, 이를 종합한 평판문화와 그에 바탕한 추천 등이 가미돼 평검사 인사가 이뤄진다고 밝혔다. 그런데, 이런 구조에서는 검사가 되기 전의 배경이나 검사 초년병 시절 누구와 일을 했느냐가 검사로서의 삶에 있어 중요한 첫단추 역할을 한다.

아예 확실한 뒷배경을 가지고 검사생활을 시작하든지, 3학년 이전에 출중한 능력을 보이든지, 잘 나가는 선배와 근무연을 맺든지, 어떤 이유로건 좋은 보직을 받는 게 중요하다는 얘기다. 일단 그 궤도에 들어선 뒤 그럭저럭 업무능력을 인정받고 상관을 비롯한 동료들과의 융화에도 큰 문제가 없다면, 그 검사는 계속 잘 나가는 검사가 될 가능성이 매우 높다.

반면에 친인척 가운데 유력자도 없고, 조직 내에서 잘 나가고 있어 자신에 관한 좋은 평판을 만들어줄 상관을 못 만난다면, 그 검사는 지방 검찰청을 돌며 평범한 형사부 검사로서의 삶을 살게 될 가능성이 크다. 현재 인사시스템 아래서는 부장검사까지야 자동 승진이지만, 서울중앙지검 부장검사 발령을 전후로 차장검사와 검사장으로 승진하는 단계마다 몇몇을 탈락시키는 방식으로 인사가 이뤄지는데 전자만이 살아남고 후자인 '형사부 검사들'은 고검 등 한직으로 밀려나거나 사표를 쓰게 된다.

결국 일반 국민들은 '검사들이란~' '검찰이 말야~'라며 검찰을 하나로 싸잡아 말하지만, 그 내부 구성원들 사이에는 엄청난 괴리가 존재한다고 할 수 있다. 또 두 집단 사이에는 일반인들이 생각하는 것 이상으로 이질감이 존재한다. 겉으로 보기에는 강고한 단일대오이지만 실제 검찰조직 내부에는 잘 나가는 소수의 우월감과 평범한 다수의 열패감 또는 무시가 공존하고 있는 셈이다.

그런데 이런 이질감은 검찰 밖으로는 잘 드러나지 않는다. 소수 엘리트 검사들이 조직 내부 분위기를 선도하고 대외적인 발언권을 독점하기 때문이다. 사회적 이목을 끄는 중요한 사건을 처리하는 것도, 검찰 수뇌부를 지근거리에서 모시는 것도, 주요 정부기관에 파견돼 인맥을 구축할 기회를 얻는 것도 대부분 이런 엘리트 검사들의 몫이다. 법조 출입 기자들과의 교류도 20%에 해당하는 검사들의 전유물이다. 법무부와 대검, 서울중앙지검 등 20%들이 주로 근무하는 곳에 있는 게 아니라면 검사들이 중앙일간지나 공중파 방송국 기자들을 만날 기회는 거의 없기 때문이다.

그렇다면 이제 20%의 엘리트 검사들과 80%의 보통 검사들이 어떻게 구분되며 어떻게 다르게 생활하고 존재하는지 구체적으로 짚어보자.

근무처의 차이 : 서울에서 가까울수록 좋은 자리

검찰의 전근대적인 인사·조직관리가 단적으로 드러나는 대목 가운데 하나는 서울과 지방의 관계 설정이다. 검찰에서 잘 나가는 검사에게 지방은 중앙 무대에서 활약하다 잠시 쉬러 다녀오는 공간이지만, 대다수 보통 검사들에게는 그 자체가 주된 일터이기 때문이다.

검사 임용 뒤 초임지 발령부터 서울을 중심으로 철저히 성적 순으로 지방으로 내려간다. 임관 성적은 사법고시 성적에 연수원 수료 성적을 더해 산정하는데, 가장 성적이 좋은 이들이 서울 중앙지검에 배치되며, 그 다음으로 서울동부·남부·북부·서부 등 서울시내 지검을 거쳐 수도권, 충청도와 강원도를 거쳐 영남과 호남으로 내려간다. 또 같은 지역에서는 검사장이 자리하고 있는 지검이 산하 지청에 비해 우선이다. 서울과의 거리가 주된 기준이며, 그 틀 안에서는 검찰청 규모 순서를 따르는 것이다.

이에 따라 임관 성적이 밑바닥인 이들은 서울에서 가장 먼 영호남 지역의 깡촌이나 바닷가 지청에서 검사생활을 시작하게 된다. 성적이 좋은 이들이 고향 인근 검찰청 발령을 자원하면 이를 받아주기 때문에 예외도 가끔씩 있지만, 수도권-외고 출신 검사들이 많아지는 현실 속에서는 갈수록 찾아보기 힘든 게 현실이다.

초임 뒤 인사이동부터는 형평성을 감안한 룰이 있긴 하다. 검사 대부분이 서울 근무를 선호하는 만큼 지방에서 얼마간 근무하면 서울로 올라오고, 수도권 지역에서는 3회 연속 근무할 수 없다는 규정 등이 그것이다. 하지만 그런 룰은 룰일 뿐이다. 검사들이 가장 선호하는 법무부나 대검은 수도권 근무 횟수 계산에서 제외돼 능력 있고 잘 나가는 검사들은 7~8년씩 서울권에서만 머무르곤 한다.

물론 이들도 가끔씩 지방 검찰청 근무를 하지만, 조금 한가한 곳에 쉬러 다녀오는 의미가 크다. 그나마 확실한 '빽'이 있는 검사들은 천안 이남으로는 잘 내려가지 않는다고도 한다. 천안의 경우 지리적으로는 충청도이지만 서울과는 차로 1시간 거리여서 평검사들의 선호도가 높기 때문이다. 지방 근무 생색은 내면서 서울과 가까워 실속도 챙길 수 있다. 이런 이유로 천안지청장을 거친 한 간부는 사석에서 다음과 같이 말하기도 했다.

"와서 보니 천안이 참 희안한 동네더라. 지청장은 그렇게 잘 나가는 사람이 오지 않는데, 평검사나 부장검사는 센 선수들이 오더라고."

물론 이보다는 '어영부영 해서 말 나오느니, 확실하게 지방 근무하고 올라오자'며 부산이나 대구 등 지방 대도시로 갔다가 1~2년 만에 서울로 올라오는 경우가 일반적이다. 부장검사로 승진한 뒤에는 누구나 예외없이 지방 검찰청 근무를 거치지만, 잘 나가는 이들은 지검에서도 특수부장이나 공안부장, 소규모 지청의 지청장 등을 한두 번 거친 뒤 곧바로 다시 서울로 올라오는 게 보통이다.

서울과 지방을 구분하고, 지방 중에서도 서울과의 거리에 따라 서열이 매겨지는 것은 비단 초임 때뿐만이 아니다. 검사장이나 부장검사 등 중간 간부의 경우도 서열에 따라 서울에서부터 우선 순위가 매겨진다.

예를 들어 전주, 창원, 청주, 춘천 지검이 인구나 규모에 비춰 비슷한 급의 검찰청이라고 볼 수 있는데, 검찰 인사를 총괄하는 핵심 요직인 법무부 검찰국장 출신 인사들의 일선 지검장 경력을 보면 청주지검장이나 춘천지검장을 거친 경우는 꽤 있지만 전주지검장이나 창원지검장을 거친 이는 별로 없다. 이는 청주지검이나 춘천지검이 규모가 더 크거나 처리하는 사건들이 중요해서가 아니라 전주나 창원에 비해 서울에서 가깝기 때문이다. 그만큼 과거에 잘 나갔고 미래에 잘 나갈 이들이 상대적으로 서울에 가까운 지검에 부임한다는 얘기이다.

실제 2000~2011년 춘천, 청주, 전주, 창원 지검장을 거친 이들 가운데 법무장관, 검찰총장, '빅4' 등 이른바 '핵심 보직'에 오른 이들이 각각 얼마나 있는지 살펴봤다. 전주지검장을 거친 이들 가운데서는 김종빈 전 검찰총장(2000년), 창원지검장 출신 중에서도 장윤석 전 검찰국장(2001년)이 유일했다. 최근 10년 안으로는 핵심 보직으로 오른 이가 없는 셈이다.

이에 반해 춘천지검장 출신 인사는 김성호 전 장관(2002년), 임채진 전 총장(2003년), 신종대 전 공안부장(2009년) 등 3명이, 청주지검장 출신으로는 서영제 전 서울지검장(2002년), 김성호 전 장관(2003년), 문성우 전 검찰국장(2005년), 이준보 전 공안부장(2006년), 박용석 전 중수부장(2007년), 국민수 검찰국장(2010년) 등 무려

6명이나 됐다. 근무처의 위치가 해당 인사의 위상을 보여주는 것이다.

지청장 인사도 마찬가지다. 부부장검사에서 부장검사로 승진한 직후 검사 2~4명과 함께 근무하는 소규모 지청인 비부치지청의 지청장으로 발령 날 수 있는데, 법무부나 대검에서 윗분들을 모시며 배려를 받은 이들은 대개 공주지청장, 제천지청장 정도로 발령이 난다. 비슷한 규모지만 남원이나 장흥, 영덕 등 서울에서 먼 곳 지청장으로 발령 받는 이들은 서열이 밀리거나 일선 검찰청에서 근무하다가 발령 나는 경우가 많다. 서울중앙지검 부장을 마치고 검사 7~10명에 부장검사를 둔 부치지청의 지청장으로 발령날 때도 서열이 높거나 뒷배경이 좋은 이들일수록 서울에서 가까운 곳에 배치된다.

이렇듯 서울과의 거리에 따라 근무처 등급이 나뉘지만 예외가 있다. 권력자의 고향을 관할하는 지역의 지청장 자리가 그렇다. 과거 김영삼 정부 시절엔 통영지청장이, 김대중 정부 시절엔 목포지청장이 잘 나간 것으로 알려져 있다. 이명박 정권에서는 포항지청장 자리가 특별히 배려를 받아 가는 자리로 취급 받는다. 이런 지청장으로 부임하면 해당 지역에서 유력자들과 좋은 인연을 쌓을 기회를 자연스레 가질 수 있는 데다, 정치적으로 민감한 사건을 다룰 가능성이 크다. 이 두 가지 요인을 지렛대로 잘 활용하면 다음 인사에서 '배려'를 받는 것은 물론이다.

노무현 정부 시절 검찰총장을 지낸 정상명 총장을 두고서도 "지청장을 잘 나간 뒤 인사가 풀렸다"는 평이 많았다. 그 이전

까지는 동기들 사이에서도 별로 두각을 나타내지 못했는데 DJ
의 고향을 관할하는 목포지청장으로 있으면서 '민감한' 사건을
잘(!) 마무리하더니 그 뒤로 좋은 보직을 받아 계속 잘 나가게
됐다는 것이다.

사실 일반 기업체나 정부 부처에서도 구성원들의 선호도의 차
이가 있는 만큼 서울과 지방 근무가 같을 수는 없을 것이다. 하
지만 이렇듯 철저하게 서울과 지방이 분리되고, 같은 지방 사이
에서도 서울과의 거리에 비례해 서열이 매겨지는 구조는 흔치
않다. 때문에 경력이 어느 정도 쌓인 잘 나가는 검사들은 지방을
대개 기관장 승진 뒤 잠시 쉬었다 오는 곳으로 생각하는 게 일반
적이다. 이런 정도라면 과거 한양에서 임금을 모시다가 지방엔
수령으로 잠깐씩 다녀간 조선시대 집권층 정도 빼곤 비교 대상
을 찾기 어렵지 않을까 싶다.

이런 중앙과 지방의 서열화는 단순히 근무처의 문제에 그치지
않는다. 법적으로야 검찰은 1800여 명 검사들을 포함한 단일한
조직체지만, 근무처에 따라 검찰조직을 대하는 태도나 사회의
비판을 받아들이는 수준이 다르기 때문이다.

단적인 사례로 2006년 9월 금태섭 당시 서울중앙지검 검사(24
기·현 법무법인 지평지성 변호사)가 〈한겨레〉에 '현직 검사가 말하는
수사받는 법(153쪽)'을 기고했을 때의 일을 들 수 있다. "검찰의
수사를 받게 되면 일단 입을 닫고 변호사부터 구해 어떻게 대처
할지 상의하라"는 내용을 담은 금 검사의 기고는 검찰 안팎에 적
지 않은 반향을 일으켰는데, 검찰 내부의 반응이 지역별로 천차

만별이었다.

우선, 기고가 나가자 금 변호사가 몸담고 있던 서울중앙지검은 말 그대로 발칵 뒤집혔다. 1차장검사 주재로 형사부 부장검사들이 모여 하루 6시간 넘도록 대책 회의를 열었고, 평검사들도 삼삼오오 모여 어찌 된 일인지 대화를 나누는 등 하루 종일 청사 전체가 뒤숭숭한 분위기였다. 일부 평검사들은 금 전 검사를 찾아가 "선배님도 검사인데 어떻게 그런 글을 쓸 수 있습니까"라며 항의할 정도였다. 고위직들이 모여 있는 법무부와 대검에서는 "어떻게 이런 일이 일어날 수 있냐"며 더욱 험악한 분위기가 연출됐다.

하지만 당시 서울동부·남부·북부·서부 지검 가운데 한 검찰청에서는 이 문제를 두고 검사장부터 초임검사까지 모두 참여한 가운데 토론회가 열렸다고 한다. 당시 토론회에 참석한 한 검사는 "위로 올라갈수록 '기고 내용은 좀 심했다'는 의견을, 젊은 검사들일수록 '그렇게 생각할 수도 있는 것 아니냐'는 의견을 개진하는 경우가 많았다"며 "각자 주장이나 생각이 달랐지만 토론회를 계기로 서로의 의견을 나눌 수 있는 기회가 됐다는 점에서 나름 쿨한 분위기에서 (토론회가) 정리됐다"고 전했다. 검찰조직에 해를 끼치는 글이라며 구성원 대다수가 발끈하고 나섰던 서초동(대검, 서울중앙지검)이나 과천(법무부)과는 사뭇 분위기가 달랐던 것이다.

그렇다면 서울에서 거리가 먼 시골 지청에서는 어땠을까. 금 검사 기고가 있고 한참 뒤 당시 시골의 한 지청에 근무했다는 검사를 만날 기회가 있어 그때 상황을 물었다. "'그런 일이 있나 보다'라며 넘어갔다. 점심 식사 자리에서 누군가 '서울에서 아무 개 검사가 ~한 글을 신문에 실었다더라'라고 말을 꺼내자 나머 지는 '그런 일이 있냐'며 아무렇지 않게 얘기를 하며 그냥 밥을 먹었다."

결국 검찰권의 행사라든지 검찰조직의 문제를 두고 법무부- 대검-서울중앙지검이라는 '트라이앵글'에 근무하는 검사들이 가장 민감한 반응을 보였고, 서울에서 먼 곳일수록 무덤덤하게 그냥 넘어간 셈이다. 그만큼 조직 중심부에 근무하는 검사들의 엘리트 의식과 조직에의 충성도가 더 높았고, 금 검사에 대한 반 감도 컸다는 얘기다.

이와 관련해서는 금 검사 기고 며칠 뒤 만난 서울 서초동에서 활동하는 한 변호사의 말이 인상적이었다.

"(금 검사 기고와 관련해) 만나는 검사들마다 금 검사를 욕하는데 하 나같이 똑같은 이유를 대 놀랐다. 하나는 상관과 상의도 없이 언 론에 기고해 조직에 해를 입혔다는 것, 다른 하나는 (기획통으로) 일선 수사 경험도 별로 없으면서 뭘 얼마나 고생해봤다고 그런 말을 하냐는 것이었다. 처음 들을 때는 검사니까 금 검사 글에 비판적일 수 있겠다 싶었는데, 다들 너무나 똑같은 소리를 반복 하는 것에 더 놀라게 됐다. 멀쩡하던 이들도 검찰조직에 들어가 면 다들 그렇게 변하는 것인가, 이거 원~."

금 검사의 글을 두고 검사들이 지지-유보-반대 등 다양한 의 견으로 갈리는 정도까지 기대하지는 않았지만, 적어도 비판에 있어서는 여러 이유와 논거를 들 줄 알았는데, 모두들 조직 논리에 충실해서 그런지 너무 천편일률적인 얘기만 반복하더란 것이다.

전공의 차이 : 형사부보다 인지부서

검찰청에 가보면 많은 부서가 있다. 경찰의 수사를 지휘하고 사건을 송치 받아 추가 수사를 진행하거나 기소 여부를 결정하는 형사부, 기소된 피고인의 공소유지를 담당하는 공판부, 정치인이나 재벌 등 대형비리 사건을 수사하는 특수부, 선거·노동사건과 시국사건 등을 담당하는 공안부, 검사장을 보좌해 검찰청 운영과 기획을 담당하는 총무부 등이 그것이다.

이 가운데 과거 군사정권 시절엔 공안통이 득세를 했다면, 김대중·노무현 정부를 거치면서는 기획통들이 잘 나갔다. 시대가 많이 바뀌었지만 여러모로 복고풍(?) 성격이 강한 이명박 정권 아래서는 공안통과 기획통이 함께 잘 나간다는 평가가 많다.

그런데 이런 부서들 가운데서도 검찰 본연의 업무와 가장 관련이 있는 업무는 무엇일까? 이를 살펴보기 위해 일단 근대 사법시스템의 역사부터 간단히 살펴보자.

근대 이전 재판은 동양과 서양 모두 "네가 네 죄를 알렸다"며 호통을 치는 방식, 이른바 '원님 재판(규문주의)'이었다. 근대로 접어들며 이런 원님 재판의 폐해를 없애기 위해 수사-기소-재판에 이르는 각 단계마다 권한을 나눠온 게 큰 틀에서의 근대 사법의 역사다. 재판권과 수사-기소권을 분리시켰고, 수사 과정에서의 불법이나 인권침해 우려를 없애고자 검찰(기소)과 경찰(수사)을 나눴다는 얘기다.

이런 흐름에 비춰보면, 검찰 본연의 임무를 수행하고 있는 이들은 형사부와 공판부 검사들이다. 이들은 경찰 수사과정에서 혹시 있을지 모를 불법·탈법 수사를 감시하며 효율적인 수사진행을 지휘하고, 기소한 피고인의 공소유지를 담당한다. 실제 가장 많은 검사들이 형사부와 공판부에서 일하고 있기도 하다.

하지만 실제 위상은 어떤가? 형사부에만 주로 근무하는 검사들은 연줄이나 능력 면에서 별 볼일 없는 이로 취급되는 게 현실이다. 앞서 설명한 대로 '평판 경쟁'에서 누락된 이들이 배치되기 때문이다. 경찰에서 송치된 사건이 아니라 검찰이 자체 첩보를 얻어 직접 수사에 나서는 이른바 '인지부서'가 검사들의 선호 대상이고, 위에서도 더 많은 관심을 가지고 챙기고, 언론의 관심도 훨씬 크다. 또 일반적인 의미의 인지부서는 아니지만 간첩이나 선거, 노동, 시위 등을 전담하는 공안부, 높은 사람들을 지근거리에서 모시는 법무부나 대검 등의 기획부서도 선호도가 높다.

참고로, 인지부서라고 하면 정치인이나 재벌, 고위 관료 등 거악을 수사하는 특수부가 대표적인데, 서울중앙지검의 경우는 주식과 탈세 등 금융범죄를 전담하는 금융조세조사부(금조부)에 대한 주목도가 최근 많이 높아졌다. 특히 검사들 사이 선호도에서는 금조부가 특수부를 앞선다. 그 이유와 관련해 금조부 출신한 검사는 "특수부가 종로라면 금조부는 테헤란로 아니겠느냐"

고 말했다. 우리 사회의 권력지형이 정치에서 경제로 넘어갔다는 말이 많은데, 검사들의 선호도도 이를 반영하는 듯하다.

한편 인지부서 가운데서는 조직폭력 또는 마약범죄를 수사하는 강력부의 선호도가 상대적으로 낮았는데 최근 들어서는 높아졌다고 한다. 조직폭력배들이 금융, 사채 등에 진출하면서 강력부에서도 금조부성 수사를 할 수도 있고, 또 여기서 실력을 인정받아 금조부나 특수부로 옮겨갈 수도 있기 때문이다.

여하튼, 서울중앙지검을 출입하던 시절을 돌이켜보면, 봄·가을 인사 때마다 검찰청 전체가 들썩거리는 분위기가 역력했다. 그 중에서도 형사부가 제일 분주했던 것 같다. 인지부서로 자리를 옮기기 위해 치열한 경쟁을 벌이느라 대다수 검사들이 촉각을 곤두세우고 있었던 것이다. 부장검사들도 바빴다. 데리고 있는 검사 중에 괜찮다고 생각되는 검사를 인지부서로 보내주기위해 검사장 또는 3차장, 인지부서 부장에게 추천하느라 정신이 없었다. 휘하 검사를 얼마나 많이 인지부서로 보내주느냐는 부장검사가 얼마나 후배를 챙겨주는지를 보여주는 기준이자 검찰청 안에서 자신의 입지나 힘을 보여주는 척도이기 때문이다.

인지부서로 옮기기 위한 경쟁, 그 중에서도 특수부나 금조부로 옮기기 위한 경쟁이 어찌나 치열한지 임채진 검찰총장이 서울중앙지검장으로 있던 시절엔 형평성을 내세워 모든 검사들의 인지부서 근무 기간을 1년 6개월로 제한하기도 했을 정도다. 물론 원하는 인지부서로 옮긴다고 해서 경쟁이 그치지 않는다. 특수부나 금조부를 마친 뒤에는 대검이나 법무부에 안착해야 하기에, 이 과정에서 또 다시 치열한 경쟁과 복잡한 추천, 밀어주기 등이 반복된다. 그렇다면 이런 시스템에서 승자는 행복할까?

"정말 일만 열심히 하고 살았지. 그래서 서울중앙지검 특수부에서 일했고, 다음으로 어렵게나마 중수부까지 갔고. 그런데, 이제 뭘 위해 달려야 할지 좀 허탈해. 검사생활 10년 넘도록 목표로 삼았던 것을 달성했는데 막상 좋지만도 않고……." 친하게 지냈던 한 특수통 검사의 얘기가 귀에 또렷하다.

헤게모니를 쥔 20, 샐러리맨화 돼가는 80

결국, 지금의 검사들은 근무처와 보직(전공)에서 혜택을 받고 잘나가는 20과 그렇지 못한 80으로 뚜렷이 구분돼 있다. 20은 서울에서 주로 근무하며 일선 검찰청의 인지부서나 법무부나 대검의 기획부서 등 보직을 두루 거친 이들이라면, 80은 지방 검찰청 형사부나 공판부에서 주로 세월을 보낸 이들이었다. 그런데 앞서 말한 대로 조직 안에서는 20의 존재감이 훨씬 큰데, 그 이유는 인사에 있다.

평검사 사이에서는 2 대 8의 비율이 위로 올라갈수록 격차가 좁아지다가 결국엔 역전돼, 검사장 승진 단계가 되면 8 대 2 또는 9 대 1 수준으로 극단적인 반전이 이뤄진다. 검사장 승진자들이 죄다 공안통, 특수통, 기획통으로 분류되는 20에 해당하는 인사들이란 얘기다. 80을 대표할 법한 형사통은, 그런 말조차 쓰이지 않을 정도로 희귀한 존재다. 지역 등 다른 요인의 구색을 맞추기 위해서 한두 자리 넣어주는 경우가 있지만 조직 내 존재감이 떨어지고, 승진 뒤에도 상대적으로 한직을 맴도는 게 보통이다. 물론 20 쪽도 할 말이 없는 것은 아니다. 능력을 인정 받는 이들이 조직에서 승진하고 살아남는 이치는 어느 조직에서건 당연한 것 아니냐는 얘기다. 맞는 말이다.

하지만 80에 해당하는 평검사들 상당수는 생각이 다를 수 있다. 타고난 연줄이 있는 것도 아니고, 열심히 일한다고 해도 경찰 수사를 지휘하는 것이라 표가 나는 것도 아니고, 운이 없어 검찰 초년병 시절 잘 나가는 선배들과 인연을 맺지 못했을 뿐인데, 어느새 조직에서 존재감 떨어지는 그런저런 검사가 돼 있더란 것이다.

이들로서 억울한 점은 이것뿐만이 아니다. 검찰이 사회적 비난의 대상이 되는 경우, 즉 정치적 편향이나 무리한 수사 등으로 국민의 지탄을 받는 경우는 거의 20이 벌인 일 때문인데, 그에 따른 비난이나 비판은 80과 함께 나눠서 진다. 또 정치적으로 민감한 사건을 담당하는 등 논란의 당사자는 수뇌부에서 챙겨주기 마련이어서 다음 인사 때 더 좋은 자리로 가게 되는 경우가 많다. 욕은 먹더라도 실속은 챙긴다는 얘기인데, 이에 반해 80은 아무런 이유 없이 욕만 함께 먹을 뿐이다. 조직에서 문제를 일으켜 전체를 흔드는 것도, 보상이나 배려를 독식하다시피 하는 것도 20이란 얘기다.

결국 자신들과는 여러모로 다른 20 출신 인사들을 모시고 있는 80은 박탈감이나 소외감이 클 수밖에 없다. 검사 일에 대한

애착이나 충성심이 높지 않은 80의 대다수는 언제 변호사로 개업해야 좋을지를 고민하고, 그냥 현재 일에 만족하는 소수는 (경제적으로 넉넉하지만 조직이나 정치적인 사안엔 무관심한) 평범한 소시민의 삶을 살아가게 된다.

법조를 막 출입하기 시작한 2006년 현대차그룹 비자금 수사가 한창이었던 시절, 한 술자리에서 중수부 검사를 만난 적이 있다. 이런저런 대화 끝에 중수부 폐지론이 화제로 떠오르자 그는 발끈했다. "아니 그럼 서울중앙지검 특수부에서 정몽구를 잡아넣을 수 있을 것 같냐? 현실적으로 절대 안 된다. 우리야 총장에 기대서, 총장의 권위를 가지고 (수사를) 하니까 정몽구도 잡아넣은 것이다. 다른 데서는 불가능하다."

세월이 한참 흐른 뒤인 2011년 5월 여야 의원들로 이뤄진 국회 사법제도개혁특별위원회에서 중수부 수사권 폐지 의견을 모았다는 뉴스가 알려진 뒤, 이른바 80에 해당하는 한 검사와 술잔을 기울일 기회가 있었다. "중수부 폐지에 검찰이 난리라고들 하는데, 일선 지검 형사부 검사들은 좀 다르지 않냐"고 운을 띄웠다.

"100% 맞는 말이다. 위에서 잘 나가는 선수들이야 방방 뛰겠지만 일선 (경찰 수사를 지휘하는 형사부) 검사들이야 그게 무슨 상관인가. 상당수는 관심도 별로 없고, '노무현 전 대통령 서거 등 이런저런 논란을 감안하면 없애는 게 낫지'란 반응도 있는데, 분위기라는 게 있잖아. 다들 말을 못 해서 그렇지 뭐."

20 대 80의 체감상 차이를 느낄 기회는 이것 말고도 많았다. 2009년 노무현 전 대통령 서거 뒤 언론에서는 "솔직히 검찰이

| 2003년 참여정부 출범 직후 검사들과의 대화를 진행한 고 노무현 전 대통령. |

열심히 수사한 것 빼고 무슨 잘못을 했냐"는 검찰 반응이 보도
됐지만, 개인적으로 만나본 검사들 상당수는 "검찰이 청부 수사
로 전직 대통령을 죽게 했다. 낯을 들 면목이 없다"고 말했다.
사고 치는 이 따로 있고, 부끄러워하는 이 따로 있는 있는 모양
새였다.

그러나 이들은 검찰조직 안에서는 이런 발언을 할 수 없다. 그
런 발언을 하는 순간 그는 검사로서 평판이고 뭐고 완전 '이상
한 사람' 취급을 받게 될 것이기 때문이다.

2003년 3월 참여정부 출범 직후 노무현 전 대통령이 강금실
장관을 배석시키고 검사들과의 대화를 진행하던 모습이 떠오
른다. 그런데 그때 나온 검사 10명을 조직에 충성도 높은 엘리
트 검사들인 20이 아니라, 검사 가운데 랜덤(무작위)으로 뽑았거
나, 검찰에서 나와 다음 인사를 신경 쓸 필요 없는 이들로 꾸렸

122

다면 어땠을까? 논의 분위기나 결과 모두 사뭇 다르지 않았을
까 싶다.

정치에 취약한 검찰조직, 이를 이용한 MB정권

검찰조직 자체에 구조적인 문제가 있지만 사회가 민주화하면서
검찰의 노골적인 정치성 논란도 줄어드는 흐름이었다. 김대중
정부 시절 이른바 '호남 검사'들이 여러 문제를 일으켰으나 과
거 TK라는 오너가 검찰을 지배하던 수십 년보다는 요직 독식이
나, 정치적 편향성 정도가 덜했고, 노무현 정부 시절에는 정권과
검찰이 좀더 쿨한 관계에 있었기에, 검찰을 둘러싼 정치성 논란
도 덜했다.

하지만 이명박 정부가 들어서자 검찰도 다시 과거로 돌아간 듯
하다는 지적이 적지 않다. 이렇듯 정권이 바뀌자 검찰이 곧바로
표변할 수 있는 배경에도 검찰조직 운영방식이 자리하고 있다.
피라미드식 조직 체계에 바탕한 과도한 경쟁이 이뤄지는 상황에
서 승진에 목맨 중간 간부급 이상 인사들이, 인사권을 장악하고
있는 권력의 바람대로 움직이는 것은 당연한 일 아니겠는가.

법을 집행하는 이들이라면 당연히 갖춰야 할 덕목으로 '형평
성의 원칙'(진보와 보수에 동등한 잣대를 들이댄다), '상당성의 원칙'(체포
나 처벌에 상당한 이유가 있어야 한다)과 '비례의 원칙'(상황에 비례해 필요한
수준의 형사적 처벌이 이뤄져야 한다)이란 게 있다. 그런데 이런 원칙들
이 MB 정부 들어와 상당 부분 무시됐다. 위장전입 등 위법행위

| 인터넷 논객 '미네르바' 박대성씨(오른쪽). 검찰은 그를 구속기소했지만,
1심 재판에서 무죄가 선고된 데 이어 헌법재판소는 인터넷 허위글 처벌의 근거가 된
전기통신기본법 제47조 1항에 대해 위헌 결정을 내렸다. |

를 한 장관, 총장들이 청문회에서 자신들의 허물에는 "사과한다"
는 말 한마디로 어물쩡 넘어가더니, 정권에 비판적인 이들의 활
동에 대해서는 사소한 문제까지 끄집어내 검찰권이란 칼을 휘둘
렀기 때문이다.

　정확한 경제 예측으로 유명세를 떨쳤던 인터넷 논객 '미네르
바'(본명 박대성) 사건을 살펴보자. 서울중앙지검 마약조직범죄수
사부(부장 김주선)는 2009년 1월 '미네르바' 박대성씨를 체포하고
온라인상에서 허위 사실을 퍼뜨렸다는 혐의(전기통신기본법 위반)로

기소했다. 하지만 서울중앙지법 형사5단독 유영현 판사는 그해 4월 "구체적 표현 방식에서 과장되거나 정제되지 않은 서술이 있다 하더라도 전적으로 '허위의 사실'이라고 인식하면서 글을 게재했다고 보기 어렵고 '공익을 해할 목적'이 있었던 것으로도 보기 어렵다"며 무죄를 선고했다.

그런데 양쪽의 손익계산서를 살펴보자. 박씨는 무죄 판결을 받았다지만 이미 100일 넘도록 징역을 산 뒤였다. 이에 반해 검찰로서는 사실상 처벌에 성공했고 '인터넷에 함부로 글 올리다가는 큰 코 다친다'는 경고 효과를 톡톡히 본 뒤였다. 재판에서는 졌지만 누릴 효과는 다 본 셈이었다. 100여 일간 수형생활을 한 박씨는 재판에서 이겼지만 사실은 피해자일 뿐이다.

검찰의 행태에 대한 보수 언론들의 적극적인 '응원' 결과 적지 않은 이들이 '미네르바가 허위 사실을 유포한 것은 맞지 않냐'고 생각하지만, 이는 사실과 다르다. 검찰은 공소장에서 박씨가 2008년 3월~2009년 1월 다음 아고라에 280여 편의 글을 올렸다고 밝혔는데, 이 가운데 '정부가 환전 업무를 8월 1일부로 중단하게 됐다'는 내용(2008년 7월)과 '정부가 주요 7대 금융기관 및 수출입 관련 주요 기업에 달러 매수를 금지하라는 내용의 긴급 공문을 보냈다'는 내용(2008년 12월29일), 단 두 개의 글을 문제 삼았다.

그런데 7월에 올린 글은 미네르바가 유명해지기 한참 전에 쓴 것이어서 검찰이 애써 강조해온 '허위 사실을 유포해 공익을 해한' 효과가 거의 없는 글이다. 또 12월에 올린 글과 관련해서는 기획재정부에서 공문을 보내지는 않았지만 전화로 금융기관에 달러 매수 자제를 요청한 사실이 있음이 밝혀졌다. 또 박씨 스스로 곧바로 사과한 뒤 글을 삭제했다.

이런 상황을 종합해보면, 상당성의 원칙, 비례성의 원칙에 비춰 형사처벌 필요성이 현저하게 부족했다. 하지만 검찰은 박씨가 올린 전체 글의 1%도 안 되는 부분을 트집 잡아 전기통신기본법 47조 1항(공익을 해할 목적으로 허위의 통신을 하면 처벌한다)이라는 거의 '듣보잡' 수준의 법조항을 찾아내 그를 구속기소했다. 그가 올린 수백 개의 '사실에 부합하며 미래를 정확히 내다본 글'들은 검찰에게 아무런 의미가 없었던 것이다. 어떤 사람의 발언이나 행동 수백 개를 두고 현미경 들여다보듯이 살핀 뒤 한두 개쯤 트집 잡아 시비를 걸면 피할 수 있는 사람이 얼마나 될까? 이렇듯 털면 털리고, 걸면 걸리는 기준으로 세상사를 처리한다면 처벌 대상이 안 되는 이가 얼마나 될까?

검찰의 '오버' 덕분에 한국 정부는 외국에서도 조롱거리가 됐다. 〈로이터〉는 미네르바 체포 소식을 다루며 "(한국 정부가) 한국 경제와 금융시장에 대해 부정적 목소리를 내지 못하도록 압력을 가하고 있다(some economic analysts say they have come under pressure from officials not to voice negative views on the economy)"는 내용의 기사를 내보냈는데, 국제면이 아닌 '재미있는 뉴스'(Oddly Enough) 섹션에 실었다. 그들 눈에는 인터넷 논객의 체포가 이상한(Odd) 뉴스였던 것이다. 〈파이낸셜타임스〉도 "미네르바 체포는 한국 정부가 부정적 의견을 내놓는 인터넷 여론과 언론을 척결하려는

| 법원의 조정에 응했다며 기소된 정연주 전 KBS 사장. 법원은 당연하게도 그에게 무죄를 선고했지만, 이미 KBS 사장 자리에서 쫓겨난 뒤였으며 KBS도 친여 매체로 확고하게 자리매김한 뒤였다. |

과정에서 빚어진 사태"라며, 인터넷 소문 진원지에 대한 한국 정부의 반응을 '패닉'이라고 표현했다. 결과적으로 검찰은 그런 정부(정권)의 패닉 상태를 여과 없이 드러낸 도구가 된 셈이다.

정연주 전 KBS 사장의 경우도 일반인의 상식을 거스른 검찰권 행사란 점에서 크게 다르지 않다. 서울중앙지검 조사부(부장 박은석)는 2008년 8월 특정경제범죄가중처벌법의 배임 혐의로 정 전 사장을 기소했다. 국세청과의 세금 반환 소송을 벌이던 KBS가 1심에서 이겼음에도 2심에서 재판부의 조정에 응하는 바람에 법인세 및 부가가치세 2448억 원(1심 승소액 1764억 원과 이자 684억 원)을 포기하고 556억 원만 돌려받아 회사에 1892억 원의 손해를 끼쳤다는 혐의였다.

조정이란 재판부가 분쟁 당사자 간에 서로 양보하고 타협하도록 중재안을 내놓고 이를 받아들일 것을 설득하는 법률 행위를 말한다. 즉, 정 전 사장은 법원이 제시한 중재안을 받아들였다는 이유로 기소를 당한 것이다. 이런 논리라면 재판부는 배임 범죄를 교사한 주체이고, 국가는 배임 범죄의 결과 2000억 원에 가까운 범죄 수익을 챙긴 당사자가 된다. 당연히 1, 2심 재판부 모두 정 전 사장에게 무죄를 선고했다. 하지만 정 전 사장은 이미 사장 자리에서 쫓겨난 뒤였고, 피해를 복구할 방법은 없었다. KBS도 친정권 방송으로 자리를 잡은 뒤였다.

한미 쇠고기 협상을 다루며 광우병 위협을 언급한 〈PD수첩〉 취재진을 기소한 사건은 어떤가? 웬만한 법조인에게 1964년 미국 연방대법원의 '뉴욕타임스 대 설리반 사건' 판결*은 상식 중의 상식이다. 제3세계 독재국가에서나 찾아볼 수 있는 정부 정책과 공직자의 업무 수행에 대한 언론의 비판을 명예훼손으로 처벌하는 일이 21세기 대한민국에서 버젓이 벌어졌다. '미네르바' 박씨, 정 전 사장과 마찬가지로 재판부에서는 〈PD수첩〉 제작진에게 무죄를 선고했다. 대법원이 2011년 9월 제작진 전원

* 표현의 자유에 있어 가장 큰 굴레는 명예훼손이다. 미국에서는 이 사건을 계기로 공직자에 대한 명예훼손과 언론 비판의 한계와 기준이 정해졌다. 앨라배마 경찰서장 설리반이 〈뉴욕타임스〉를 상대로 제기한 명예훼손 소송에서 연방대법원은 공직자의 경우 명예훼손 소송을 제기한 원고가 상대방의 현실적인 악의를 입증해야 한다고 판결했다. 브레넌 대법관은 판결문에서 "공적 사안에 관한 토론은 금지되지 말아야 한다는 원칙, 거기에는 정부와 공직자들에 대한 맹렬하고 신랄한, 때로는 불쾌하리만큼 날카로운 공격이 포함될 수 있다는 원칙이 그것이다"라고 적시했다. 이에 비춰보면, 현재 우리나라의 표현의 자유 수준은 50년 전 미국만도 못한 셈이다.

| 미국산 쇠고기에 대한 왜곡과장 보도로 기소된 MBC 조능희 PD(가운데)와 송일준 PD(오른쪽)는 대법에서 무죄 판결을 받았다. 하지만 온갖 고초를 겪은 뒤였고, 국민들에게 편파방송·불법보도란 이미지를 충분히 심어준 뒤였다. |

에 무죄 확정판결을 내렸지만, 너무 큰 고초를 겪은 뒤였다.

이런 황당한 사태를 어떻게 봐야 할까. 조·중·동을 제외한 상당수 언론들이 검찰의 행태를 비판했다. 시상대 1등 자리에 선 〈PD수첩〉은 만신창이가 돼 링거를 꽂은 채 서 있는데 2등 자리에 선 검찰은 꽃다발을 안고 웃음을 띤 채 1등 자리를 바라보며 "욕봤다"고 말해주는 그림이 신문만평에 실리기도 했다. 〈PD수첩〉 제작진 기소를 두고서는 훗날 노무현 전 대통령 수사를 진행한 이인규 전 대검 중수부장도 "말이 안 되는 결정"이라고 말했다. 당시 검찰 내 기소 여부를 놓고 대검에서 주요 간부 회의가 열렸는데, 대검 기조부장으로 일하고 있던 그는 부정적 의견을 개진했다고 한다. 결과적으로 기소가 된 것을 보면, 당시 검찰 내 중론은 '기소해야 한다'는 쪽이었던 셈이다.

미네르바 PD수첩 담당 검사는 모두 영전

그렇다면 이 세 사건의 공통점은 무엇일까? 법원에서 무죄가 선고돼 검찰의 무리한 수사와 기소가 확인됐음에도 불구하고 사건 책임자들은 모두 영전했다는 점이다. 미네르바 사건을 담당했던 김주선(현 천안지청장) 당시 서울중앙지검 마약조직범죄부장은 박 씨 기소 직후 강릉지청장으로 영전했다. 검찰 내부에서조차 '법원 조정에 응한 게 어떻게 죄가 되냐'는 논란을 일으켰던 정연주 전 사장 기소를 강행한 박은석(현 대구지검 2차장검사) 당시 서울중앙지검 조사부장은 다음 인사에서 법무부 정책기획단장이라는 요직을 꿰찼다. '정부를 비판하는 내용의 보도에 공직자 개인에 대한 명예훼손 혐의를 적용할 수는 없다'며 검찰을 떠난 임수빈 서울중앙지검 형사2부장을 대신해 〈PD수첩〉 제작진을 기소한 전현준(현 대검 범죄정보기획관) 부장검사는 서울중앙지검 금융조세조사1부장으로 영전했다. 이들은 그다음 인사에서도 수도권 지역 지청장, 대검 범죄정보기획관 등으로 승승장구했다.

이들 사건을 지휘한 김수남 당시 서울중앙지검 3차장검사, 정병두 당시 서울중앙지검 1차장검사 등도 법무부 기획조정실장과 춘천지검장 등으로 영전했으며, 실제 수사를 진행한 평검사들 또한 법무부와 대검 등으로 발령받았다. 이런 인사 행태가 청부폭력을 행사하고 상대방이 어떤 피해를 입었는지는 아랑곳하지 않은 채 그 대가로 금품을 받는 조폭의 그것과 근본적으로 어떤 차이가 있는지 궁금할 뿐이다.

| 〈한국일보〉 2011년 9월 3일치 34면 |

　무리한 수사와 기소임이 증명돼 재판에서 졌지만, 정작 사건을 담당한 검사들은 승진하고 영전하는 희극적인 행태를 어떻게 봐야 할까? 권력의 뜻에 취약할 수밖에 없는 검찰의 조직 구조와 이를 적극적으로 이용하려는 정권의 이해관계가 맞아 떨어졌기 때문에 벌어진 슬픈 광경 아닐까.

　검찰에서도 이런 대목에 대해 문제의식을 갖고 있는 이가 없는 것은 아니다. 공개적으로 말을 하지 못할 뿐이다. 그랬다간 조직의 배신자, '이상한 놈' 취급 받기 십상이기 때문이다. 한 검찰 간부는 그 시작점을 과거 이명박 대통령 후보의 발목을 잡았던 'BBK 사건' 처리 결과를 볼 것을 주문했다.

　"잘 봐라. 검찰도 공무원이다. 공무원은 인사에 약할 수밖에 없다. 이명박 정부 출범 뒤 첫 인사를 봐라. 'BBK 인사'라고 하지 않나. (사건 수사에서 이명박 당시 대통령 후보에게 무혐의를 안겨준) 그 주역들이 대거 요직에 배치되지 않았나. 앞으로 검찰을 어떻게 다룰지 확실히 보여줬다. '충성해라, 그럼 배려한다'는 것이다. 그 뒤로도 대통령이나 정부가 관심 가질 만한 사건을 다룬 검사들이 어떻게 대접 받았는지 살펴봐라. 'BBK 효과'로 새로운 줄을 세운 거다. 이명박식 줄."

실제 BBK 사건을 다룬 검사들은 하나같이 다음 인사에서 잘 나갔다. 'BBK 검사'로는 김홍일 부산고검장(당시 서울중앙지검 3차장), 최재경 대검 중수부장(당시 서울중앙지검 특수1부장), 김기동 성남지청 차장검사(당시 특수1부 부부장) 등을 들 수 있다. 김 고검장은 사건 처리 직후 검사장으로 승진해 사법연수원 부원장과 대검 중수부장을 거쳤고, 최 검사장도 연수원 1년 선배들을 제치고 대검 수사기획관과 대검 중수부장 자리를 꿰찼다. 김기동 부장은 특수1부 부부장에서 이례적으로 특수3부장과 특수1부장을 연달아 역임한 뒤 대검 선임연구관을 거쳤다.

BBK 수사팀 평검사들은 주요 부처에 파견을 다녀오는 혜택을 봤다. 특수1부 배종혁 검사는 검사들이 가장 선호하는 파견처인 금융감독원에 2년 동안 파견을 다녀왔고, 금융조세조사부 소속으로 수사팀에 합류했던 장영섭 검사는 청와대 민정수석실 행정관으로 발탁됐다. 첨단범죄수사부 소속이었던 김후곤 검사는 방송통신위원회 파견을 다녀왔다.

| '충성해라, 그럼 배려한다'는 MB식 검찰 길들이기의 대표 사례.
이명박 후보의 발목을 잡았던 BBK 사건을 '잘 마무리해' 인사 보은을 받은 'BBK 검사들'.
(위) BBK 수사 결과를 발표하고 있는 김홍일 부산고검장(당시 서울중앙지검 3차장)
(가운데) 최재경 대검 중수부장(당시 서울중앙지검 특수1부장).
(아래) 김기동 성남지청 차장검사(당시 서울중앙지검 특수1부장). |

바보야!
문제는
조직이야

앞서 검찰조직을 설명하며 장황하게 20 대 80 구도에 대해 얘기했는데, 이는 검찰 전체를 뭉뚱그려 지칭하며 비판하거나 개혁을 주문해봐야 아무 소용이 없음을 말하기 위해서였다.

일본이 보이는 군국주의적 행태를 예로 들어보자. 일본 군국주의를 비판한다며 일본이란 나라 전체를 비난하면 어떻게 되나? 비난은 쉽겠지만 그 비난만으로 변화가 오는 것은 아니다. 일본이 왜 그런 군국주의로 가게 됐는지, 그 추동 세력은 누구고 나머지 국민들이 어떻게 그 구조에 편입될 수밖에 없는지 살펴본 뒤에야 구체적이고 의미가 있는 논의가 가능하지 않을까?

검찰도 마찬가지다. 검찰을 두고 정치적이라고, 권력의 주구라고 백날 얘기해봐야 바뀌는 것은 없다. 검찰이 그렇게 흘러갈 수밖에 없는 메커니즘을 이해하고 난 뒤에야 제대로 된 논의가 가능하다는 얘기다.

총장은 조직의 보스, 검사들은 조직원

검찰청법 제12조 (검찰총장)

②검찰총장은 대검찰청의 사무를 맡아 처리하고 검찰사무를 총괄하며 검찰청의 공무원을 지휘·감독한다. (전문개정 2009.11.2)

간단한 법조문이지만, 이에 바탕해 검찰총장은 막강한 권한을 휘두른다. 우선 중요하거나 정치적으로 민감한 사건 처리와 관련해 다양한 지시를 내린다. 사회 일반적으로는 정치적인 사건들이 문제가 되는 경우가 많지만, 내부적으로는 전횡의 문제도 많다. 한 개인에게 워낙에 큰 권력이 쥐어져 있기에 무소불위의 힘을 휘두르기 때문이다.

어떤 사건을 보고하는 자리에서 검찰총장이 "뭐, 구속시킬 것까지 있나", "나라 상황이 이런데 무슨 그런 수사냐. 당분간 놔두지"라고 한마디 하면 일선 검찰청에는 그 뜻이 득달같이 전달돼 그대로 시행된다. 세상이 많이 바뀐 만큼 이미 드러난 혐의를 덮어주는 등의 무리한 지시가 빈번하게 내려지지야 않겠지만, 구속기소는 불구속기소로, 불구속기소는 기소유예 정도로 낮춰주는 정도의 재량권은 충분히 행사할 수 있다. 또 수사에 제동을 걸어 사실상 범죄를 봐주도록 하는 일도 얼마든지 가능하다. 실세 총장이냐 아니냐에 따라 총장마다 행사하는 권한의 세기는 차이가 있겠지만,* 총장은 검찰조직의 상징이요 그의 판단은 검찰 전체의 의사결정이다.

그렇다면 검찰총장은 어떤 기준으로 판단을 내릴까? 아마도 평소 사회적 사안을 대하는 식견, 검사로서의 법률적 판단, 참모들의 조언, 사건 관계자에 대한 친소 여부 등이 복합적으로 작용할 것이다. 정치적인 사건의 경우엔? 아무래도 자신을 임명해준 대통령이나 여권을 의식하지 않을 수 없다. 이런 인사시스템과 의사결정구조를 만들어놓고 검찰권 행사와 관련해 정치적 논란이 없기를 바라는 것은, 아궁이에 불을 때놓고 연기가 나지 않기를 바라는 것과 같은 것 아닐까.

총장의 고집이나 독선적 판단이 사건 진행을 어그러뜨린 대표적인 케이스로는 삼성에버랜드 사건을 들 수 있다. 삼성에버랜드 사건이란 에버랜드가 전환사채를 헐값으로 발행한 뒤 이를 이건희 회장의 자녀들에게 넘겨준 일련의 과정을 이르는 말로, 재벌 편법 대물림의 대표적인 사례로 손꼽는다. 이를 통해 이재용 삼성전자 사장 등 이 회장 자녀들이 세금 한푼 안 내고 삼성그룹 전체의 경영권을 통째로 접수했기 때문이다.*

이 사건은 2000년 6월 곽노현 방송통신대 교수(현 서울시교육감) 등 법학교수 43명이 에버랜드 전환사채를 헐값에 발행한 혐의

---

* DJ정권 박순용 검찰총장 시절엔 신승남 대검 차장이 실세로 통했다고 한다. 권력 핵심부에서 신 차장을 차기 총장으로 염두에 두고 있음을 검찰에서 모르는 이가 없었기 때문이다. 이런 구조에서는 자연히 아랫사람들이 차장을 의식해 어떤 안건이건 간에 차장에게 먼저 보고한 뒤 총장에게 보고하게 된다. 힘이 차장에게 쏠린다는 얘기다. 비교적 최근인 김준규 총장 시절엔 상대적으로 서울중앙지검장이 실권을 많이 행사했다고 한다. 서울 출신에 경기고-서울대 법대를 나온 김 총장은 천성관 후보자의 낙마로 운 좋게 총장 자리를 꿰찬 인사지만, 노환균, 한상대, 최교일 검사장은 TK 또는 고대라는 끈으로 청와대와 직접 엮인 인물들이기 때문이다.

(특정경제범죄가중처벌법상 배임)로 이건희 회장 등 33명을 검찰에 고발하면서 사회에 알려지기 시작했다. 하지만 검찰은 수년간 시간을 끌어오다가 공소시효 만료 하루를 앞둔 2003년 12월에야 전환사채 발행 당시 에버랜드 경영진이었던 허태학, 박노빈 씨를 배임 혐의로 불구속기소했다. 실제 지시를 하고 범죄 수익을 얻어간 이들은 놔둔 채 실행을 한 이들만 기소한 것이다.

사실 2명만 분리기소한 것을 두고 고발인과 언론에서는 "검찰의 잘못", "수사팀의 잘못"이라고 목소리를 높였다. 같은 법조인인 판사들까지도 사석에서 행동책 2명만 기소한 것은 좀 이상하고, 법리적으로는 회사가 아닌 기존 주주들에 대한 배임으로 접근했어야 했다는 의견을 내기도 했다.

에버랜드 수사가 용두사미가 된 이유

하지만 이런 결정은 내부적으로는 진통을 겪은 뒤 나온 타협의 산물이라고 한다. 이 사안 처리를 두고 대검과 서울지검, 송광수 검찰총장과 수사팀 사이에 긴장이 컸다는 것이다. 당시 검찰 사

• 대한민국 최고의 재벌 삼성 계열사 가운데 하나였던 삼성에버랜드는 1996년 11월 전환사채 125만4777주를 헐값에 발행했고 기존 주주들이 약속이나 한 듯이 매입을 포기하자 이를 이재용 삼성전자 사장 등 이건희 회장 자녀 4명이 인수했다. 이로써 삼성에버랜드 기존 주주들의 지분율은 현저하게 낮아졌으며, 대신 이재용 사장이 25.1%의 지분을, 부진·서현·윤형 등 이 회장의 세 딸은 각각 8.37%씩 지분을 가지게 됐다. 뒤이어 삼성에버랜드는 삼성생명 지분 20%가량을 인수해, 삼성에버랜드→삼성생명→삼성전자→삼성카드→삼성에버랜드로 이어지는 순환출자 고리가 완성된다. 결국 이재용 사장은 수십억 원에 불과한 돈으로 대한민국 최대 재벌을 장악하게 된다.

정을 잘 아는 복수의 관계자들은 "송 총장이 수사기록을 대검으로 보내도록 한 뒤 대검 연구관들로 하여금 검토해보도록 지시했다"고 말한다.

이에 몇년째 방치됐던 사건을 본격적으로 파헤치기 시작했던 채동욱(14기·현 대검 차장) 특수2부장과 우병우(19기·현 부천지청장)·박용주 검사(21기·SK텔레콤 CSR본부장), 이들을 지휘한 신상규(11기) 당시 서울지검 3차장 등은 강경한 자세를 견지했다고 한다. 특히 신 차장은 대검 쪽에 "우리가 1년 동안 검토한 사건을 당신들이 사흘 동안 검토해 다른 의견을 내면 우리가 수사를 잘못했다는 뜻이므로 모두 사표를 내겠다"고 '압박'하기도 한 것으로 알려졌다. 이런 긴장과 갈등 끝에 결국 이건희 회장은 소환도 못 해본 채 피고발인 33명 가운데 전환사채 헐값 발행에 직접 관여한 허씨와 박씨를 '표본 기소'해 나머지 공범들의 공소시효를 정지시키자는 아이디어가 채택된다.

송 총장 쪽에서는 이 회장 수사 또는 기소에 따른 파문 확산을 일단 막을 수 있었고, 수사팀으로서는 훗날 유죄가 선고되면 이건희 회장 등의 추가기소가 가능할 것이라고 내다볼 수 있었기에 동의할 수 있었던 일종의 타협안이었다.

당시 검찰은 언론의 비판에 "1심 판결 뒤 승소하면 이건희 회장 등도 수사해 기소하겠다"고 밝혔지만, 정작 1심 판결에서 허, 박 씨가 유죄를 선고 받자 이번엔 "2심 결과를 보자"며 말을 바꿨다. 이 와중에 김용철 변호사의 폭로로 삼성 특검이 시작됐고, 최종적으로 대법원 전원합의체에서 6 대 5, 간발의 차이로 무죄가 확정됐다. 전환사채를 헐값으로 발행해 제3자에게 넘긴 것은 기존 주주들에 대한 배임은 될 수 있어도 회사에 대한 배임은 아니라는 논리였다.

결국, 이런 사정을 알고 검찰을 바라보면 어떤가? 2명만 표본기소한 검찰을 비판한 게 부당한 일은 아닐 것이다. 하지만 그나마 사건 수사 자체에 제동을 걸려던 지휘부에 맞서 어떻게든 해보려고 한 수사팀을 쉽게 탓할 수 있을까. 아마도 쉽지 않을 것이다.

이런 결론은 훗날 천정배 장관 시절 이뤄진 법무부의 감사에서도 확인된다. 당시 천 장관은 허씨와 박씨만을 표본 기소한 당시 검찰의 결정에 문제의식을 가지고 있었으며, 책임질 사람에게는 책임을 묻겠다는 태도였다고 한다. 실제 법무부는 천 장관의 지시에 따라 당시 사건 처리와 관련해 고강도 감찰에 나섰다. 하지만 결과적으로 아무도 책임추궁을 당하지 않았다. 수사팀 전원이 별다른 일 없이 넘어간 것이다.

이와 관련해 당시 법무부 핵심 관계자는 다음과 같은 설명을 내놨다. "당시 지휘부가 소극적으로 판단했던 것은 자명해 보였다. 그럼에도 수사팀은 정중동이랄까……. 계속해서 조금씩 수사를 진전시켜 나갔다. 그 결과 공소시효라도 정지시킬 수 있었다고 판단했다." 이미 퇴임한 송 총장 등의 태도가 문제였지, 수사팀의 책임을 물을 수는 없더란 얘기였다.

아무리 일선에서 원칙대로 수사하고 진행하려 해도, 주요한 결정은 위에서 내리는 시스템에서는 그 한계가 분명할 수밖에 없지 않은가? 결국 검찰 전체를 뭉뚱그려 비난 또는 비판하기보다는,

그런 결과가 나온 시스템과 구체적인 과정을 아는 게 필요하다. 그런 뒤에야 제대로 된 비판과 대안에 대한 논의가 가능하다.

물론 검찰도 사람 사는 동네이고, 검사도 사람이 가진 직업인 만큼, 100% 완전무결한 상명하복만이 있는 것은 아니다. 총장을 비롯한 윗분들 '뒷담화'를 하는 검사도 있고, 일선 수사팀에서 총장 지시를 따를 수 없다며 고집을 부리고 이를 관철시키는 경우가 있다. 하지만 이 또한 아무나 가능한 게 아니다. 정권의 흐름, 총장의 임기, 버티는 검사의 배경 등이 복합적으로 작용해야 가능한 일이다.

법조팀을 출입하며 겪어본 검찰총장 가운데는 정상명 총장이 성정이 불같기로 유명했는데, 특히 말년에는 지시가 먹히지 않아 더욱 화를 내거나 속을 끓이는 경우가 많았다고 한다.

2007년 부산지검의 전군표 전 국세청장 수사가 대표적이다. 검찰이 현직 국세청장을 수뢰 혐의로 구속한 첫 사례였던 이 사건에서, 당시 정상명 총장은 불구속기소 쪽 뜻을 가졌다고 한다. 당시 대검에 근무한 한 관계자는 "총장은 불구속기소하라고 하지, 현지 수사팀은 그렇게는 못 하겠다며 '언론에 깔 수도 있다'는 식으로까지 나오지, 정말 골치가 아팠다"고 말했다. 결국엔 어떻게 됐을까? 구속기소가 관철됐다.

이례적인 일처리는 뒤로도 이어진다. 이런 경우 보통은 수사 책임자가 윗선에 찍혀 다음 인사에서 좌천을 당하는 게 보통인데, 당시 수사팀장이던 부산지검 김광준 특수부장은 이듬해 봄 정기인사에서 보란 듯이 서울중앙지검 특수3부장으로 발령 났다. 이를 두고 한 부장검사는 "사실 사건처리가 잘 되기도 했지만, 정 총장 이빨이 다 빠질 때였고 김 부장은 또 TK 출신이잖아"라고 말했다. 전 정권에서 임명된 고위공직자를 구속시킨 것인 만큼 새 정권 입장에서야 싫어하거나 부담이 될 이유가 전혀 없었고, 사건 자체도 성공해 검찰 내부적인 반응도 좋았고, 당사자의 지역도 괜찮았다(?)는 여러 조건이 맞아떨어져 가능한 일이었던 것이다.

노무현 전 대통령의 후원자인 강금원 창신섬유 회장도 비슷한 케이스다. 2009년 4월 대전지검이 충북 충주 시그너스 골프장을 운영하며 공금을 횡령한 혐의 등을 적용해 그를 구속시켰는데, 당시 임채진 총장은 불구속기소 쪽으로 마음이 기울어 있었다고 한다. 대검 중수부가 노 전 대통령과 그의 또 다른 후원자로 알려진 박연차 태광실업 회장을 수사하고 있던 때여서 전방위로 전 정권 관련자를 탄압한다는 오해를 걱정했기 때문이다. 하지만 수사팀에서 구속의견을 고수했고, 결국 그대로 진행됐다.

세월이 조금 흐른 뒤 이와 관련해 당시 대검의 한 관계자는 "(강 회장 구속을 고집한) 그 사건 부장검사가 좀 강성이었다. 물불 안 가리고 말을 안 듣더라"고 말했다. 또 다른 검찰 관계자는 "지검장도 강경한 입장이었다. 그런데 따지고 보면 전 정권 관련자이니 그렇게 고집을 부릴 수 있는 것이지, 만약 현 대통령과 관련돼 있는 기업인이었다면 영장 청구를 고집하고, 그게 관철될 수 있었겠냐? 새 정권에 내세울 만한 공을 세우고 싶어했던 것이지."

라고 말했다. 이런 사정이 얼마나 반영됐던 것일까? 당시 수사를 지휘한 안창호(14기 · 현 서울고검장) 대전지검장은 다음 인사에서 고검장으로 승진했다.

결국, 앞서도 말했듯이 장관이나 총장의 뜻에 반해 이런 고집을 부리는 것도 아무 때, 아무나 할 수 있는 일이 아니다. 총장의 임기, 검찰 내 역학관계, 여론, 정권의 상황 등이 복합적으로 작용한다는 얘기다.

그렇다면 평소에 그런 충돌이나 불화를 빚는다면? 필자가 법조팀에서 근무하던 때를 떠올려보면, 대검에 근무하는 검사장 가운데 하나는 평소 총장으로부터 받던 멸시와 수모감에 몸싸움까지 벌이려고 했던 일이 있었다. 당시 자리에 함께 있던 주변 검사장들이 만류해 충돌은 피했지만 결국엔 이 사건 직후 사표를 던지고 검찰조직을 떠났다. 하지만 이는 매우 이례적인 사례다. 대부분은 다음과 같은 경우들일 것이다.

"내가 왜 물을 먹었냐구? 일단 총장한테 밉보였지. (사회적으로도 이슈가 됐던) ○○○ 사건에서 좀 봐주라고 하더라고. 그런데 밑에서는 안 된다고 하고……. 결국 대검과 엄청 싸운 끝에 불구속 기소를 했지. 결국 이렇게 됐고." (검사장 출신 한 변호사)

배당의 문제 : 같은 사건도 어느 부서,
어느 검사에게 가느냐 따라 결과 달라져

사실 검찰조직이 위계질서가 강고한 피라미드형 조직체이고 장관이나 총장의 발언권이 아무리 강하다고 해도 결과가 나온 사건을 일일이 뒤집거나, 대놓고 부당한 지시를 내리기는 어렵다. 검사라는 직업도 나름 '곤조'가 있는 일인지라, 정도가 심하면 치받칠 수도 있다. 그래서 가장 합법적(?)이면서도 교묘한 방식으로 사건에 영향을 끼치는 방법이 있는데, 바로 배당이다. 사건을 어느 부서에 주느냐를 결정하는 배당을 통해 애초부터 사건처리 방향을 잠정적으로나마 정해놓을 수 있다는 것이다.

똑같은 사건이라도, 특수부로 가느냐 형사부로 가느냐에 따라 향방은 크게 갈린다. 이른바 거악들의 비리를 전문적으로 파헤치는 특수부에 가면 사건은 더 까발려질 가능성이 클 수밖에 없다. 물론 어떤 이유로 무언가는 덮고 넘어가기도 하겠지만 일단 파헤쳐지는 측면에서만 보자면 특수부를 따라올 수가 없다. 반대로 경찰 송치 사건이나 일반 고소·고발 사건 처리를 주된 업무로 하는 형사부에서는 사건이 제대로 규명되지 않은 채 그냥 넘어갈 가능성이 크다. 파헤침의 전문성 차이도 있지만, 형사부 검사들은 평소 처리해야 할 경찰 송치 사건이나 고소·고발 사건을 많게는 수백 건씩 쌓아두고 있기 때문이다.

실제 법조를 출입하며 지켜봤던 형사부 검사들은 월말, 분기말, 반기말 등에 유난히 바빴다. 미제 현황 집계를 앞두고 묵은 사건들을 털어야 했기 때문이다. 통상 차장검사나 부장검사는 검사들마다 '3개월 미제', '6개월 미제' 등이 얼마씩 쌓여 있는 지를 체크하고, 심지어 주기적으로 업데이트되는 통계표를 가지고 관리하기도 한다.

이런 '배당의 차이'가 극렬하게 나타난 사례로는 이른바 '그랜 저 검사 사건'을 들 수 있다.

2008년 초 정인균 전 서울중앙지검 부부장검사는 자신과 친 분이 있는 건설업자가 고소인인 사건을 맡고 있던 후배 검사에 게 '사건을 잘 검토해달라'는 취지로 부탁을 했다. 후배 검사는 피고소인들을 기소했는데, 나중에 모두 대법원에서 무죄 확정 판결이 났다. 그런데 무죄 판결을 받은 피고소인들이 뒤늦게 정 부부장검사 부인의 그랜저 차 값을 고소인인 김아무개 씨가 대 신 내준 것을 알게 됐고, 알선뇌물수수(알선수뢰)와 직권남용 혐 의로 정 부부장검사를 검찰에 고발했다.

이 사건은 형사부 가운데 공무원 범죄를 담당하는 서울중앙지 검 형사1부에 배당됐다. 오정돈(20기·현 서울북부지검 차장검사) 부장검 사가 주임검사가 돼 수사가 시작됐다. 오 부장검사는 2010년 7월 정 부부장검사에게 무혐의 결정을 내렸다. "피고소인들이 고발하 기 전 정 부부장검사가 차 값 3000만 원을 김씨에게 되돌려줘 청 탁 대가가 아니라 차용 관계라고 판단된다"는 이유에서였다.

사건 처리 결과가 좀 미심쩍었던 이 사건을 두고 말들이 돌았 고 2010년 국정감사에서도 문제가 됐다. 여론도 들끓었다. 이에 김준규 총장은 그해 11월 16일 특수통인 강찬우(18기·현 광주지검 차장검사) 당시 대검 선임연구관을 특임검사*로 임명하고 사건을 재수사하도록 했다. 강 특임검사는 특별수사 경력이 있는 이선봉·박철웅·김윤희 검사와 검찰수사관 10여 명으로 팀을 짜 수사에 착수했고, 20여 일 만에 정 부부장검사를 특정범죄가중처벌법의 알선수뢰 혐의로 구속기소했다. 수사팀은 정 부부장검사가 사건 처리 부탁과 함께 김씨로부터 그랜저 승용차뿐만 아니라 현금과 수표로 1600만 원을 추가로 받았으며, 김씨 사건을 처리한 후배 검사실 최아무개 수사관도 김씨로부터 두 차례에 걸쳐 1000만 원을 받은 사실까지 밝혀냈다.

같은 사안을 다뤘는데 형사부장과 특수통 특임검사가 정반대 결론을 내놓은 셈이다. 이와 관련해 2010년 12월 강 특임검사가 수사결과를 발표하는 자리에서 "같은 검찰인데 정반대 결과를 내놨다. 앞으로 누가 형사부 수사를 믿을 수 있겠냐"는 기자들의 질문이 쏟아졌다. 강 특임검사는 곤혹스런 표정을 지으며 다음과 같이 말했다고 한다.

"검찰총장의 명령을 받아 특별수사팀을 꾸려 이 한 개 사건만 담당한 우리로서는 여력이 좀 있었다. 단순 고소·고발을 담당하는 형사부 수사와 검찰총장의 하명 사건인 특임검사의 수사를 동일선상에 놓고 비교하는 건 맞지 않을 것 같다. 나 또한 형사부 평검사 시절 한 달에 평균 200건의 사건을 처리하는 가운데

• 2010년 4월 '스폰서 검사' 파문 뒤 검찰은 같은 해 8월 자체 개혁방안을 내놨는데, 이 가운데 특임검사제 도입이 포함돼 있다. 특임검사는 검찰총장을 비롯한 상급자들의 지휘를 받지 않고 독립적으로 수사한 뒤, 그 결과만을 총장에게 보고한다. 검찰 내 특별검사(특검)와도 같은 제도인 셈이다.

각각 사건마다 어느 정도 시간과 체력을 투입하느냐가 매일의 고민거리였다. 형사부 검사가 갖고 있는 시간, 체력, 노력에서 봤을 때 200건 중에서 이 사건을 제일 우선시했겠지만, 그래봐야 특임검사와 수사관들이 한 사건에 매달린 것과 비교하면 수백분의 1에 불과하지 않겠냐." 투하할 수 있는 노력의 크기가 다르니 이를 감안해달라는 얘기였다.

그럼에도 불구하고 '어찌 됐건 종전 수사팀과 특임검사팀 수사결론이 바뀌었다. 형사부 수사는 신뢰를 잃어버릴 상황이 됐다'는 기자들의 반박이 쏟아지자, 강 특임검사는 다음과 같은 부연설명을 내놨다.

"개인과 개인 사이 분쟁인 형사부 사건을 특수부 수사처럼 하면 안 된다. 합의가 목표다. 진실을 밝히는 것보단 분쟁 해결이 중요하다. 개인 간의 분쟁에서 진실을 밝히면 상처를 받게 된다. 형사부 수사에서 특수부에서처럼 양쪽의 자금 흐름을 모두 조사하고 그러면 아무도 고소 안 할 것이다. 그렇게 해서도 안 된다. 형사부는 분쟁의 해결이 주된 목적이고, 특수부는 피해자가 없을 수 있는, 그래서 도와주는 이가 없을 수 있는 사건을 집중해서 하는 것이다. 그래서 어렵고 품이 많이 든다. 0.01% 가능성을 보고 압수수색도 하고 그러는 것이다. 그렇다면 이 사건이 형사부 사건이냐, 특수부 사건이냐? 재산분쟁 있는 사람들은 상대방을 불리하게 만들고자 사기나 횡령만 갖고 고소하는 게 아니다. 뇌물, 변호사법 위반 등을 통해 특수부의 개입을 유혹한다. 진정서만 내는 게 아니라, 제보 서류를 만들어 특수부 수사관들에게 건네기도 하고 그런다. 이번 사건의 경우는 고발인이 재산분쟁 와중에 검사에게 뇌물도 줬다고 걸친 것이다. 재산분쟁을 유리하게 이끌기 위해 또 하나의 공격수단으로. 그래서 형사부는 엉터리고, 특수부만 최고라고 하면 안 될 것 같다."

나름 논리가 있지만, 검찰이 금과옥조처럼 여기는 '실체적 사실관계'를 엉뚱하게 파악한 형사부의 잘못을 가릴 수는 없는 노릇이었다.

다시 배당 일반에 관한 이야기로 되돌아가보자. 사건 배당 기준은 대략 이렇다. 고소 등 개인과 개인 사이 분쟁(개인적 법익)은 형사부로, 사회적으로 의혹이 크게 제기되거나 피해자가 다수 일반인이고 구조적이며 고질적인 비리(사회적 법익)는 특수부로, 정치와 밀접하고 국가체제와 관련된 선거 또는 국가보안법 관련 사건(국가적 법익)은 공안부로 배당된다. 경찰 송치사건도 이런 기준을 따라 일반 형사사건은 형사부에서, 경찰청 특수수사과 사건 등은 특수부에서, 선거·노동·학원 등 공안사건은 공안부에서 수사를 지휘한다.

일선 지검에서 사건 배당은 보통 차장검사의 몫이다. 서울중앙지검과 같이 규모가 큰 검찰청에서는 차장들은 관할 부에 나눠주는 배당 업무만 수행하고, 형사부(1차장 산하), 공안부(2차장 산하), 특수부(3차장 산하) 가운데 어디로 보낼지 성격이 애매한 사건은 지검장이 결정한다. 하지만 민감한 사건일수록 고소장이나 고발장 접수 때부터 대검에 보고되기 마련이고, 이에 따라 사건을 어디에 배당할지도 총장이 결정하는 경우가 적지 않다.

이런 구조 아래서, 배당에 따른 현실적인 결과의 차이를 잘 아는 검찰 수뇌부는 배당을 정치적으로 이용하기도 한다. 배당에 관한 뚜렷한 기준이 있는 게 아니기 때문이다. 똑같은 정치인 고소·고발 사건이 형사부로 가기도 하고, 공안부로 가기도 한다. 정치적으로 민감한 사안의 경우는 지검장 또는 검찰총장 선에서 어디에 배당할지를 결정하는데, 당시 수뇌부의 마음에 따라 그때그때 다른 결정이 내려지기도 한다.

이런 '배당의 정치적 효과'가 극명하게 드러난 또 다른 사례로 2010년 세상을 떠들썩하게 한 국무총리실 산하 공직윤리지원관실의 민간인 불법사찰 사건을 들 수 있다. 당시 언론을 통해 불법사찰 사건이 폭로되자, 검찰은 수사에 착수하며 서울중앙지검 특수부가 아닌 형사부에서 사건을 맡아 진행하도록 했다. 서울중앙지검 오정돈 형사1부장을 팀장으로 수사팀이 꾸려졌다.* 그런데 수사팀은 이런 수사의 첫발이라고 할 수 있는 공직윤리지원관실 압수수색을 수사팀 발족 뒤 거의 일주일 만에 진행했다. 뒤늦게 압수수색해온 공직윤리지원관실 컴퓨터와 서류 등은 대부분 '깡통'이었다. 전문 기기를 동원해 모든 기록을 삭제한 뒤였던 것이다. 검찰 안에서조차 '늦은 압수수색으로 증거물

• 공교롭게도 '그랜저 검사 사건'과 민간인 불법사찰 사건 모두 오정돈 부장검사가 주임검사였다. 두 사건 모두 부실수사라는 여론의 질타를 받았지만, 오 부장검사는 다음 인사에서 법무부 감찰담당관으로 영전했고 2011년 8월 인사에서도 서울북부지검 차장검사 자리를 꿰찼다. 인사가 성과나 업무결과와 별 상관없이 돌아가고 있음을 보여주는 대표적인 사례인 셈이다. 오 부장검사는 '1호 검사부부'로도 유명하다. 그의 부인인 건국대 법대 최윤희 교수는 2009년 김준규 총장 청문회 때 참고인으로 나와 김 총장이 얼마나 훌륭한 검사인지 찬사를 늘어놓아 적절성 논란이 일기도 했다.

을 인멸할 기회와 시간을 줬다'는 비판이 일었다. 그러자 수사를 지휘한 당시 서울중앙지검 신경식(17기 · 현 청주지검장대리) 1차장검사와 주임검사인 오정돈 부장검사는 "수사팀도 꾸리고 영장을 청구할 최소한의 혐의를 확인하는 데도 며칠은 걸린다. 영장청구가 늦어 수사가 부실해졌다는 지적은 뭘 모르는 사람들이나 하는 소리"라고 말했다. 그 말이 맞다면 '그랜저 검사 사건'의 강찬우 특임검사는 '뭘 모르는 사람'이었던 것일까? 강 특임검사는 특임검사 임명 발표 뒤 수사팀을 꾸리자마자 정 전 부부장검사의 그랜저 차 값을 대납한 혐의를 받고 있던 건설업자 김씨의 사무실과 자택을 압수수색했다. 2011년 '벤츠 여검사' 사건 특임검사로 지명된 이창재(19기) 안산지청장도 11월 30일 특임검사에 지명되고 이튿날 곧바로 압수수색을 진행했다.

특수통 검사들은 한결같이 "이런(이미 언론에서 보도된) 사건을 수사할 때는 신속한 압수수색은 기본 중의 기본"이라며 "민간인 불법사찰 사건은 수사의 첫단추부터 잘못 꿰었다"고 입을 모았다. 정작 뭘 모르고 큰소리치는 사람들은 따로 있었던 셈이다.

또 의혹의 핵심인물인 이인규 전 총리실 공직윤리지원관이 수시로 청와대에 들어가 민간인 불법사찰의 '윗선'으로 지목돼 온 이영호 청와대 고용노사비서관을 만나고, 고용노사비서관실 최종석 행정관이 개설한 대포폰을 이용해 공직윤리지원관실의 증거인멸이 이뤄졌음이 언론을 통해 밝혀졌지만, 특별수사팀은 사찰의 배후나 '윗선'은 밝혀내지 못했다며 사건을 마무리했다. 이미 언론을 통해 혐의가 낱낱이 드러난 이인규 전

지원관과 김충곤 전 지원관실 점검1팀장 등을 형법상 강요, 직권남용 권리행사방해, 업무방해, 방실수색 혐의로 구속기소한 게 전부였다.

결국 사건이 이렇게 정리되자, 수사팀에 대한 비판이 쏟아졌다. 꼬리자르기식 수사 결과란 지적이었다. 이를 두고, 특별수사 경험이 짧은 오 부장검사의 잘못도 크지만 공안통인 노환균 지검장과 기획통인 신경식 1차장이 특별수사를 잘 몰라 사건을 제대로 챙기지 못했다는 지적이 나오기도 했다.

그런데 배당의 관점에서 일련의 과정을 살펴보면, 어차피 제대로 처리할 가능성이 떨어지는 곳에 사건을 줬다는 분석이 가능하다. 실제 검찰 돌아가는 사정을 알 만한 선수들 사이에서는 형사부에 사건을 배당했을 때부터 예견됐던 결과였다는 얘기가 돌았다.

이 사건에서 '배당의 기술'이 빛을 발한 것은 그뿐만이 아니었다. 조전혁 한나라당 의원이 민간인사찰 피해자인 김종익씨가 참여정부의 비자금을 관리해왔다며 수사를 의뢰하자, 검찰은 이번엔 사건을 서울중앙지검 조사부에 배당했다.* 통상 이런 경우는 기존 수사팀에 배당하는 게 보통이다. 어차피 하나의 실체적 진실을 규명하고 그에 따라 일괄적으로 각각 사건의 결론을 내리는 게 효율적이기 때문이다. 그런데도 추가 수사의뢰된 사건을 기존 수사팀이 아니라 조사부에 배당하자, 특별수사팀에

---

* 조사부는 형사부 가운데서도 복잡한 고소·고발·진정 사건 등을 전문적으로 다루는 부서다. 이런 이유로 민사사건 성격이 강한 형사사건을 다루는 경우가 많은데, 이명박 정권 출범 뒤 조사부에서 정치적으로 민감한 사건을 다루는 관례가 생겼다. 정연주 전 KBS 사장 배임 혐의 사건 수사가 대표적이다.

| 공직윤리지원관실의 민간인 불법 사찰 피해자 김종익 NS한마음 전 대표. |

사건을 배당할 경우 사건의 피해자임이 명확한 김씨를 사찰 책임자들과 함께 처벌하게 될 경우 그 모양새가 부담스럽기 때문 아니겠냐는 의구심이 제기됐다.

이런 예측대로 조사부(부장 배성준)는 김씨에게 회사 장부 일체를 가져와 회삿돈 사용처 소명을 요구하더니 결국 김씨를 횡령 혐의로 기소했다. 수사의뢰 이유였던 '참여정부 비자금'은 흔적도 없이 사라진 채였다. 이른바 먼지털이 수사와 별건 기소가 이뤄진 것이다. 결국 김씨는 민간인사찰 말고도 별건 수사에 따른 기소라는 이중의 국가폭력을 당해야만 했다.

이외에도 국정원 도청 의혹 사건과 관련해서는 김대중 정부 시절 공안부가 수사에 나섰다가 꽝이 났는데, 노무현 정부 시절 이른바 'X-파일' 사건*을 계기로 특수부가 수사에 나서 불법도 청의 전모가 드러나기도 했다. 배당의 차이 말고도 주변 상황이 많이 달랐지만, 공안부와 특수부가 하나의 실체를 두고 정반대

결론을 내렸던 대표적 사례로 언급된다.

배당과 관련해서는 어떤 부서에 사건을 주느냐만 문제가 되는 게 아니다. 미시적으로 보면 어떤 검사에게 가느냐에 따라, 거시적으로 보면 어느 검찰청으로 가느냐에 따라 사건의 향방이 정반대 방향으로 흘러가기도 한다.

후자와 관련해서는 2010년 9월 대검에서 한화그룹 비자금 조성 의혹 사건을 서울서부지검에 배당한 게 대표적인 사례다. 2003~2004년 대검 중수부의 대선자금 수사 때 노 전 대통령 진영 쪽을 맡아 안희정 충남지사와 여택수 청와대 행정관 등을 구속하고, 2010년 울산지검장으로 있으면서 지방선거에 출마한 한나라당 유력 후보들 여럿을 구속기소한 대표적인 '강성 검사' 남기춘 검사장이 근무하고 있었기 때문이다.

그룹 재무책임자로 비자금 조성의 핵심 인물로 지목된 홍동옥 여천 NCC 사장의 구속영장 기각과 이에 따른 '청와대 의중설', '법무부 견제설' 등이 돈 끝에 남 검사장은 2011년 1월 사표를 내고 검찰을 떠났다. 당시 왜 사건이 대검 중수부 또는 서울중앙지검 특수부가 아닌 서울서부지검으로 배당됐는지, 남 검사장 사의 표명의 원인이라는 법무부 견제설의 실체는 무엇인지 등은 아직 바깥으로 알려지지 않고 있다.

• 2005년 국가정보원이 불법도청한 테이프 내용이 공개돼 삼성과 정치권, 검찰 사이의 관계가 폭로된 사건을 말한다. 삼성그룹 이학수 부회장과 중앙일보 홍석현 회장이 1997년 대선 당시 이회창 후보에 대한 자금 지원을 도모하고, 검찰 간부들에게 뇌물을 얼마나 어떻게 전달할지 대화 내용이 담겨 있다. 이어진 검찰 수사에서 테이프에 담긴 실체는 놔둔 채 내용을 공개한 기자와 이를 언급한 노회찬 전 민주노동당 의원 등만 기소해 논란이 됐다.

현직 검사가 말하는 수사 제대로 받는 법 — 금태섭(당시 서울중앙지검 검사)

피의자가 됐을 때 차라리 아무것도 하지 말라

《한겨레》 2006년 9월 11일자)

처음 동료들에게 수사를 받는 법에 관한 글을 쓰겠다는 말을 꺼냈을 때의 반응을 잊을 수가 없다. '이자가 미쳤나' 하는 눈빛으로 한참 바라보다 '그런 걸 다 가르쳐주면 앞으로 수사를 어떻게 하려고 하느냐'는 반응이 대부분이었다.

하지만 수사를 둘러싼 환경은 너무나 변했다. 변호사를 동반하지 않은 피의자를 상대로 밤새도록 똑같은 질문을 해서 자백을 받던 시대는 지났다. 여론의 지탄을 받는 범죄라고 해서 무슨 수를 써서라도 진상을 밝히라는 식의 요구도 이제는 접어야 한다.

그렇다고 해서 수사를 포기하고 범죄를 방치해야 한다고 말할 수는 없다. 수사기관과 피의자, 피해자 참고인 등, 수사의 참여자들이 공정한 게임을 통해 실체적 진실을 밝히는 데 협력해야 한다. 이런 체계를 갖추기 위해서는 수사기관에 종사하는 사람이 피의자의 권리를 정확히 알려주는 것도 좋은 방법이 될 수 있다.

고소를 당하거나 수사기관에 입건돼 피의자가 된 때의 곤혹스러움과 불안감은 직접 경험해 보지 않으면 짐작조차 하기 어렵다. 심지어 수십 년 동안 판사, 검사, 변호사로 활동하던 법률 전문가나 수사를 직업으로 하는 경찰관도 피의자가 되면 불안에 떤다. 그리고 불안과 초조에 시달리다보면 누구나 터무니없는 실수를 저지르게 된다.

피의자가 실수를 저지르는 것은 너무나 당연한 일이다. 피의자는 약자의 처지에 있을 수밖에 없기 때문이다. 아무리 민주적인 사법제도를 갖춘 나라에서도 피의자가 경찰이나 검찰과 실질적으로 동등한 지위에 있을 수 있다

는 이론은 찾아보기 어렵다. 이런 상황에서 피의자가 취해야 할 기본적인 행동 지침은 두 가지다. 첫째는 아무것도 하지 말라는 것. 둘째는 변호인에게 모든 것을 맡기라는 것이다.

아무것도 하지 말라는 말은 쉽게 받아들이기 어려울 것이다. 억울함을 밝혀야 하지 않겠는가. 설사 죄를 지은 것이 사실이라고 하더라도 조금이라도 유리한 점을 주장하면서 수사에 대응해야 하지 않겠는가. 그러나 그렇게 생각하는 순간 당신은 이미 파멸로 이끄는 길에 한 걸음 들어서는 것이다.

수사에는 밀행성의 원칙이라는 것이 있어서 진행 상황을 비밀로 하게 돼 있다. 공개가 원칙인 재판과는 달리 피의자에게 아무것도 알려줄 필요가 없다. 피의자는 충분한 정보를 갖지 못한 채 어둠 속에서 헤매야 하는 것이다.

아무것도 모르는 상태에서 섣불리 행동하면 상처를 입는다. 일단 가만히 있으면서 상황을 파악하는 것이 현명한 태도다.

더구나 수사기관에는 피의자에게 유리한 정상까지 찾아내야 할 의무가 있다. 어떤 검사도 무고한 피의자를 기소했다가 법원에서 무죄 선고를 받고 싶어하지 않는다. 수사기관 스스로 피의자에게 죄가 있는지 없는지 밝히려는 노력을 해야 한다. 이 때문에 피의자가 아무런 행동을 하지 않는다고 해서 무조건 불이익을 받지는 않는 것이다. 오히려 스스로 만든 함정에 빠지는 어리석음을 피할 수 있다.

충분한 정보를 갖지 못한 상태에서는 자신에게 꼭 유리한 행동만을 하지 않는다. 심지어 수사기관에서 일한 경험이 있는 피의자도 섣부른 행동을 하다가 치명적인 실수를 하는 경우가 태반이다.

또 하나 중요한 것은 변호인에게 모든 것을 맡기라는 것이다. 검사나 경찰관은 수사에 있어서 프로다. 아마추어가 프로와 싸워 이기려는 것은 요행을 바라는 것과 같다. 수사에 대응하는 것은 프로인 변호사에게 맡겨야 한다. 법률가는 의사와 함께 가장 오래된 전문직이다. 그럼에도 사람들은 병에 걸렸을 때 의사를 찾아가면서도 수사를 받을 때는 스스로 무언가 해보려고 한다. 이는 잘못된 태도다. 의사도 아플 때면 다른 의사를 찾아가는 것과 마찬가지로 변호사도 피의자가 된 때는 다른 변호사에게 의지한다. 자신의 운명이 걸린 승부에서 스스로 냉정을 유지하는 것은 불가능에 가깝기 때문이다.

물론 변호인에게 사건을 의뢰하는 데는 금전적인 부담이 따른다. 비싼 수임료를 이유로 필자의 주장에 반대하는 견해도 있을 수 있다. 그러나 직업적인 범죄인이 아닌 평범한 사람이 피의자가 되는 것은 일생에 몇 번 없는 일이다. 중병에 걸렸다는 진단을 받은 것과 마찬가지라고 생각해야 한다. 동원할 수 있는 모든 자원을 아낌없이 투자해 훌륭한 변호인을 구해야 한다. 도저히 그럴 수 없는 경우에도 국선 변호인 제도를 이용하는 등 다른 방법을 찾을 수 있다.

검사들의 문화

검사와 접대 – 알아서 잘 모실수록 좋을지니

조선시대에는 중앙에서 근무하다 지방 수령으로 부임하면 해당 지방 특산물을 선임자나 유력자 등에게 선물로 보내곤 했다고 한다. 보기에 따라서는 작은 정성일 수 있지만, 이런 게 관례화하면 당사자로서는 부담이 될 수밖에 없다. 작은 접대가 규모가 커지고 일반화되면 바로 뇌물이 되는 것이다. 역사책에도 조정 실세의 집에 지방관들이 보낸 갖가지 특산품과 선물들이 쇄도했다는 기록들이 많다.

검찰도 지방 지청장이나 지검장으로 부임한 뒤 지방 특산물 등을 과거 모시던 상관이나 동료들에게 돌리는 경우가 종종 있다. 대부분 과일 정도여서 문제가 되는 경우는 적다고 한다. 하지만, 지역이나 상황에 따라서는 그 수준을 넘어서기도 한다.

검찰에서 어느 정도 자리까지 올랐던 인사가 한번은 술자리에서 자신이 꽤 큰 규모 지청의 지청장으로 근무하던 때의 경험을 털어놨다.

"부임한 지역이 ○○이 나기로 유명했다. 4~5월이면 딱 그 철이다. 그런데 하루는 지청 사무과장이 오더니 '지청장님 ○○행사를 벌일 때가 됐습니다'라고 말하더라. '그게 뭐냐?'고 물었더니, '매년 이맘때면 (관할 직속상관인) 지검장님과 고검장님을 모시고 ○○을 접대합니다. 다들 기다리실 텐데 준비하셔야죠'라고 하더라. 그래서 '아니 ○○이 얼마인데 그렇게들 했나?'라고 되물었다. '꽤 비싸죠. 술까지 하면 한자리에 200만~300만 원은 하죠'라고 답하더라. 어이가 없어서 '그러면 4~5번만 자리 해도 1000만 원이 든다는 얘기인데 그런 예산이 어디 있냐'고 했더니 '예산은 없고, 지역 유지들한테 받기도 하고, 외상으로 하고 그냥 넘어가기도 하고, 항상 그렇게 해왔습니다'라는 거야.

기가 막히더군. 21세기 검찰에 아직도 이런 일이 일어나다니 황당하더라. 그래서 '난 그런 상납 안 하겠다'며 내보냈다."

문제는 그게 끝이 아니었다고 한다. 이어지는 이야기.

"얼마 있다가 다른 직원이 다시 올라와 애기를 하더라. '지청장님이 날을 먼저 잡아야 순서에 따라 경찰이나 다른 기관들도 움직일 수 있습니다. 지금 난리가 났습니다. ○○이 워낙에 귀한 것이라 대대로 검찰부터 (행사를) 하기 시작하면 다른 기관들이 순서대로 진행했습니다'라고 말하더라. 그래도 끝내 안 하고 넘겼지.

그 뒤 몇 달 지나 고검장을 뵐 일이 있었는데 갸우뚱하며 '그런데 왜 ○○ 행사 안 했어?'라고 묻더라. 좀 황당하기도 하고······. 그때 그 ○○을 상납 안 해서 그 뒤로 인사가 잘 안 풀린 것 아닌지 몰라. 하하"

정도의 차이는 있을지언정, 상관이 특정 지역을 방문할 경우 해당 지역을 관할하는 기관장이 상관 일행을 모시고 접대하는 것은 여전하다. 다음은 한 법조기자의 말이다.

"기자들이 이귀남 법무장관의 지방 방문에 동행한 적이 있었다. 지청장이 점심시간에 맞춰 어느 음식점으로 안내를 했는데, 해당 지역 특산물을 주메뉴로 해 한 상 거하게 차려져 있더라. 지청장이 직접 선 채로 그 지역의 특성과 그에 따른 그 특산물(주메뉴)의 유래까지 자세히 브리핑을 하던데, 좀 거시기하더라."

사실 상관이 왔을 경우 잘 모시는 접대 문화가 검찰만의 그것은 아닐 것이다. 또 공사 구분이 명확하지 않은 한국적 풍토에서 검찰의 접대 문화만을 비난할 이유는 없을지 모른다. 하지만 수직적 계급구조가 너무 강한 검찰에서는 접대를 그냥 접대로만 보기에는 뭔가 어려움이 있는 것도 사실이다.

검사와 뇌물 – 시대가 바뀌었다지만 높은 놈은 봐준다?

일반 국민들이야 검찰이나 경찰 모두 '수사를 하는 기관' 아니냐고 생각하겠지만, 검사들은 대개 경찰과 비교당하는 것 자체를 탐탁지 않게 생각한다. 수사를 지휘하고 주재하는 것은 엄연히 검사라는 의식이 강한 데다, 검찰과 경찰은 조직의 순도가 다르다는 자부심이 겹쳐 있기 때문이다. 강희락 전 경찰청장 사건에서 보듯이, 경찰 조직에서는 아직도 인사와 관련해 돈이 거래되고 있으며 지저분하게 노는 구성원들도 적지 않다고 생각하는 것이다. 실제 검사들에게 "적어도 검찰에 뇌물은 별로 없지 않냐", "검사는 (경찰과 달리) 거짓말은 안 한다"는 말을 수도 없이 들어봤다.

하지만 검찰이라고 뇌물이나 거짓말이 아주 없는 것은 아니다. 사건 당사자로부터 뇌물을 받은 게 알려지더라도 조용히 사표를 내고 조직을 떠나 바깥으로 널리 알려지지 않았을 뿐이다. 1990년대 초 서울지역 한 검찰청에서 근무하다 사건 당사자로부터 수천만 원의 금품을 받은 사실이 드러나 사표를 낸 것으로 알려진 ㅎ변호사가 대표적이다. 개업 뒤 자신만의 특화된 전문 분야를 개척한 ㅎ변호사는 현재 TV나 라디오 등 언론에서도 활발하게 활동 중이다. 수천만 원 뇌물이라도 검사면 봐주는 게 당연시되던 시절이었다.

세월이 바뀌면서 지금은 검사라도 금품을 받은 게 확인되면 처벌을 피하기 어렵다. 2006년 법조브로커 김홍수씨로부터 사건 청탁과 함께 1000만 원을 건네받은 혐의로 구속된 김영광(28기, 현 변호사) 전 서울중앙지검 검사가 대표적이다. 이에 앞서 2003년 '양길승 전 청와대 부속실장 몰카' 사건 배후로 드러나 구속된 김도훈(28기) 전 청주지검 검사도 사건 피의자로부터 2000만 원을 받았다.

비교적 최근 사례로는 건설회사 대표로부터 법인카드를 건네받아 2005~2008년 사이 9700만 원가량을 사용한 김민재(15기) 전 강릉지청장을 들 수 있다. 검찰은 당시 이 회사 대표를 수사하다가 회사 장부에 암호로 표기돼 있던 법인카드 사용자를 추적한 끝에 사용자가 김 전 지청장임을 확인했다. 검찰은 카드 사용에 직접적 대가성은 없었지만 검사로서 위신에 큰 손상을 입혔다며 김 전 지청장을 징계위에 회부했고, 그는 현직 검사 최초로 검사징계법상 가장 중한 징계인 해임 처분을 받았다.

문제는 이런 잣대가 신분이 높은 검사님에게는 전혀 적용되지 않는다는 점이다. 혐의 수준이 비슷하거나 더 높아도 높은 자리의 체면을 생각해서인지 아무 탈 없이 지나간다. 2009년 6월 이명박 대통령이 검찰총장 후보자로 지명한 천성관(12기) 전 서울중앙지검장이 대표적이다. 그는 업자로부터 고급 승용차를 제공 받아 가족 등이 사용하도록 하고 수차례 말까지 바꾸는 등 죄질이 안 좋았지만, 아무런 처벌도 받지 않은 채 멀쩡하게 변호사로 활동 중이다.

천 전 지검장은 총장 지명 뒤 〈한겨레〉와 〈CBS〉 등이 제네시스 승용차를 제공 받아 부인 등 가족들이 사용해왔다는 의혹을 제기하자, 온갖 변명을 이어갔다. 당시 천 전 지검장의 '해명의 진화'는 검사들 사이에서도 '낯 뜨거워 얼굴을 들 수가 없다'는 반응이 나올 정도로 법조 동네에서 화젯거리가 됐다.

당시 제기된 의혹과 천 전 지검장의 해명 릴레이 행진을 정리해봤다.

● 총장 지명 직후 가족이 기업체가 리스했던 제네시스 승용차를 승계했는데?

| 인사청문회를 하고 있는 천성관 검찰총장 후보. |

딸 명의 소나타를 부인이 주로 타고 다니다가 딸이 취직하면서 부인이 차가 필요하게 돼 리스를 승계하게 됐다. (건설업체 사장인)석아무개 사장과는 30년 친분이 있었는데 차를 쓰지 않게 됐다고 해서, 새 차 구입 계약까지 했다가 취소하고 그냥 그 차를 승계하기로 했다.

● 아파트 주차대장에는 지난해부터 이 차량이 등록돼 있던데?

석 사장 집이 경기도 광주여서 그 집 아들이 서울에서 일을 보다 늦으면 우리 집에서 숙식을 하는 경우가 많았다. 집안끼리 오래 친밀하게 지낸 데다 우리 아파트는 호실마다 3대까지 주차공간이 할당돼 여유가 있었다. (하지만 천 후보자 집에는 며느리 명의의 차까지 4대가 등록돼 있었다. 추가 비용까지 물어가며 4대를 등록했던 셈이다.)

● 경기도 광주에서 출퇴근하는 사람도 있는데, 젊은 청년이 천 후보자 집에서

숙식을 하는 게 말이 되나?

부잣집 젊은 애들은 서울 신사동, 압구정동에서 주로 놀지 않나. 저녁에 술 마시고 (여기가) 가까우니까 차 세워놓고 놀러 다니고 그랬다.

- 아무리 친하다고 해도 석 사장 아들이 늦은 시각에 들어갈 수 있나. 그 집에 다 큰 딸도 있는데?

석 사장 아들이 고등학생 시절에 미국으로 유학을 가서 홈스테이를 했다. 그래서인지 남의 집에 머무는 것을 굉장히 자연스럽게 생각한다.

- 고 2때 유학 갔으면 천 후보자나 그 아이들과 별로 안 친할 것 같은데?

어릴 때부터 교회를 같이 다닌 사이라 친했다.

- 석 사장 아들이 출국 중에 제네시스 승용차가 딱지를 떼는 등 가족들이 차를 사용해왔다는 증거가 나오기 시작하는데?

석 사장 아들이 2008년 5월~2009년 5월 사이 한국에서 머물 당시 자주 해외로 출국하면서 우리 집에 열쇠를 두고 갔기 때문에 부인이 한두 번씩 이용했을 수도 있다.

- 제네시스 차량에 백화점 VIP고객 모임인 '쟈스민 클럽' 회원권이 부착돼 있는데?

부인이 안 탔다고 한 게 아니다. 가끔 이용했고, 한두 번 몰아본 차니까 편해서 그걸 리스 인수한 것이다.

- 차량에 붙은 '쟈스민 클럽' 회원권 소유주가 천 후보자 부인의 동서인 심아무개씨다.

부인과 동서인 심아무개씨, 석 사장 부인 셋이 다 잘 아는 사이다. 석 사장 부인이 백화점을 이용할 때 주차편의를 제공하려고 한 것 같다.

청문회를 거친 뒤에 여론은 더욱 악화됐고, 결국 청와대도 천 전

지검장을 포기할 수밖에 없었다. 음주운전이라는 또 다른 흠결까지 거론되려는 상황이었다.

천 변호사가 사퇴할 즈음 만나거나 통화했던 검사들은 하나같이 모두 입에 거품을 물었다. 한 부장검사는 "(검찰총장에) ×자식을 시켰다. 가장 질이 안 좋은 인사다. 검사로서 쪽팔리다"고 말했다. 청문회 준비에 관여한 한 인사도 "개인적인 사항이라 우리도 전혀 몰랐다. 검사 얼굴에 이렇게 똥칠을 하다니"라며 한숨을 쉬었다.

특수통으로 유명한 한 평검사는 "불러다 세 시간만 조사하면 다 나오겠더라. 검사장이 제네시스면, 국민들은 평검사들은 SM5 정도는 공짜로 받아 타고 다니는 줄 알지 않겠나. 평소 그렇게 살아왔으면 지가 알아서 사양하든지, 나가든지 했어야지. ×새끼"라며 분통을 터뜨렸다.

천 변호사는 이렇듯 질이 안 좋은 경우였지만, 후보자를 사퇴하는 선에서 모든 문제는 정리됐다. 공교롭게도 천 전 지검장이 검찰총장 후보자에서 낙마한 날 저녁, 한 검찰 간부와 술자리를 함께 했다. 이 간부는 "누가 저런 사람을 검찰총장에 추천했는지 모르겠지만 한심하다. 사실 진즉에 물러났어야 할 사람이다"라며 다음과 같은 넋두리(?)를 늘어놨다.

"김민재 부장이랑 비교해보자. 건설업자한테 3년 동안 카드 받아 1억 가까이 썼다는 것인데, 천성관이랑 다른 점이 뭐야. 힘없는 ×은 파면당해 나가고, 힘 있는 ×은 청문회 자리에 서서 뻔뻔스럽게 대답하고 그런 게 세상이다. 카드 받아 쓴 것이랑 차량 받아 쓴 게 뭐가 다르지? 액수도 비슷하겠네. 둘 다 직접적인 대가성은 없다는 것 아냐. 정상적으로 돌아가는 세상이라면 인사청문회가 아니라 당장

징계위에 회부해야 할 사안이다. 언론도 사퇴해라가 아니라 징계위 회부를 해야 한다고 써야지."

사실 천 전 지검장이야 검찰총장 후보로서 언론의 주목을 받아 이런 사실이 드러나게 됐지만, 걸리지 않고 조용히 넘어간 경우는 얼마나 많을까.

종류는 약간 다르지만, 고위직 전관 출신들의 비위에 관한 소문도 적지 않다. 총장 등 고위직 출신 전관이 엄청난 액수의 수임료를 받고 사건 해결을 위해 무리하게 나서는 경우도 많고, 정반대로 고액의 수임료가 무색하게 사건을 방치해놓는 경우도 적지 않다고 한다. 또 변호사로서 지저분한 활동과 관련한 소문이 많지만 공론화되는 경우는 거의 없다. 범죄정보기획관실 등을 통해 검찰로도 정보가 들어가겠지만, 검찰이 '선배들의 변호사법 위반 혐의'와 관련해 움직이는 경우는 거의 없다. '선배의 오늘이 나의 내일이 될지도 모른다'는 이유 때문은 아니길 바랄 뿐이다.

3

노무현과

망나니의

칼

똑같이 사법시험을 통과해 사법연수원을 거쳐 검사로 임관했지만, 검사들의 업무 스타일이나 능력의 차이는 생각보다 꽤 크다. 타고난 능력이나 적성, 생활 스타일 등이 제각기 다르기 때문이다. 그런데 검사들 사이에 능력의 차이가 크다는 것은, 똑같은 사안이라 할지라도 어떤 검사에게 가느냐에 따라 처분의 결과가 달라질 수 있다는 얘기이기도 하다. 앞서 말한 배당의 문제가 바로 이것이다.

똑같은 범죄를 저질러도 재수가 없어(?) 능력과 열의가 뛰어난 검사에게 갔을 경우엔 피의자가 징역형을 살고, 반대로 운이 좋아서(?) 능력이나 열의가 부족한 검사에게 갈 경우엔 무혐의처분을 받아 자유의 몸이 된다면 이것은 불공평한 것 아닌가? 맞다. 불공평하다. 지금의 검찰은 그런 불공평이 언제든 일어날 수 있는 구조다.

그런데 누군가 어떤 의도를 가지고 능력이나 열의가 뛰어난 검사에게 '미운 놈' 사건을 맡기고, 봐주고 싶은 사람의 사건은 능력이나 열의가 모자란 이에게 준다면? 앞서 사건이 특수부에 가느냐, 형사부에 가느냐에 따라 사건 처리 향방이 결정되기도 한다고 했는데, 어느 검사에게 사건이 가느냐에 따라서도 사건의 결론이 확 바뀔 수 있다. 아예 그런 열의와 능력이 뛰어난 검사들을 여럿 모아놓고 정치적 반대파에 대한 수사를 하도록 한다면? 엉뚱한 얘기 같지만 지금의 검찰 구조 아래에서는 불가능한 일이 아니다. 언제든지 일어날 수 있는 '현실'인 것이다. 검찰은 물론 우리 사회 전체에 큰 생채기를 남긴 노무현 전 대통령 사건 수사가 그 대표적인 예다.

노무현 수사의 주역들

2009년 5월 23일 새벽. 노무현 전 대통령이 자신의 고향인 경남 김해 진영읍 봉하마을 뒷산 부엉이 바위에서 스스로 몸을 던졌다. 향년 63살. 노 전 대통령의 갑작스런 서거에 온 국민이 충격에 빠져들었다. 검찰도 마찬가지였다. 여론은 검찰을 '현 정권의 청부를 받아 전직 대통령을 죽음으로 내몬 주범'이라 칭했다.

자연스레 듣게 된 몇몇 검사들의 반응이 양분됐다. '이럴 줄이야 누가 알았겠냐. 그런데 노 전 대통령에게 죄가 없는 것은 아니지 않냐'와 '검찰이 전직 대통령을 핍박해 죽음에 이르게 하다니, 부끄럽다. 할 말이 없다'가 그것이었다. 꼭 그런 것은 아니지만 검찰 내 '20 대 80' 구도 안에서 상대적으로 20에 속하는 이들이 전자 쪽 반응을, 80에 가까운 이들이 후자 쪽 반응을 보였던 것 같다. 착잡한 표정으로 부끄러운 듯 말을 꺼내던 몇몇 검사들의 모습이 눈앞에 생생하다.

"집사람이 아침에 '당신이 검사라는 사실이 이렇게 부끄러웠던 때가 없었다'고 하더라. 할 말이 없더라. 검찰이 어쩌다 이 지

| 노무현 전 대통령이 서거한 지 20여 일이 지난 뒤, '박연차 게이트'
수사 결과를 발표하는 노무현 수사팀. 왼쪽부터 이동열 첨단범죄수사과장, 우병우 중수1과장,
이인규 중수부장, 홍만표 수사기획관, 이석환 중수2과장. |

경까지 왔는지." (한 부장검사)

"잘 아는 분이 한때 노 전 대통령과 한솥밥을 먹던 변호사다. 아침에 그분께 '죄송합니다'라고 말씀드렸다. 내가 아니더라도 검찰이 죽인 것은 사실이니." (한 평검사)

하지만 이런 반응들은 철저히 개인적인 차원의 것이었다. 서거 사태에 검찰조직은 침묵했다. 6월 초 임채진 검찰총장 사임 뒤 한 달여가 흘러 7월 수사 책임자였던 이인규(14기) 중앙수사부장이 옷을 벗었다. "수사팀에 대한 책임론 제기는 수긍할 수 없다"는 반박과 함께.

공교롭게도 남은 이들은 승승장구했다. 홍만표 당시 대검 중수부 수사기획관은 사건 뒤 인사에서 검사장으로 승진해 서울고검 공판부장을 거쳐 뒤이어 대검 기획조정부장으로 영전했

다. 우병우 중수1과장도 대검 범죄정보기획관을 거쳐 수사기획관이 돼 중수부에 금의환향했다. 이석환(21기) 중수2과장은 서울중앙지검 금융조세조사1부장 자리를 꿰찼다.

2011년 8월 인사에서도 홍 검사장은 검·경 수사권조정 논의 과정에서 검찰을 떠났지만, 우 부장검사와 이 부장검사는 각각 부천지청장과 김천지청장으로 영전했다.

노 전 대통령 수사는 전직 대통령의 서거라는 슬픔을 가져온 사건이지만, 한편으로는 현재 검찰의 한계와 문제가 정확히 드러난 계기이기도 했다. 수사를 주도한 이인규, 우병우 두 명의 검사를 통해 사건의 성격을 재점검하고 당시 수사 흐름도 되짚어보자.

이인규 대검 중앙수사부장 – 재계의 저승사자에서 전직 대통령 표적수사까지

"이명박 정부에서 대검찰청 중앙수사부장을 역임하였다. 임채진 검찰총장이 서울중앙지검장일 때 특별수사를 지휘하는 3차장검사를 지냈고 대검 기획조정부장을 지냈다. 2003년 서울중앙지검 형사9부장으로서 SK그룹 분식회계 사건을 맡아 최태원 회장을 구속했다. 이어 불법 대선자금 수사팀에 합류해 대기업의 분식회계와 비자금 조성을 집중 파헤쳤다. 2009년 제16대 노무현 전 대통령을 수사하는 중 노무현 대통령이 자살하자, 동일한 수사 대상이었던 살아 있는 권력에 대하여는 형식적으로

만 수사하고, 죽은 권력에 대하여는 먼지털이 식으로 무리한 수사를 진행하였다는 여론의 비난을 받았다. 2009년 6월 기수와 서열을 파괴하고 천성관이 검찰총장에 내정된 이후 고검장급 8명이 모두 공식 사임하거나 사의를 표시하였으며 그는 2009년 7월 14일에 퇴임하였다."

인터넷 위키백과에 나온 이인규 전 대검 중앙수사부장(현 법무법인 바른 변호사)에 대한 설명이다. 전반부는 검사로서 영광스러운 삶을 살았다는 내용이 줄줄이 소개되다가 후반부에는 노 전 대통령을 죽음에 이르게 한 편파수사의 주범으로 그려져 있다. 실제 따지고 보면 이인규 전 부장처럼 검사로서 영광와 오욕을 한 몸에 지니고 있는 이도 드물다.

이인규 전 중수부장은 현역 시절 '재계의 저승사자'란 별명을 가지고 있었다. 참여정부 출범 직후 분식회계 혐의로 우리나라 4대 재벌 가운데 하나인 SK그룹 최태원 회장을 구속하더니, 이 과정에서 최도술 전 청와대 총무비서관에게 10억 원대의 당선 축하금을 건넸다는 진술을 확보해 '측근비리 수사'의 단초를 잡아냈다. 또 이듬해 불법 대선자금 사건 수사팀에 합류해 기업들의 검은 정치자금 관행을 파헤치는 데 일조했다. 이때 언론들은 이인규 전 중수부장을 가리켜 '재계에서 이인규란 이름만 들어도 치를 떤다'는 찬사와 함께 '재계의 저승사자'라는 별명을 붙여줬다.

사실 이 전 중수부장처럼 전 국민적인 주목을 끄는 사건을 연달아 맡은 경우는 드물다. 물론 SK그룹 수사, 대선자금 수사 모두 그만의 공으로 돌릴 수야 없겠지만, 여하튼 그는 특출난 검사였다. 2009년 그가 검찰에서 가장 막강한 영향력을 행사하는 '빅4' 가운데 하나인 대검 중앙수사부장 자리를 꿰찬 데에는 이런 이력도 한 요인으로 작용했을 것이다.

하지만 그해 5월 대검 중수부의 수사를 받던 노무현 전 대통령이 서거함에 따라 '현 정권의 청부수사를 받아 전 정권을 난도질했다'는 국민적 비난과 함께 불명예스럽게 검찰을 떠나야만 했다.

과연 그는 어떤 검사였기에 이처럼 화려한 영광과 오욕이 공존하는 유별난 검사로서의 삶을 살아왔을까.

노 전 대통령을 죽음에 이르게 한 검사라지만, 그가 정작 검사로서 본격적으로 잘 나가게 된 것은 김대중 정부 시절부터다. 1990년대 후반 미국 워싱턴D.C 한국대사관에서 법무협력관으로 일하던 시절 한-미 범죄인인도조약 실무 업무를 맡으면서 검사로서 확실한 출세의 길을 걷게 된 것이다.

이인규 전 부장이 워싱턴에서 근무하던 1998년 우리나라는 미국과 범죄인인도조약을 체결했다. 이는 외교부 소관 업무였다. 범죄인인도 업무는 법무부 소관 사항이지만, 협정을 맺는 일은 기본적으로 두 나라 사이의 외교현안이기 때문이다. 그런데 박상천(현 민주당 국회의원) 당시 법무장관이 체결식 자리에 서고 싶어했다고 한다. '양국 대통령이 지켜보는 가운데 상대국 장관과 나란히 앉아 조약에 서명한 뒤 악수와 함께 문서를 서로 교환하고, 양국 정상을 비롯한 참석자들의 박수가 터져나오는 국제적 행사의 주인공으로 스포트라이트를 받는다.' 정치인으로서 욕심낼 만한 세리머니 아니겠는가.

결국 박 전 장관은 청와대의 재가를 얻은 뒤 박정수 당시 외교부장관을 상대로 설득 작업에 나섰다. 이때 이인규 주미대사관 협력관은 워싱턴D.C 현지에서 대사관을 통해 사전 정지작업을 진행했다. 주미대사관 입장에서야 아무래도 자신들의 상관인 외교부 장관이 행사를 주관하기를 바랄 수밖에 없었을 텐데, 이인규 협력관은 당시 이홍구 주미대사와 훗날 국정원 차장을 지낸 이수일 정무참사관, 외교부 장관을 지낸 유명환 공사 등을 상대로 1대 다 논쟁까지도 마다하지 않는 열정과 과감한 추진력으로 박상천 장관이 협약식 자리에 설 수 있도록 노력했다고 한다.

잠깐 가욋 이야기를 하자면, 이인규 검사가 워싱턴대사관 주미협력관으로 있던 시절 한-미 범죄인인도조약이 체결된 것은 그의 운이라고 할 수 있다. 그런데 더욱 큰 운은 따로 있었다. 이명박 대통령이 당시 '정치 낭인'이 돼 조지워싱턴대 객원연구원 신분으로 워싱턴D.C에 와 있었던 것이다. 이 대통령은 '정치 1번지'인 서울 종로에서 국회의원에 당선됐으나 보좌진에 의해 선거법 위반 혐의가 폭로돼 불구속기소됐고 1심에서 유죄 판결을 받았다. 이후 의원직 사퇴를 선언하고 서울시장 경선 도전을 선언했는데 항소심에서도 유죄 판결이 나오자, 한국을 떠나 미국으로 건너왔다.

이인규 전 중수부장은 자연스레 공사석에서 이 대통령을 만나 안면을 익히게 됐다고 한다. 이 때문에 2009년 그가 중수부장에 발탁되자 검찰 안팎에서는 워싱턴 근무 시절 이 대통령과의 인연이 작용한 게 아니겠냐는 말들이 돌았다.

그런 운은 그에게만 국한된 것은 아니었다. 당시 워싱턴대사관에 근무하던 유명환 공사는 후일 외교부 장관에 발탁됐고, 당시 〈한국일보〉 워싱턴 특파원으로 있으면서 이 대통령과 자주 어울린 것으로 알려진 신재민씨는 문화부 차관을 지냈다.

그런데 공교롭게도 이 대통령의 '워싱턴 인맥'들은 하나같이 뒤끝이 좋지 않았다. 이인규 전 중수부장은 '전직 대통령을 죽음으로 내몬' 주범이 되어 자의반 타의반 검찰을 떠나야 했고, 유 장관은 딸 특혜 채용 논란 끝에 외교부 장관에서 불명예 퇴진해야만 했다. 신재민 전 차관도 문화부 장관 후보로 지명됐지만 위장전입 논란과 차관 시절 업무추진비를 개인적으로 유용했다는 의혹을 받은 데다 아나운서 출신 부인이 한 설계업체에서 일하지도 않고 월급을 수령한 사실 등이 문제가 돼 청문회 문턱을 넘지 못했다. 뒤이어는 뇌물수수혐의로 검찰에 구속되는 신세가 됐다.

다시 이인규 전 중수부장 얘기로 돌아오자. 이런 여러 노력 끝에 결국 1998년 6월 박상천 장관은 대한민국을 대표해 매들린 올브라이트 미 국무장관과 파트너가 돼 범죄인인도조약에 서명을 하게 됐고, 이인규 협력관은 '1등 공신'으로 떠올랐다. 이후 그는 박 전 장관의 배려를 받아 귀국과 함께 검찰4과장(국제형사과장)으로 법무부에 안착한 뒤 검찰2과장(형사기획과장), 검찰1과장(검찰과장)으로 연달아 옮겨가며 승승장구를 거듭했다.

| 이명박 대통령은 미국 워싱턴D.C에서 머물던 시절 이인규 검사와 유명환 공사(왼쪽), 신재민 기자(오른쪽) 등과 만나 개인적 인연을 맺었다. 이대통령 취임 뒤 이들은 중수부장과 장·차관 등으로 중용됐지만 하나같이 뒤끝이 좋지 못했다. |

이 가운데서도 핵심 요직인 검찰1과장 자리는 반 년밖에 지키지 못했지만 그 다음엔 서울중앙지검 9부장으로 부임해 여기에서 그 유명한 SK그룹 수사를 진행하고 최태원 회장을 구속하면서 검찰조직에서 확실하게 자신의 입지를 다지게 됐다.

결국 돌이켜보면, 이인규 전 중수부장을 발탁해 좋은 보직을 줘가며 그를 키운 것은 김대중, 노무현 정권이었다. 그리고 이렇게 된 첫 계기는 상사를, 그것도 민주당 소속 정치인을 잘 모신 덕분이었다. 물론 어떤 조직이건 간에 결국 일을 하는 것은 사람이기에 본연의 업무 외에 최대한 상사의 뜻을 존중하고 인간적 관계를 돈독히 맺는 것을 일방적으로 비난하거나 폄하할 일은 아니다. 다만 그의 경우엔 좀 심했다는 평가가 많다.

윗선엔 지극정성, 일처리는 가차없이

앞서 언급한 한-미 범죄인인도조약 체결 때 있었던 '조기탕 접대' 에피소드가 대표적이다. 당시 미국을 찾은 박상천 장관이 '아침에는 꼭 한식을 먹었으면 한다'고 얘기하자, 이인규 검사는 부인으로 하여금 직접 조기탕을 끓이게 해 대령했다고 한다. 당시만 해도 미국 내 한식당들의 규모가 작은 데다 새벽부터 문을 여는 가게는 찾기 어려웠을 것이기에 가족을 동원해 음식을 장만하도록 하고, 본인이 새벽같이 박 전 장관의 숙소까지 음식을 공수한 것이다. 좀 심한 것 같지만, 본국에서 장관이 왔는데 한식을 마련하는 일 정도는 대한민국 공직사회에서는 별다른 일도 아니라는 평가도 있다.

여하튼 이렇듯 지극정성으로 상관을 모시는 면모는 이후에도 계속됐다. 그가 웬만한 검사장 이상의 파워를 자랑하는 서울중앙지검 3차장검사로 근무하던 시절, 법조를 출입하던 한 기자의 회고다.

"어느 날 임채진 서울중앙지검장과 기자들 몇몇이 저녁을 함께 하게 됐다. 술이 몇 순배 돌자 술이 약한 편이었던 임 검사장이 이인규 3차장을 불렀다. 얼마 뒤 이인규 차장이 와서 함께 술을 마시게 됐는데 임 검사장이 '3차장도 한잔 받지'라며 잔을 건네자, 이인규 차장이 '예. 알겠습니다'라며 자리에서 일어나 무릎을 꿇고 술잔을 받더라. 아무리 상관이라지만 검사가 무릎을 꿇고 술잔을 받다니, 놀라서 술이 확 깨더라."

업무 스타일 또한 윗사람의 뜻을 잘 따르는 편이었다. 다음은 이인규 부장이 대검 중수부장이 되기 직전인 2008년 대검 기획조정부장으로 일하던 시절 그의 주변에서 일하던 간부와 친한 검사의 이야기다.

"어떤 일로 이인규 검사장에게 보고를 할 일이 있었다고 한다. A와 B 두 가지 선택지가 있는 사안이었는데 'A가 좋겠다'는 의견과 함께 결재를 올렸다. 그랬더니 'A라니 무슨 소리냐. B로 해라'라고 말하더란다. 결국 B안으로 정리한 뒤 함께 검찰총장 보고를 들어갔는데, 임채진 총장이 'A로 해도 되는 것 아닌가'라고 되물었다. 그러자 이인규 검사장이 곧바로 '총장님 말씀이 맞습니다'라고 답하더라나. 최종 결정이야 총장이 내리더라도 애초 자신의 생각이 그와 달랐다면 그 근거는 설명해야 할 텐데, 애초부터 본인 생각이 그쪽이었다는 듯이 말을 바꾸는 것을 보고 깜짝 놀랐다고 하더라. 자리 욕심 많은 분으로 유명하기야 했지만 나도 그 정도까지인지는 몰랐다."

이렇듯 윗사람 뜻은 잘 헤아렸지만, 그는 일선 사건 수사에서는 강성 검사의 면모를 보였다. 그가 서울중앙지검 3차장검사로 있던 2006년 어느 날 그는 기자들에게 이런 말을 했다.

"아니 주인이 바뀌는데 마름이 혼자서 결정했겠습니까?"

삼성에버랜드 전환사채 편법 발행 사건을 두고 한 말이었다. 대한민국 최고 재벌인 삼성의 소유·통제권이 이건희 회장의 아들인 이재용 삼성전자 사장으로 넘어가는 사안을 계열사인 삼성에버랜드 경영진이 알아서 처리했다는 변호인 쪽 주장이 말이 되냐는 반박이었다. 그가 3차장검사로 있던 시절 이건희 회장에 대한 직접 조사나 기소에까지 이르지는 못했지만, 우리 사회에 끼치는 삼성의 지대한 영향력이나 '검찰 내 삼성 장학생' 논란 등을 생각하면 아무 검사나 할 수 있는 발언은 아니었다.

그가 서울중앙지검 3차장검사로 있던 시절 조관행 당시 서울고법 부장판사와 김영광 당시 서울중앙지검 검사 등이 연루된 '법조브로커 김홍수 사건'이 터졌다. 당시에도 그는 독한 검사로서의 면모를 유감없이 보여줬다. 우선 같은 검찰청에 근무하는 후배 검사였던 김영광 전 검사부터 구속한 뒤 '두고 보시라'며 법원 쪽을 압박해갔다. 법원 쪽에서 '회식비 몇십만 원 받은 것이 전부라던데'라는 조관행 전 부장판사 쪽 해명이 돌기 시작하자 기자들에게 말했다. "택도 없는 소리 그만하라고 좀 하세요. 두고 보면 알게 됩니다." 그의 이런 직설적인 화법에 법원에서는 반감을 보이기도 했지만, 조 부장판사가 브로커에게서 부정한 금품을 받은 것은 사실이었고 결국 구속 기소돼 유죄 판결을 받았다.

당시 수사팀에 있던 특수통 한 검사는 이인규 3차장검사의 검사로서의 스타일을 두고 이렇게 평가했다.

"사실 특수통은 아니고 기획통에 가깝지. 가끔씩 말하는 것을 보면 70~80년대나 통했을 것 같은 수사기법을 얘기해서 검사들을 당혹스럽게 만들기도 했다. 하지만, 검사들이 이런저런 눈치 안 보고 수사에만 전념할 수 있도록 강하게 밀어붙이고 또 나름의 울타리 역할을 해줬다. 방법에 있어서는 황당한 얘기를 했어도, 방향에 있어서는 평검사 이상의 열정을 가지고 강한 드라이브를 걸었다. 법원과 관련된 법조브로커 수사는 너무 어렵고 성공하기도 어려운데, 이인규 차장이 그나마 어느 정도 역할을 해줬기에 수사가 성공할 수 있었던 것 같다."

그에 앞서 또 다른 법조브로커인 윤상림 사건 때는 검찰 선배인 김학재 전 대검 차장검사를 상대로 혹독한 수사를 진행하도록 해 악명을 떨쳤다. 김 전 차장은 이인규 검사가 법무부에서 검찰1과장으로 일하던 시절 직속상관인 검찰국장으로 모셨던 인사였다. 이인규 3차장검사는 김 전 차장의 강한 부인에도 불구하고 변호사법 위반 혐의로 불구속기소를 하도록 했다. 하지만 김 전 차장은 법원에서 무죄를 선고받았고, 이 일로 이인규 3차장과 김경수 당시 서울중앙지검 특수2부장 등을 대검에 진정하고 형사고소하기도 했다.

김학재 전 대검 차장검사는 "나와보니 검찰의 표적수사란 게 어떤 것인지, 검찰이 얼마나 무서운 곳인지를 알겠다"며 친정을 상대로 쓴소리를 늘어놓았다. 그는 2011년 4월 강원도지사에 출마한 최문순 전 MBC 사장에 이어 민주당 비례대표 국회의원이 됐다. 2011년 국정감사에서 김경수 검사장을 불러 훈계하고 추궁해 "국정감사를 개인 한풀이에 이용하는 것 아니냐"는 비판을 받기도 했다.

이인규 전 중수부장은 언론을 활용하는 감각도 나름 뛰어났다. 공개 브리핑 때 피의사실 공표에 걸리지 않을 정도의 수준에서 강성 발언을 하고, 이를 통해 상대방에게 어떤 신호를 주기도 했다.

윤상림 사건과 관련해 현대산업개발 정몽규 회장을 수사할 때였다. 당사자가 혐의를 부인해 수사가 난관에 봉착하자, 브리핑 때 되레 강경한 수사 방침을 천명해 상대방으로 하여금 일부 혐의를 시인하고 나서게 만들기도 했다. '재계의 저승사자'의 엄포에 정 회장 쪽의 기가 눌린 것이다. 사실 김홍수 사건 때 법원을 상대로 한 신경전도 이런 경우에 해당한다고 볼 수 있다.

중수부장 시절에도 T.S 엘리어트의 시구를 인용해 "4월은 잔인한 달"이라고 말하거나 "반팔 입을 수 있을 때쯤 편히 볼 수 있지 않겠냐" 등의 표현을 써가며 자신감을 가지고 수사에 드라이브를 걸곤 했다.

이인규 전 중수부장은 검사로서 오욕과 영광을 한 몸에 받았듯, 공존이 어려워 보이는 두 덕목을 동시에 갖춘 특이한 유형의 검사였다. 앞서 설명했듯이 윗사람을 지극정성으로 잘 모시면서 평소 일처리에서는 가차 없는 모습을 보이는 스타일이었던 것이다. 평균 이상으로 윗사람도 잘 모시고 평균 이상으로 독한 면모도 가진 검사였다고나 할까.

기자들과의 관계도 사람에 따라 호불호가 명확한 편이었다. 비슷한 급의 '범생이' 검사들 대다수는 피의사실 공표를 걱정하거나 이런저런 눈치를 보느라 말을 아꼈지만, 그는 대체로 거침이 없었다. 확실히 할 때는 확실히 하고, 아닐 때는 아닌 직설적인 화법을 즐겼다. 나름 회끈하고 호탕한 면모도 가지고 있었다. '솔직히 나도 출세하고 싶지 않았겠냐', '사실 그때는 ~하는 상황이었다'며 말을 꺼낼 때도 있었다.

이 전 중수부장이 변호사로 변신한 뒤 그와 술자리를 가진 한 기자는 "노 전 대통령 사건으로 워낙에 유명한 사람이었기에 그냥 출세주의자라는 선입견을 가지고 있었는데, 직접 만나보니 시원시원한 성격에 의외로 나름 매력 있는 사람인 것 같아 많이 놀랐다"고 말하기도 했다.

하지만 결과적으로 그가 검사로서 강경 드라이브를 걸고 세게 밀어붙이는 것들은 한계가 명확했다. 검찰조직이나 힘 있는 상관이 민감하게 반응하지 않을 사건에 대해서만 그런 면모를 보인 셈이기 때문이다. 그가 서울중앙지검 3차장검사로 있던 시절 금조부에서 진행한 한 사건의 피의자 윤아무개씨는 평소 그의 성격대로라면 '골로 보냈을' 정도로 죄질이 나빴지만, 임채진 당시 서울중앙지검장이 잘 봐줬으면 한다는 뜻을 밝히자 별다른 이의제기를 하지 않아 결국 사건이 흐지부지되고 말았다. 당시 평검사들 사이에서 '그럼 그렇지. 이인규 차장도 별 수 없었겠지'라는 말이 나왔다. 멀리 갈 것도 없이 노무현 전 대통령에 대한 수사가 그런 극명한 예이다.

"저승에서 노통 만나면 왜 그랬냐 따지고 싶다"

돌이켜보면 그는 억세게 운이 좋은 검사였다. 한-미 범죄인인도조약을 맺던 시절 하필 워싱턴대사관 법무협력관으로 일한 것이 대표적이고, SK 수사 때도 제보자가 '밥상을 거의 차려가지고 왔다'는 게 정설이다. 사건 복뿐만 아니라 사람 복도 좋았다. 서울중앙지검 3차장검사 시절 지극정성으로 모신 임채진 검사장이 검찰총장 자리에 올라 자신을 끌어준 것도, 대검 중수부장이 될 때 청와대 민정수석에 경동고 선배였던 정동기 전 대검차장이 앉아 있었던 것도, 임명권자였던 MB와 워싱턴 시절 인연을 쌓았던 것도 다 그의 복이었다.

하지만 검사로서 거의 마지막 순간, 지금까지 좋은 운을 다 무색하게 만들 정도로 억세게도 운 나쁜 일이 터졌다. 이로 인해 국민적 지탄의 대상으로 떨어졌지만, 그는 그런 '불운'을 마음으로부터 승복하지 못하고 있는 듯하다.

"여든 야든 걸리면 걸리는 대로 때려잡는 게 검사의 일 아니냐. 범죄 혐의가 명백해 보이는데 전직 대통령이라고 사건을 덮고 넘어가는 게 바른 검사가 할 일인가? 나는 현직 대통령 측근인 천신일도 잡으려고 했고 실제 (박연차 태광실업 회장에게 세무조사 무마 청탁을 받고 한상률 국세청장 등에게 로비한 혐의로) 구속영장을 청구했지만 법원이 기각하지 않았냐. 평생을 검사로만 살고 싶었는데 그 꿈을 이루지 못하게 됐다. 저승에 가서 노무현 전 대통령을 만나면 왜 그랬냐 (그런 선택을 해서 검사로서 삶을 그만두게 한 것을) 따지고 싶은 심정이다. 빚을 갚으라고 말할 것이다."

노 전 대통령 서거 1년쯤 뒤 사석에서 만난 그가 털어놓은 항변이다. 이제는 세월이 조금 흘러 모든 것을 조금씩 떠나보내고 있을 줄 알았건만, 그에게 있어 노 전 대통령 서거는 또 다른 방식의 현재진행형 사건인 듯했다.

이인규 중수부장 퇴임사 전문

사랑하는 검찰 가족 여러분! 저는 오늘 여러분과 작별을 하기 위해 이 자리에 섰습니다. 지난 25년 동안 너무도 과분한 사랑을 받았는데, 미처 그 보답을 다 하지 못하고 나가는 것 같아 미안한 마음 금할 길 없습니다. 그동안 도와주신 여러분께 진심으로 감사를 드립니다.

공직에 있었던 동안 보람차고 가슴 뿌듯한 일들이 많았지만, 저는 우리나라 부정부패 척결의 중추인 대검찰청 중수부장으로 공직을 마감할 수 있게 된 것을 가장 큰 행운이라고 생각합니다.

여러분도 잘 알고 계시듯이 최근에 있었던 일련의 사태로 인해 검찰이 여러 가지 시련에 직면해 있습니다. 하지만 수뢰사건 수사 중 예기치 못한 불행한 일이 발생하였다고 하여, 수사팀에 대해 사리에 맞지 않는 비난과 책임론을 제기하는 것은 매우 걱정스러운 일이 아닐 수 없습니다. 더욱이 중수부 폐지까지 거론되는 것은 도저히 수긍할 수가 없습니다.

어려운 시기일수록 사태의 원인과 본질에 대한 냉철한 분석을 통해 정확한 대책을 수립하여야 합니다. 시시각각 변하는 세평에 휘둘리거나 원칙에 벗어난 임기응변으로 대처하는 것은 지혜로운 사람들이 취할 태도가 아닙니다. 특히 법과 원칙을 세우고 정의를 수호하는 것을 본연의 임무로 하는 검찰로서는 더더욱 그렇습니다.

검찰 가족 여러분! 부정부패 척결은 당위의 문제일 뿐 이념의 문제가 아닙니다. 부정부패 척결에 있어서 보수와 진보의 목소리가 다를 수 없습니다. 부정부패에 대해 관대한 사회는 문명사회라고 할 수 없으며, 미개사회나 다름없기 때문입니다. 안타깝게도 아직 우리 사회에는 이러한 근본적인 문제에 대한 신념이 확고하게 자리 잡지 못한 것 같습니다.

| 퇴임식을 마치고 검찰을 떠나는 이인규 전 서울중앙지검 중수부장. |

검찰 가족 여러분! 검찰의 역사는 불의와의 투쟁의 역사입니다. 지금 이 순간에도 사리사욕을 위해 정의를 짓밟는 범죄자들과 이들이 저지른 불의로 고통 받는 선량한 피해자들이 우리 검찰을 기다리고 있습니다. 불의와 부정부패에 대한 투쟁은 계속되어야 합니다. 이것이 국민이 우리 검찰에게 부여한 사명이요, 존재이유입니다.

사랑하는 검찰 가족 여러분! 저는 지금 25년 동안 사랑하던 연인과 헤어지는 심정입니다. 저는 오늘 정든 검찰을 떠나지만, 저의 마음은 항상 여러분과 함께 할 것입니다. 여러분의 앞날에 건강과 행운이 함께 하시기를 기원합니다. 감사합니다.

2009. 7. 14.

대검찰청 중앙수사부장 이인규 올림

공식적인 주임검사 우병우 중수1과장 :
'소년급제' 후 승승장구

우병우 부천지청장. 2009년 대검 중앙수사부 중수 1과장이었던 그는 노무현 전 대통령 일가족 비리 의혹 사건 수사의 공식적인 주임검사였다. 경북 봉화 출신으로 영주고등학교를 거쳐 서울대 법대 4학년이던 1987년 29회 사법시험에 합격했고, 사법연수원을 우수한 성적으로 수료한 뒤 1990년 서울지검 검사로 발령받았다. 그때 나이가 만 23살, 그해 신임 검사로 임용된 동기 70명 가운데 최연소였다.[*]

검사 경력 만 20년이 되던 해, 그는 검사라면 누구나 선망할 법한 대검 중수부 1과장 자리를 꿰찼다. 하지만 여기서 그는 평생 뗄 수 없을 꼬리표를 붙이게 된다. '전직 대통령을 핍박해 세상을 뜨게 만든 사건의 주임검사'라는 표식이다.

대한민국 1800여 명의 검사 가운데 잘생긴 이도 있고 못생긴 이도 있듯이, 그 중에는 수사를 잘하는 이도 있고 그렇지 못한 이도 있다. 어떤 사건이 누구에게 가느냐에 따라 큰 사회적 파장을 불러일으키는 사건이 되기도 하고, 아무런 관심도 끌지 못한 채 소리소문 없이 정리되기도 한다는 것이다. 물론 사건 진행이나 결과가 담당 검사의 능력이나 사안을 대하는 태도만으로 결

• 우 검사에 이어 두 번째로 어린 임관자는 이창재 현 안산지청장이었는데, 우 부장검사보다 두 살 위였다. 두 사람이 앞서거니 뒤서거니 대검 수사기획관을 지내는 등 동기 중에서 수위를 다투고 있는 점을 보면, 검찰에서는 확실히 소년급제한 이들이 잘 나가는 듯하다.

정되는 것은 아니지만, 담당 검사의 성향이나 능력, 태도에 따라 사건의 운명의 첫단추가 꿰어지는 것은 분명한 사실이다. 앞서 몇 차례 설명한 '배당의 중요함'이다.

이런 기준에서 봤을 때 그는 피의자가 제일 피하고 싶은 유형의 검사였다. "독종이지. 한번 물면 절대 안 놔주지"(한 검사장)라는 말을 들을 정도로 검찰 내부에서 '독한 검사'로 손꼽히는 인물이기 때문이다.

부하 검사들 교육도 혹독하게 시켰다고 한다. 한때 그와 함께 특수부에서 일했던 후배 검사들은 세월이 한참 흐른 뒤에도 그 시절 얘기가 나오면, 보통의 남성들이 군대 이등병 시절을 회상할 때처럼 고개를 가로 저으며 "다시는 떠올리고 싶지 않은 시절"이라고 말하곤 했다. 얼굴엔 쓴웃음이 한가득인 채.

그의 손을 거친 사건들을 되짚어보자. 20대 중반인 1993년 경주대·경주전문대 이사장이었던 김일윤 전 의원을 공금 횡령 혐의로 구속기소했고, 삼남지방에서 가장 현금이 많은 부자로 김영삼 전 대통령의 돈줄로 알려졌던 황아무개씨를 구속했다가 경주지청에서 밀양지청으로 인사조치 되기도 했다.*

2001~2002년에는 이용호 게이트 특검에 파견돼 신승남 당시 검찰총장의 동생인 승환씨와 김대중 전 대통령의 처조카인 이형택씨를 알선수재 혐의로 구속하는 데 일조했으며, 2003~2004

* 검찰에서 인사조치란 대검이나 서울중앙지검과 같은 서울·수도권에서 지방으로, 또는 지방 검찰청에서 규모가 작은 지청으로 발령나는 게 보통이다. 쉽게 말해 일 없는 한가한 곳에 가서 쉬면서 근신하라는 뜻이다. 이렇듯 지청에서 지청으로의 인사조치는 매우 특이한 경우로 지금까지도 검사들 사이에서 회자될 정도다.

년 서울지검 특수2부 부부장 시절엔 김운용 전 IOC 위원을 횡령 등 혐의로 구속하기도 했다. 이 당시 그는 삼성에버랜드 사건에도 힘을 보탰다. 결과적으로 전환사채 헐값 발행의 형식적 책임자였던 에버랜드 경영진 허태학·박노빈 씨만 '표본기소'되고 말았지만, 당시 실제 수사를 진행한 이는 우 검사와 박용주 검사였다고 한다.(136~139쪽 참조) 수사팀을 이끈 채동욱 당시 특수2부장은 사석에서 "우 부부장은 하루 17시간씩 기록을 보더니 며칠 만에 사건을 다 파악하더라"며 극찬하기도 했다.

2004~2005년 대구지검 특수부장으로 있을 때엔 대구유니버시아드게임 휘장 비리 사건 수사를 통해 영화배우 출신 강신성일 의원, 박주천 전 의원, 김명규 가스공사 사장, 박명환 전 의원 등을 줄줄이 구속시켰고, 17대 총선에서 경쟁자 측근의 집에 도청기를 설치한 혐의로 이정일 전 의원을 구속기소해 유죄 판결을 이끌어냈다.

까칠한 독종 검사

이렇듯 여러 사건을 처리해왔지만, 일각에서는 실제 내세울 만한 '우병우표 특별수사'가 뭐가 있냐는 시각도 있다. 에버랜드 사건 정도를 제외하면 1990~2000년대 사회를 시끄럽게 만들었던 대형 사건 수사에 기여한 게 별로 없다는 얘기다. 그나마 에버랜드 사건도 공식적인 주임검사는 박용주 검사였다. 물론 그럼에도 불구하고 그가 워커홀릭형 독종 검사인 것만은 분명

| 우병우 부천지청장. 노무현 수사 당시 대검 중앙수사부 중수1과장으로, 공식적 주임검사였다. |

한 듯하다.

이렇듯 수사에 대한 집념은 자타가 공인하는 프로였지만, 단점에 대한 얘기도 많았다. 적지 않은 (특히 선배) 검사들이 그를 두고 "실력은 좋은데, ×가지가 없다"며 쓴맛을 다셨다. 너무 뻣뻣하다는 것이다. 그의 한 대학 동기는 "대학 시절부터 워낙에 자존심 강하고 자기 잘난 맛에 사는 친구여서 별명이 '기브스'였다"고 말했다. 우 부장검사보다 서울대 법대 선배지만 사법시험 합격이 늦어 검찰 임관 후배인 한 부장검사는 사석에서 그를 가리켜 "아무리 내가 후배지만 나이도 많고 학교 선배인데 검찰 선배라고 반말을 하는 것은 문제가 있는 것 아니냐"며 불쾌해하기도 했다.

대학 4학년 때 사법시험을 패스하고 만 23살에 '영감님' 호칭을 듣게 된 그는 업무와 직접 관련이 없으면 선배들에게조차 매우 차갑게 대하는 경우가 많았다고 한다. 우 지청장이 이처럼 뻣 뻣하면서도 강단 있는 검사가 될 수 있었던 배경에는 수천억 원 대 자산가 장인을 둬 경제적으로 어려울 게 없었다는 점도 작용 했을 것이라는 해석이 있다. 우 지청장의 장인은 기흥C.C 대주 주이자 회장이었던 이상달 전 정강중기 대표로 2008년 작고했 다. TK 기업인으로 수천억 원대 자산가인 이씨에게는 네 딸이 있는데, 우 검사가 둘째 사위이다. 2011년 법무부의 공직자 재산 공개 현황을 보면 1위인 최교일 서울중앙지검장의 재산이 100 억 원에 약간 못 미쳤는데, 우 부장검사가 검사장으로 승진해 재 산공개 대상이 될 경우엔 검찰에서 '압도적 1위'가 될 것이란 점 을 두고서는 이견이 없다.

한편, 기흥C.C는 전두환 대통령 시절 퇴직 경찰관들의 모임인 경우회가 사업권을 받아내어 자본을 댄 이 회장과 함께 조성한 골프장인데, 이 회장은 1993년 제3의 인물을 끌어들여 기흥골프 장 경영권을 변칙으로 확보한 혐의로 경찰청과 검찰의 수사를 받았다. 이 과정에서 전직 치안총수들이 줄줄이 철창 신세를 지 는 등 사회적 파문이 일었는데, 사건의 주범 격인 이씨는 검사

• 영감(令監)의 사전적 의미는 1. 급수가 높은 공무원이나 지체가 높은 사람을 높여 이르는 말. 2. 나이 든 부부 사이에서 아내가 그 남편을 이르거나 부르는 말. 3. 나이가 많아 중년 이 지난 남자를 대접하여 이르는 말 등이다. 왕을 높여 부르는 상감(上監), 정2품 이상을 높여 부르는 대감(大監)과 함께 썼던 존칭어로, 그 기원은 삼국시대까지 올라간다고 한 다. 과거 독재정권 시절에는 나이 많은 경찰관이나 수사관들이 자신보다 직급이 훨씬 높 은 젊은 판·검사들을 영감이라고 불렀다. 하지만 지금은 거의 쓰이지 않는다. 직원이나 경찰관은 "검사님"이라는 호칭을 쓰지만, 판·검사들끼리는 영어로 검사인 prosecutor 의 앞글자를 따 성과 함께 "이 프로", "김 프로" 등으로 부른다.

사위를 둔 덕을 봐 큰 화는 면했다는 얘기가 있다. 우 지청장을 두둔하는 쪽에서는 "그 사건으로 마음고생이 컸다"고도 한다.

여하튼, 그런 그의 강성 스타일을 짐작게 하는 일화가 있다. 그는 2004년 대구지검 특수부장으로 근무하던 어느 날 사람들과 함께 한 카페에 들렀는데, 하필 그 카페 한쪽에서 아무개 기자가 폭탄주를 마시고 있었다. 다음은 그 기자의 목격담.

"대구지검 근처 한 카페였던 것 같다. 누구를 만나 얘기를 하고 있었는데, 중년 남성 몇몇이 문을 열고 들어왔다. 처음엔 그런가보다 했는데, 갈수록 그쪽에 신경이 쓰이기 시작했다. 제일 젊어 보이는 남자가 많이 취해 있었는데, 좀 심하다 싶을 정도로 오버를 했다. 심지어 가장 연장자로 보이는 사람에게 호통을 치기까지 했다.

'요새 민선 지자체장들은 선거로 뽑혀서 그런지, 목이 너무 뻣뻣해. 그래서 인사도 제대로 할 줄 몰라. 그래도 되는 거야?'라며 목소리를 높이자 머리가 하얗게 센 노인이 '부장님, 죄송합니다. 제가 잘못했습니다'라며 연신 고개를 조아렸다. 영화에서나 볼 법한 희한한 상황에 어이가 없었다. 아무리 만취했다지만 너무 심하지 않은가. 그래서 그게 어떤 술자리인지 나중에 알아봤더니, 젊은 사람은 대구지검 우병우 특수부장이었고 백발에 가까운 노인은 경북 ○○군수였다.

그날 자리는 동향 출신 고위 공무원들 모임으로 나머지는 또 다른 기관의 기관장들이었다고 하더라. '아무리 취중이라도 그렇지, 요즘 세상에도 이런 검사가 있다니'라며 기사를 쓸지 말지

고민했더랬다. 그런데 이 소식이 어떻게 당시 대구지검장 귀에 들어갔는지, 며칠 뒤 검사장이 우 부장을 불러서 주의를 줬다고 하더라."

이렇듯 독종 검사로서의 면모와 인간적 까칠함을 함께 갖추고 있던 우 지청장은 그 뒤로도 잘 나갔다. 대구지검 특수부장을 마친 뒤 2005년엔 법무부 법조인력정책과장으로 발령났고, 2007년 예금보험공사에 파견돼 부실채무기업 특별조사단장으로 일했다. 2008년 서울중앙지검 금융조세조사2부장으로 부임해 이명박 대통령 부인 김윤옥씨의 사촌언니인 김옥희씨의 공천헌금 사건을 수사해 개인비리 혐의로 구속기소했고, 이듬해 1월 대검 중수1과장에 임명됐다. 몇년 사이 법무부와 서울중앙지검, 경제부처 파견에 대검까지 노른자위 보직을 두루 지나온 셈이다.

그런데 이런 그의 인사이동 과정 가운데 좀 특이한 게 하나 있다. 서울중앙지검 금융조세조사2부장에서 대검 중수1과장으로의 이동이 그렇다. 두 보직은 통상 연수원 동기가 나란히 발령받아 가는 자리이기 때문이다.

앞서 검찰조직 운용과 관련해 설명했듯이, 검찰에서 대부분 보직은 매년 사법연수원 한 기수 후배에게 내려가는 게 보통이다. 올해 서울중앙지검 특수1부장 자리가 연수원 22기였다면, 내년에는 연수원 23기 가운데 임명된다는 것이다. 그런데 우병우 부장은 연수원 동기가 하던 중수1과장 자리에 임명됐다. 육사 동기가 나란히 1사단장과 5사단장으로 발령 받았다가, 다음 인사에서 5사단장이 1사단장 보직을 받은 것과 마찬가지다.

실제 중수1과장 자리를 거쳐간 인사를 보더라도 이런 인사가 이례적이었음이 확인된다. 2004년 남기춘(15기)-2005년 유재만(16기)-2006년 최재경(17기)-2007년 문무일(18기)-2008년 박경호(19기)-2009년 전반기 우병우(19기)-2009년 후반기 노승권(21기)이다.* 연수원 20기가 들어가야 할 자리를 우 검사가 꿰차고 앉으면서 연수원 19기에서 연달아 중수1과장을 맡았고, 결과적으로 20기를 건너뛰고 곧바로 21기로 내려간 것이다.

물론 중수과장을 직접 부리는 검찰총장이 누군가를 특별히 데려다 쓰겠다고 한다면 같은 기수에서 연달아 발탁하는 게 불가능한 것은 아니다. 하지만 당시로서는 그럴 가능성도 전무했다. 당시 임채진 검찰총장은 기획통 출신으로 유난히 '품격과 절제'를 강조해, 강성일변도인 우 부장검사와는 스타일상 상극에 가까웠기 때문이다.

결국 우 부장검사의 발탁을 두고서 당시 검찰에서는 "이례적"이라는 말과 함께 정동기 당시 청와대 민정수석의 작품이라는 해석이 파다하게 돌았다.*

앞서 우 검사가 대구지검 특수부장 시절 고령의 지방자치단체장에게 호통을 치다가 결국 검사장에 불려가 혼이 났다는 에피소드를 얘기했는데, 당시 대구지검 검사장이 바로 정동기 전 수

• 2009년만 전반기와 후반기로 나뉜 것은 노무현 전 대통령 서거 뒤 임채진 검찰총장이 퇴진하면서 연쇄적으로 인사이동이 있었기 때문이다. 2010년 초에 있을 인사가 반 년가량 앞당겨진 셈이다.

• 정동기 전 수석은 이명박 대통령직 인수위원을 지냈으며 2008년 촛불시위 뒤 청와대 개편 때 민정수석에 임명됐다. 이후 정부법무공단 이사장으로 자리를 옮겼다가 2010년 12월 감사원장 후보에 올랐으나, 로펌 재직시절 과다 보수 논란이 일며 낙마했다.

석이었던 것이다.

정 전 수석과 우 부장은 2003 대구유니버시아드대회 광고사업자 선정 비리 수사에서도 깊은 인연을 맺었다. 이 사건 수사에서 배우 출신 강신성일 의원(한나라당)과 배기선 의원(열린우리당)이 광고사업자로부터 억대 뇌물을 받은 사실이 드러났다. 그런데 강신성일 의원은 구속시킨 검찰이 배 의원은 영장 청구조차 하지 않았다. 송광수 당시 검찰총장의 지시 때문이었다고 한다. 일선 수사팀에서 이에 반발해 지검장실에 찾아가 항의했다는 언론 보도가 나오기도 했는데, 대구지검 수뇌부에서 이를 무마하면서 정 전 수석과 우 부장이 공동운명체 같은 처지가 됐다.[*]

독종으로 이름난 우 부장검사도 조직의 수장인 총장의 압력은 받아들였다는 얘기인데, 이것도 운이랄까. 당시 지검장이 훗날 청와대 민정수석으로 발탁돼 든든한 우군이 돼 준 것이다.

한번은 사석에서 우 부장검사에게 당시의 일을 언급하며 '강

[*] 이 사건에서 강신성일 전 의원은 1억8700만 원을 받은 혐의로 법원에서 징역 5년이 확정돼 약 2년간 복역하다 2007년 3월 특별사면 받아 출소했다. 배기선 전 의원은 1억 원을 받은 혐의로 불구속기소돼 재판을 받았는데 대법원 파기환송 등을 거치며 무려 4년 뒤인 2009년 2월 대법원에서 징역 3년6개월이 확정돼 구속 수감됐다. 그 또한 이듬해 8월 특별사면돼 출소했다. 뇌물 사건에서 구속 기준은 통상 5000만 원인데 그 두 배를 받았던 배 전 의원에 대해 영장조차 청구하지 않은 것은 형평성에 어긋나는 일이었다. 비슷한 즈음 현대비자금 사건에서 5000만 원 뇌물이 확인된 박주천 의원(한나라당), 하청업체로부터 6000만 원의 뇌물을 받은 김명규 전 한국가스공사 사장, 세무조사 무마 청탁과 함께 6000만 원을 받은 박명환 의원(한나라당) 등은 모두 구속됐다. 총장의 부당한 지시를 수용한 이들은 다음 인사에서 승승장구했다. 정동기 검사장은 인천지검장을 거쳐 고검장으로 승진했고, 조근호 차장은 대검 법정기획관으로 발령났다. 우병우 부장도 법무부로 입성하며 본격적으로 '잘 나가는 검사' 반열에 들게 됐다.

성 검사라더니 결국 높은 분이 시키면 그런 압력도 받아들이냐고 물어본 적이 있다. 그는 웃음과 함께 "총장이 (사건을) 덮으라고 한 것도 아니고, 신병(구속 여부)도 결정하지 못하는 자리라면 누가 뭐 하러 총장을 하겠냐"고 답했다. 조직인으로서 유무죄를 뒤집는 지시가 아니라면, 나머지는 수용해야 한다는 취지였다. 이 사건에서 결국 신병 결정은 윗선의 몫이라고 했지만, 훗날 노무현 전 대통령 수사 때 우 검사는 노 전 대통령에 대한 구속영장 청구 고집을 굽히지 않았다고 한다. '신병 결정은 총장 몫'이라는 말도 사건 나름이었던 셈이다.

노대통령 서거 뒤 김준규 검찰총장과의 인연 덕에 기사회생

이런 처지는 대검 중수1과장이 된 뒤에도 계속됐다. 아무리 독종이고 뻣뻣한 검사라지만 중수1과장이란 자리는 말뿐인 주임검사에 그칠 수밖에 없었다. 대검 중수부 사건의 공식적인 주임검사는 중수과장이지만, 실제 주임검사는 검찰총장이란 게 서초동에서는 상식으로 통한다. 중수과장은 공소장 주임검사 란에 도장만 찍을 뿐 실제 모든 결정은 검찰총장이 내리기 때문이다. 중수부 사건은 주요 피의자의 소환과 조사, 수사 진척사항이 매일매일 실시간으로 중수부장과 검찰총장에게 보고되며, 일일이 윗선의 지시를 받아 진행된다. 전직 대통령이 피의자인 이런 초대형 사건에서는 더욱 그럴 수밖에 없었다. 이 시절 그는 반농담조로 "부장검사가 부장검사가 아니라고, 주임검사가 주임

검사가 아니야. 이건 일선 평검사만도 못해"라며 주변에 신세한 탄(?)을 했다고 한다.

여하튼 노 전 대통령 서거로 검찰이 국민적 지탄의 대상이 되면서 우 부장검사의 검사로서의 인생도 거의 막을 내린 듯했지만, 생각지도 않게 상황이 전개되며 그는 기사회생했다. 노 전 대통령 서거 여파로 임채진 검찰총장이 퇴진한 뒤 '천성관 사태'를 거쳐 김준규(11기) 전 부산고검장이 검찰총장 자리에 올랐는데, 김 총장과 우 부장검사가 보통 인연이 아니었기 때문이다.

김 총장은 이른바 검찰 주류 출신이 아니다. 과거 잘 나가는 검사들처럼 공안통도 아니었고, 검찰국에 오래 근무한 기획통도 아니다. 특별수사 경력도 별로 없다. 서울 출신으로 경기고를 나온 김 총장은 법무부, 그 중에서도 실세부서인 검찰국이 아닌 법무실에서 평검사와 부장검사, 검사장을 거친 법무행정 관료에 가까운 인물이다. 국제법무과에 오래 근무한 '국제통'이라고 불릴 정도로, 검찰 핵심과는 거리가 있던 인물이었다.

'천성관 사태'를 맞아 청문회 통과가 새 검찰총장의 제일 중요한 요건으로 떠오르면서 운 좋게 검찰총장 자리를 거머쥔 것이다. 그런 김 총장이 법무부 법무실장으로 근무하던 2006년, 우 부장검사는 김 총장 밑에서 법조인력정책과장으로 일하고 있었다.

그 당시 김 총장이 법무실장 소속 부하 검사들 가운데 업무 만족도를 가장 높게 평가한 과장이 두 명이 있었는데 그게 바로 '스폰서 검사' 파문에 연루됐던 한승철 전 대검 감찰부장(17기 · 2005년 국제법무과장)과 우병우 기획관(2006년 법조인력정책과장)이었다고 한

| 제38대 검찰총장으로 취임한 김준규 총장. 취임사는
"검찰이 지금의 위기를 극복하려면 잘못된 수사 관행과 검찰 문화를 바꿔야 한다." 였다. |

다. 이 때문에 2009년 7월 김 총장이 총장후보로 지명되자 검찰 안팎에서는 '좌승철 우병우'가 중용될 것이란 말이 돌 정도였다.

우 부장검사의 능력을 높이 평가하고 믿어주는 인물이 천성관 사태를 겪으며 어부지리로 검찰총장 자리에 오르게 되자, 검찰에서는 '우 부장이 살아날 수도 있겠다'는 말들이 나왔다. 실제 그는 다음 인사에서 대검 범죄정보기획관으로 영전했다. 범죄정보기획관은 검찰의 각종 범죄첩보와 정보를 총괄하는 자리로, 검찰총장의 '복심'으로 불리는 자리다. 대변인과 함께 검찰총장에게 매일 대면보고를 하는, 측근 중에서도 최측근 자리를 꿰찬 것이다.

우 기획관은 여기에 그치지 않고 2010년 8월에는 대검 수사기획관에 임명돼 중수부로 금의환향했다. 검찰총장의 총애를 받는 만큼 중용은 예상됐지만 노 전 대통령 사건 수사 주임 검사를 전국 검찰의 인지수사를 종합·총괄하는 자리에 앉히는 것은 총장으로서도 부담이라는 예측이 많았다. 하지만 이런 예측은 보기 좋게 빗나갔다. 김 총장의 총애가 일반의 예상보다 깊었던 것일까?

우 기획관은 2011년 8월 인사에서 부천지청장으로 발령나며 공상훈 성남지청장, 김강욱 안양지청장, 이창재 안산지청장 등과 함께 연수원 19기의 선두그룹을 이루며 검사장 승진 1순위 후보에 올라 있다.

이렇듯 능력과 노력, 재력에 운까지 두루 갖춘 그의 다음 행보는 어떻게 될까. 일단 그가 수사기획관으로 있는 동안 대검 중수부는 별다른 활동을 벌인 게 없다는 점은 약점이자 장점이다. '이미 죽은 호남 재벌 수사나 하냐'는 여론의 질타를 받은 C&그룹 수사와 저축은행 수사 정도인데, 칼을 별로 휘두르지 않아야 적을 덜 만들어 인사에는 유리할 수도 있다. 또, 어차피 수사기획관 자리는 업무 성과보다는 장관과 총장의 정무적 판단을 받는 자리여서 이 점만으로 앞날을 평가하기는 힘들다.

김준규 총장이라는 든든한 버팀막이 사라졌다는 점 정도가 문제일 텐데, 이 또한 큰 타격은 아닐 것이라는 지적이 대세다. 한-미 쇠고기 협상 한국 쪽 대표였다가 외교부 차관에 발탁된 민동석씨 경우처럼 정권 차원에서 '충성한 사람에게는 확실히 보답한다'는 것을 보여줄 수 있는 상징적인 인물이기 때문이다. 또 그간의 보직 경력만으로도 검사장 승진 유력 후보자여서 앞으로도 잘 나가지 않겠냐는 게 검찰 내부의 대체적인 시각이다.

부정부패 척결의 주역인가 망나니에 불과한가

노무현 전 대통령이 서거하고 2~3달 뒤인 2009년 여름, 친분이 있는 한 검찰 간부와 저녁식사를 하게 됐다. 이런저런 이야기 끝에 때가 때이니만큼 자연스레 노 전 대통령에 대한 수사와 수사팀 이야기가 화제에 올랐다. 이 간부가 갑자기 한숨을 쉬더니 입을 열었다.

"이인규와 우병우가 '내가 뭘 잘못했냐'고 항변하는데, 망나니는 망나니인 줄을 알아야 한다. '너 저기 가서 목 쳐'라고 해서 전직 왕의 목을 쳤는데, 그럼 자기가 죽은 왕과 같은 반열이 되나? 명을 받아 목을 친 망나니는 그냥 망나니일 뿐이다.

대통령은 말 그대로 국민들이 일국의 경영을 맡긴 사람이다. 표 안 나게 1000억, 1조 낭비하거나 헛되게 쓰는 것은 일도 아닌 자리다. 박연차가 도와줬을 것이란 얘기, 이미 다 알려져 있던 얘기이지 않냐. 그런데 기껏 50억~60억 원 도와준 것 가지고 이게 뭐냐. 얼마 전 〈법률신문〉에 김종철 교수가 칼럼에 잘 썼더구만. 죽은 권력과 산 권력을 뚜렷이 나누고 죽은 권력은 철저히 난도질하는 게 검찰이 할 짓인가, 라고.

전두환, 노태우, 김영삼, 김대중은 그만한 허물이 없어서 손 못 댔나? 강한 놈한테는 철저히 아무 말 못 하면서, 봉하마을 내려간 힘없는 노무현만 잡아 족치는 것, 이건 비겁한 짓이지. 한

번 생각해봐라. (정권이 보기에) 내가 아주 밉거든. (그래서 검찰을 시켜서) 내 계좌를 다 뒤졌는데, 아무것도 안 나왔어. 그러니까 다음에는 부인 다 털고, 그 다음에는 형 다 털고…….

이건 아니잖아. 자기들이 아무리 역사적 사명감 어쩌고 떠들고 해도 기껏해야 (정치권력이) 안배해놓은 틀 안에서 활용당한 것밖에 안 된다. 망나니는 왕의 목을 쳤어도 망나니일 뿐이다. 그런데 왕의 목을 쳤으니 왕과 동급이라도 되는 듯 사명감이 어쩌고 저쩌고 나대는 게 창피하다."

민변 변호사도 아니고 현직 검찰 간부의 입에서 나온 말인 데다 전반적인 성향도 보수에 가까운 그였기에 놀랍기도 했고, 노 전 대통령을 생각하자니 한편으로 쓸쓸함을 지울 수 없었다. '오늘 무슨 안 좋은 일 있으셨나. 왜 이리 발언이 세냐'고 추임새를 넣자 한탄조의 독백이 계속됐다.

"솔직히 (이인규와 우병우) 둘 다 내가 잘 알지. 근무도 같이 해봤고 어떤 스타일인지 잘 알아. 그런데 그런 조합을 (대검 중수부 진용으로) 만들어놓은 게 문제였다. 큰 수사를 할 때일수록 한쪽이 물불 가리지 않고 나가면 다른 쪽에서는 차분하게 검토하고 제동을 거는 그런 식으로 진행돼야 하거든.

그런데 이 둘은 마구잡이로 밀어붙이기만 하는 스타일들이잖아. 이렇게 팀을 꾸려놨으니 사고가 안 터지는 게 이상하지. 난 사실 노무현을 좋아하는 사람은 아냐. 부인이고 형이고 주변 사람 관리를 제대로 하지 못한 잘못도 있지. 그래도 (검찰이) 이것은 아니잖아. 차마 말을 못 꺼내서 그렇지, 할 말이 없어서 가만히 있는 게 아니라니까."

노 전 대통령 서거와 관련해 '중수부 라인을 너무 강성 검사들로만 채웠다가 탈(?)이 났다'는 얘기는, 이 간부 말고도 사석에서 만난 많은 검찰 관계자들이 지적한 문제점이다. 실제 앞서 살펴본 바와 같이 이인규 전 중수부장과 우병우 지청장은 검찰 내에서 두 번째라면 서러울 정도로 독종들이기 때문이다.

결국 '망나니론'의 요지는 뜨거운 맛을 보여주고 싶은 대상을 혼내주기 위해, 뭘 던져주건 간에 막무가내로 잡도리할 독종 검사들을 붙여줬다는 얘기다. 좀더 구체적으로 얘기하자면, 전직 대통령을 손보려는 어떤 정치적 기획 속에서 이인규와 우병우라는 독종 검사들이 일종의 '수사 기술자'로 동원됐다는 것이다. 앞서 말한 조직원, 도구로서 활용됐다는 얘기이기도 하다.

물론 당사자들은 '전직 대통령이건 누구건 비리가 있으면 파고들어 처벌하는 게 검사의 할 일 아니냐'며 항변한다. 하지만 이들도 자신들이 누군가 어떤 의도를 가지고 그런 큰 판에 동원된 요소임을 부인하기는 어려울 듯하다. 그런 점에서 보자면 이들이 전직 대통령과 맞상대한 '주체'라고 생각하는 것은, 자신들을 과대평가한 것이라는 지적이 타당해 보인다.

한편, 여기에서 자세히 다뤄지지는 않았지만 수사팀의 또 다른 핵심 구성원으로 홍만표 당시 대검 수사기획관이 있다. 당시 언론 브리핑을 전담한 그는 최재경 대검 중수부장, 김경수 서울고검 차장과 함께 '사법연수원 17기 특수통 트로이카'로 불려온 대표적인 특별수사통이다. 특별수사 능력은 물론 정치적 감각이 뛰어나고 눈치도 빨라 '누구한테도 욕먹지 않을 정도의 결론을 내고, 모나지 않게 사건을 잘(?) 처리한다'는 평이 많다. 2011년 검·경수사권조정 과정에서 검찰쪽 창구 역할을 하다가 사표를 썼고 검사들의 동정심과 지지를 크게 얻은 만큼, 사건이 많이 밀려드는 잘 나가는 전관 변호사로 활동하고 있다.

이석환(21기·현 김천지청장) 당시 중수2과장은 2003년 SK그룹 수사 주임검사로 유명하다. 2003년 참여정부 출범 초기 노 전 대통령과 검사들의 대화에 참여한 이력이 있다. 이 자리에서 그는 "현재 SK수사팀에 있다. 나름대로 소신을 가지고 열심히 하고 있지만 상당히 난항도 있다. 여당 중진인사와 정부 고위인사 등의 외압이 있고, 심지어 '다칠 수 있다'는 이야기도 나오는데, 이게 검찰의 현실이다. 제도적으로 이런 일이 없도록 간청드린다"는 발언을 했다. 그는 '이인규 인맥'으로 분류되는 대표적 인사다. SK그룹 수사 때 부장검사로 모신 이도 이 전 중수부장(당시 서울중앙지검 형사9부장)이며, 이 전 중수부장이 서울중앙지검 3차장 검사로 일할 때도 금융조사부와 특수1부 부부장으로 일하며 호흡을 맞췄다. 그 또한 강성 이미지가 강한데, 이인규·우병우 등 '초강성'들과 같이 있어서 그런지, 노 전 대통령 수사와 관련해서는 구설수에 덜 올랐다.

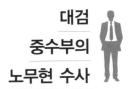

대검
중수부의
노무현 수사

이인규, 우병우와 청와대를 잇는 연결고리, 정동기 민정수석

앞서 망나니론을 설명했는데, 그렇다면 사건의 큰 그림을 기획하고 추진한 이는 누구일까? 당연히 정치권력일 것이다. 좀더 세부적으로 살펴보자.

검사 인사는 법무부장관 명의로 나간다지만, 웬만한 수준 이상의 검사 인사는 사실상 청와대가 주도한다. 특히나 이른바 '빅4'로 불리는 법무부 검찰국장, 서울중앙지검장, 대검 중수부장과 공안부장은 법무부와 대검에서 안을 짜 올리기는 하지만 청와대가 직접 선발하다시피 하고, 일반 검사장·고검장 승진·보직 인사도 최종 결정은 청와대의 몫이다.

2011년 1월 고검장급 6명의 전보 인사가 단적인 사례다. 이때 인사에서 한상대 서울고검장을 서울중앙지검장에, 노환균 서울중앙지검장을 대구고검장에, 차동민(13기) 대검 차장을 서울고검장에, 박용석(13기) 법무연수원장을 대검 차장에, 황교안(13기) 대구고검장은 부산고검장에, 조근호(13기) 부산고검장은 법무연수

| 정동기 전 민정수석은 이인규 전 중수부장, 우병우 전 중수1과장과 개별적인 인연이 깊어 이들의 발탁에도 큰 영향을 끼친 것으로 알려져 있다. |

원장으로 발령냈는데, 인사 당일까지도 법무부 최교일 당시 검찰국장은 기자들에게 "인사 준비하고 있는 것 전혀 없다"고 여러차례 강조했다. 그러다가 불과 몇시간 뒤 검찰국에서 인사 자료를 배포했다. 한 검찰 간부는 "청와대에서 짜서 던져줬고 실무만 여기(법무부)에서 한 것이겠지. 잘 알잖아"라고 말했다.

검사장급은 아니지만, 그에 못지않게 중요한 서울중앙지검 2, 3차장검사, 특수 1, 2, 3부장, 중수부 과장 등도 정치권력의 뜻과 무관하게 임명될 수 있는 자리는 아니다. 법무부장관이나 검찰총장이 누군가를 그 자리로 밀더라도, 최소한 청와대의 반대는 없어야만 임명이 가능하다는 것이다. 군사정권 때는 물론이고, 김대중, 노무현 정권 때도 정도 차이가 있었을지언정 이런 메커니즘이 작동한 것은 마찬가지다. 검사도 공무원인 만큼 대통령이 최종 인사권자이기 때문이다. 더군다나 검찰의 막강한 권한 때문에 역대 정권마다 검사 인사에는 많은 관심을 기울였다.

물론, 이인규 전 중수부장이나 우병우 전 중수1과장 임명에도 청와대의 의중이 많이 실렸을 수밖에 없다. 여기에 이인규 전 중수부장이야 앞서 말했듯이 1990년대 말 워싱턴 D.C에서 이명박 대통령과 직접적인 인연을 쌓기도 했고, 임명 당시 청와대 민정수석비서관이었던 정동기 전 대검 차장과는 서울 경동고 선후배 사이였다. 여기에 이상득 의원 비서실장과 안국포럼을 거쳐 MB 정권 출범과 함께 청와대에 입성한 실세 가운데 하나로 알려진 장다사로 기획관리실장(당시 민정비서관)은 이 전 부장의 경동고 동기동창이었다. 인사권자는 물론 주무 비서관들과도 개별적인 인연이 있었다는 얘기다.

여기에 우병우 부장검사는, 앞서 말했듯이 대구지검 특수부장 시절 정동기 민정수석을 대구지검장으로 모셨으며, 이 과정에서 배기선 전 의원 처리 때 공범이자 서로 마음의 빚을 진 특수관계였다. 두 사람이 중수부 핵심 라인으로 입성하는 데는 정동기 수석을 비롯한 이런 인연이나 라인들이 결정적인 역할을 했다는 것이 검찰 내 정설이다. 이인규 전 중수부장은 자신의 중수부장 임명과 관련해 사석에서 "정 수석은 별 힘을 써주지 않았다. 임채진 총장이 시켜준 것"이라고 말했다. 하지만, 앞서 살펴봤듯이 대검 중수부장은 총장의 의중만으로 꿰찰 수 있는 자리가 아니다. 또 대다수 검사들은 고교 선배인 정동기 전 수석의 도움이나 배려가 있어 중수부장에 오른 것으로 안다고 말한다.

촛불시위에서 촉발된 박연차 세무조사가 수사 단초

다음으로 이인규-우병우 라인이 가동되던 때의 상황을 살펴보자.

노 전 대통령과 그 주변 인사들을 상대로 한 검찰의 손보기는 2008년 9월께 세종증권 매각 비리 수사로 본격화됐다.* 당시 중수부 진용은 박용석 중수부장-최재경 수사기획관-박경호 중수 1과장으로 이어지는 라인으로 짜여져 있었다. 당시 수사팀은 노

* 더 큰 그림에서 보자면 노 전 대통령에 대한 손보기 작업은 2008년 7월 국세청이 노 전 대통령과 가까운 사이였던 박연차씨가 운영하는 태광실업과 정산개발에 대한 세무조사에 착수하면서 시작됐다. 검찰 수사도 이 자료가 대검으로 넘어오면서 시작됐다. 박연차 회장을 겨눈 세무조사가 시작된 이유는 2008년 4~5월 정국을 요동치게 한 촛불집회, 봉하마을로 내려간 노 전 대통령의 인터넷 활동 등이 중첩된 결과라는 게 정설이다. 현직 대통령은 취임 6개월 만에 사퇴 압력을 받고 잇따라 대국민 사과성명을 발표하는 판에, 전직 대통령은 현실 정치나 사회에 대한 발언을 이어가고 봉하마을을 찾는 국민들이 넘쳐나자 여권에서 정치적 위기감을 느꼈다는 것이다. 2008년 6~7월 정권 차원에서 홍보기능 강화와 함께 정부 내 기강을 다잡기 위해 이전 정권 관련자들을 추려내는 작업이 시작됐고, 박 회장에 대한 세무조사도 이런 큰 그림의 일환이라는 게 대체적인 분석이다. 노 전 대통령 검찰 소환 직후 박연차 회장의 가족이나 측근들도 언론 인터뷰를 통해 "노 전 대통령이 퇴임 후 존경 받는 원로로서 가볍게 움직이지 말았어야 했다는 생각이다. 그 동안 인터넷이다 뭐다 해서 말들이 많지 않았나. (정치적) 욕심을 버리지 못한 게 못내 아쉽다"고 말했다. 노 전 대통령과 박연차 회장 쪽 모두가 친분이 있다는 인사도 언론과 인터뷰에서 "대통령에서 물러난 뒤에는 현 정권에 협조하고 조용히 원로로서 역할을 했어야 했다. 작년에 촛불시위로 이명박 정권이 적지 않은 고초를 겪었다. 그 사건이 결정적이었다. 지금 상황은 자승자박이 아닌가 하는 생각도 든다"고 말했다. (《주간조선》 2055호, 2009년 5월 18일 발매)

전 대통령의 형인 건평씨와 노 전 대통령의 고교 동창인 정화삼씨 형제가 세종캐피탈 쪽의 부탁을 받아 정대근 농협 중앙회장에게 세종증권 인수 청탁과 함께 30억 원을 받아 챙기고, 정대근 회장은 세종캐피탈 쪽으로부터 50억 원의 뇌물을 챙긴 사실을 밝혀냈다.

그해 11월 이들을 구속기소한 검찰은 12월에는 박연차 태광실업 회장을 구속했다. 농협의 알짜 자회사인 휴켐스를 헐값에 인수하는 대신 정대근 회장에게 20억 원의 뇌물을 전달한 혐의였다. 박 회장은 또 세종증권이 농협으로 넘어가는 과정에서 주식 매매를 통해 수백억 원의 시세차익을 얻은 사실이 드러나기도 했다.

이 사건으로 노 전 대통령 주변이 일거에 다 정리됐지만, 검찰의 칼끝이 노무현 전 대통령을 직접 겨냥하는 상황으로 이어지지는 않았다. 검찰이 국세청으로부터 넘겨받은 세무조사 자료에 노 전 대통령이 박연차 회장으로부터 15억 원을 빌리고 작성해준 차용증이 포함됐다는 사실이 언론보도로 알려졌지만, 검찰은 "범죄혐의가 발견된 게 없다"며 선을 그었다. 또 박연차 회장으로부터 노 전 대통령의 조카사위인 연철호씨에게 500만 달러를 송금했다는 진술을 확보했지만, 별다른 수사가 이뤄지지는 않았다.*

이런 상황에서 해가 바뀌어 2009년이 밝아왔고 1월 19일 이인규 대검 기조부장이 신임 중수부장으로 발령났다. 26일에는 홍만표 수사기획관-우병우 중수1과장-이석환 중수2과장으로 이어지는 대검 중수부의 새 진용이 짜여졌다. 노 전 대통령 주변은 다 정리됐지만, 노 전 대통령을 직접 겨냥할 수 있는 수사에는 별다른 움직임을 보이지 않는 상태에서, 독종 검사들로 짜여진 강성 수사라인이 구축된 것이다.

한편 중수부 진용이 새로 짜여지는 과정에서 최재경 당시 수사기획관의 행보를 두고서도 검찰 안에서는 여러 말들이 나왔다. 애초 수사기획관 연임이 예정돼 있었는데, 이인규 중수부장 발령 뒤 갑자기 서울중앙지검 3차장검사로 자리를 옮겼기 때문이다. 이를 두고 검사들 사이에서는 '신임 중수부장과 사이가 좋지 않기 때문', '노 전 대통령 관련 수사의 흐름을 살펴보고 미리 몸을 피한 것'이라는 해석이 함께 돌았다.

노 전 대통령이 서거하고 사건이 어느 정도 정리된 뒤 대검 고위 관계자는 최재경 기획관의 당시 행보와 관련해 "(이인규 중수부장과의 관계, 노 전 대통령 수사 흐름) 두 요인 모두 다 작용한 것으로 안다"고 말했다. 결과적으로 최 검사장은 당시 자리를 옮겨 화를 피한 셈이 됐다. 가뜩이나 'BBK 검사'라는 소리를 듣는 마당에

• 〈동아일보〉 2009년 4월 2일치 ''500만 달러 존재 최근 알았다' 盧측 해명 거짓으로 드러나나.' 검찰은 훗날 권양숙씨가 받았다는 100만 달러, 딸 정연씨가 받았다는 40만 달러와 함께 노 전 대통령의 아들 건호씨와 조카사위 연철호씨가 받은 500만 달러가 노 전 대통령이 수수한 뇌물이라고 주장한다. 결국 노 전 대통령의 (검찰이 봤을 때) 혐의 중 세 번째는 이전 수사팀에서 이미 확보해두고 있었지만 어찌 된 일인지 더 이상 진전이 되지 않고 있었던 셈이다. 이와 관련해 박용석 당시 대검 중수부장은 사석에서 "두 가지 이유로 수사를 하지 않았다. 구증이 어려울 것으로 봤다. 또 대통령이 자신과 친분 있는 기업인과 돈거래를 한 게 처벌할 가치가 있는 사안인지에 대해서도 확신이 없었다"고 말했다. 500만 달러의 성격을 두고서는 검찰과 보수언론은 뇌물성 거래로 기정사실화했지만, 노 전 대통령 쪽은 사전에 약속된 정상적 투자자금이라고 반박했다.

노 전 대통령 수사에도 관여했다면, 노 전 대통령 서거 뒤엔 정치적 부담으로 인해 검찰을 떠나지 않을 수 없었을 것이기 때문이다.

여하튼, 새로이 중수부에 입성한 이들은 박연차 회장의 입을 열게 하기 위해 박 회장을 압박하는 데 전력을 기울였다. 여비서 증언과 수첩 등을 들이밀며 자백을 유도했고, 주변을 압박해 입을 열지 않을 수 없게 만들었다. 박 회장을 압박할 때 '약한 고리'는 자식들과 기업체였다고 한다. 언론에서는 검찰이 박 회장의 세 딸을 출국금지하고, 회사 경영을 맡은 큰 딸을 소환조사하는 등의 방법으로 박 회장을 압박했다는 보도가 나오기도 했다.* 하지만 당시 대검에 근무했던 한 검찰 간부는 조금 다른 이야기를 했다. "강금원은 노 전 대통령의 후원자가 맞지만 박연차는 사업가일 뿐이다. 자기 사업을 온전히 보존하기 위해 입을 열게 됐다"는 것이다.

어찌 됐건 거센 압박의 결과, 박연차 회장은 모든 것을 털어놓게 된다.* 이른바 '독종 검사들'이 성과를 낸 것이다. 덕분에 3월

• 《연합뉴스》 2009년 3월 25일치 '박연차 입 열게 한 카드는 아들·딸'
• 피의자가 입을 다물 경우 어떻게 압박해서든 입을 열게 만드는 검찰의 이런 행태를 두고 비판의 목소리가 끊이지 않았다. 정도를 걷지 않은 과잉수사이고, 절제되지 않은 검찰권 행사라는 것이다. 하지만 일선에서는 "그럼 누가 순순히 자백을 하겠냐. 순순히 자백을 하는 이는 처벌을 받고 끝내 부인하는 이는 처벌을 피해가는 것을 보고만 있으라는 말이냐"고 한다. 둘 다 나름 논리가 있지만 먼지털이식 수사를 당하는 입장에서는 전자 쪽 주장에 공감이 갈 것이고, 거악을 두고서도 어쩔 수 없이 놓아줘야 하는 것은 정의롭지 못하다는 입장에서는 후자 쪽에 가까울 것이다. 결국, 정치적 의도 아래 특정인을 압박하는 것은 문제지만, 피의자 압박 자체를 죄악시하는 것도 설득력이 떨어진다. 다만 시대의 전반적 흐름이나 노 전 대통령 서거와 같은 일들이 일어나면서 아무래도 전자 쪽이 좀더 강조되는 추세인 듯하다. 이를 두고 검찰에서는 수사력 약화를 우려하는 목소리가 적지 않다.

중순부터 수사는 일사천리로 진행되기 시작했다. 박연차 회장이 돈을 건넸다고 실토한 대상은 여야 정치인 10여 명을 비롯해 천신일 전 고려대 교우회장과 같은 이명박 대통령의 측근, 민유태 전 전주지검장 등 검찰 내부인사까지 포함하고 있었다. 검찰은 이들을 차례대로 소환 조사한 뒤 기소하거나 무혐의 처분했고, 마지막 타깃인 노 전 대통령 소환이 가까워져왔다.

매일처럼 언론에 수사 내용이 대서특필되고, 고구마 줄기처럼 줄줄이 나오는 정관계 인사들의 비리 행각에 국민들은 넌더리를 냈다. 그런 분위기가 형성될수록 수사에는 더욱 강경 드라이브가 걸렸다. 이전 수사팀에서 돌파하지 못한, 전직 대통령을 겨냥한 수사를 진행해나가는 이들의 어깨에도 힘이 더 들어갔으리라.

4월 30일 노 전 대통령이 중수부에 소환됐다. 노 전 대통령은 이인규 중수부장 집무실에서 약 10분간 차를 함께 한 뒤 조사실로 이동했다. 우병우 중수1과장이 직접 조사를 했다. 대검 간부들과 수사팀 검사들은 CC-TV를 통해 실시간으로 조사 광경을 지켜봤다. 의혹분야별로 문답이 오갔는데, 노 전 대통령의 답변이 있을 때마다 CC-TV로 조사과정을 지켜보고 있던 담당분야 수사검사는 메신저를 통해 우 과장에게 '그러면 ~을 물어봐라' 등 얘기를 건넸다고 한다. 노 전 대통령 본인은 느끼고 있었는지 모르지만, 원격 코치를 받아가며 신문이 이뤄졌고, 노 전 대통령 자신은 동물원 우리 안의 동물과도 같은 구경거리 신세였던 것이다. 집무실에 편히 앉아 전직 대통령 조사과정을 실시간으로 구경하고 있었을 검찰 수뇌부와 수사검사들이 어떤 기분이었을지 궁금하다.

당시 수사상황에 밝은 검찰 관계자는 "노 전 대통령이 상당 부분에서 '나는 모르는 일이다', '집사람에게 확인해봐야겠다'는 답을 내놨다"고 전했다. 어찌 됐건 노 전 대통령의 항변, 소명을 들은 검찰로서는 결정을 내려야 했다. 위험을 무릅쓰고 구속영장을 청구할 것인지, 아니면 편안하게 불구속기소 뒤 재판에서 유죄를 증명해나갈 것인지.

결정권자인 임채진 당시 검찰총장이 당시 고심에 고심을 거듭했다고 한다. 아무리 혐의가 있다고 하지만 전직 대통령을 소환 조사한 뒤 구속한다는 것은 검찰로서는 쉬운 일이 아니었다. 정치적 격랑 속에 뛰어드는 의미도 있었고, 자칫 잘못하면 역풍이 불어올 수도 있기 때문이다.

이런 상황에서 임채진 총장은 강력한 리더십을 발휘하지 못했다. 앞서 말한 여러 상황을 고려해야 하는 데다 노 전 대통령으로부터 임명장을 받은 처지로서 현 정권의 눈치를 보지 않을 수도 없었기 때문이다. 게다가 평소 스타일도 무난하고 중도적인 스탠스를 취하는 편에 가까웠다.

당시 검사들 사이에서 임채진 총장은 '임걱정'이라는 별명으로 불렸다. 기획통답게 신중한 스타일이어서 걱정이 너무 많다는 뜻에서 붙여진 별명이다. 그런 별명처럼 그는 과감한 결단이나 강한 드라이브와는 거리가 멀었다. 일선 수사현장보다는 법무부에서 기획통으로 잔뼈가 굵은 그는 서울중앙지검장 시절에도 검찰권 행사와 관련해 '품격과 절제'를 유난히 강조하며, 강경일변도 특별수사에 변화를 주문했다.

이에 반해 이인규 중수부장은 선이 굵은 스타일이었고, 앞서 말했듯이 청와대 핵심들과도 나름 각별한 관계를 맺고 있었다. 이 중수부장에게 있어 임 검찰총장은 서울중앙지검 3차장검사 시절부터 모셔온 상관이고 무릎을 꿇고 술잔을 받을 정도로 극진히 모시기도 했지만, 시간이 갈수록 아무래도 중수부장의 존재감이 더욱 커져갔다.

이를 단적으로 보여준 사건이 있다. 〈조선일보〉는 2009년 5월 6일 "원세훈 국정원장이 검찰 고위층에 노 전 대통령 불구속기소를 종용했다"는 보도를 내보냈다. 이에 국정원은 "사실무근"이라는 공식적인 입장을 밝혔다. 〈조선일보〉는 이튿날 "원세훈 국정원장이 부하 직원을 시켜 노무현 전 대통령에 대한 불구속기소 메시지를 전한 대상은 이인규 대검 중수부장인 것으로 전해졌다. 문제의 국정원 직원은 지난달 21일 이 중수부장을 찾아가 메시지를 전했으며, 이 중수부장은 이 직원에게 강한 불쾌감을 표시했다"고 국정원 주장을 반박해, 결국 〈조선일보〉의 판정승으로 정리가 됐다. 여기서 유심히 살필 대목은 국정원이 검찰총장이 아닌 중수부장에게 의견을 개진했다는 것이다. 이인규 중수부장에게 힘이 쏠려 있다는 방증 아니냐는 해석이 뒤따랐다.

불구속기소 기류 퍼지자 제동 걸고 나선 〈조선일보〉

노 전 대통령 소환 조사 뒤 검찰은 어떤 쪽으로건 결정을 내려야만 했는데, 임채진 총장의 의중은 불구속기소 쪽에 가까웠다고한다. 하지만 자신이 독단적으로 이런 결정을 내릴 경우 현 정권과의 관계 등 여러 문제가 생길 수도 있고, 사안이 중대한 만큼, 다른 고위직(검사장)들의 의견을 수렴하는 모양새를 갖춰가며 불구속기소 쪽으로 정리해나가려고 한 것으로 보인다.

하지만 〈조선일보〉가 임채진 검찰총장이 검사장들에게 "노 전대통령을 불구속기소하겠다는 뜻을 내비쳤고, 구속영장을 청구할 경우 검찰조직 내부가 분열되고 큰일이 난다는 발언을 하였다"는 내용을 대서특필하면서 이런 계획은 수포로 돌아간다. 〈조선일보〉는 또 전화를 받은 검사장들이 "여론 수렴이라기보다불구속기소에 동의를 구하는 느낌"이라고 밝혔다며 임 총장을비난했고, 다른 언론들도 뒤따라 임 총장의 처신을 비판하는 기사를 실어 그의 입지는 가뜩이나 더 줄어들 수밖에 없었다.*

곤란한 상황에 처한 임 총장은 결국 5월 6일 대변인을 통해 추가수사를 이유로 노 전 대통령 신병처리 결정을 미룬다고 선언했다.

• 〈조선일보〉 2009년 5월 5일치 1면 '임(林)총장 "노(盧) 영장 청구하면 검찰 분열… 큰일난다"' 〈조선일보〉의 임 총장 견제는 이런 기사 하나에 그치지 않았다. 기사나 칼럼에서임 총장을 언급할 때마다 '전 정권에서 임명된', '노무현 정권에서 임명된'이란 수식어를붙여줬다. 이 때문에 임 총장은 기자들로부터 "'전 정권에서 임명된'이란 새로운 호가 생기셨다면서요"라는 농담섞인 인사를 받기도 했다.

〈조선일보〉는 뒤이어 8일치 사설에서도 검찰에 노 전 대통령 불구속기소 의견을 개진한 원 원장과 구속 여부에 신중한 태도를 보이던 임채진 총장을 싸잡아 비판한 뒤 "지금 검찰에선 수사를 맡고 있는 중수부가 노 전 대통령의 인신(人身)처리 문제에 가장 원칙론적 주장을 펴고 있는 것으로 알려졌다. (…) 검찰총장이 좌고우면하는 동안 검찰의 신뢰만 땅에 떨어져 버렸다"며 구속 의견을 고수하던 중수부를 치켜세우고 불구속기소 쪽이었던 임 총장을 견제했다.

상황이 이렇게 되자 임 총장을 비롯한 검찰 수뇌부가 구속영장 청구 또는 불구속기소라는 두 가지 선택지 대신, 결정 시기를 조금 더 미루겠다는 어정쩡한 태도를 취한 셈이다. 하지만 신병 처리를 미뤄오던 사이 5월23일 새벽 노 전 대통령이 부엉이바위에서 비극적인 선택을 하고 만다. 결과적인 얘기지만, 검찰로서는 장고 끝에 악수를 둔 셈이었다.

노 전 대통령 소환 뒤 검찰 내부에서는 어떤 논의가 오가고 있었던 것일까. 당시 대검에 근무했던 고위 관계자의 말이다.

"대검에서 노 전 대통령 소환 전부터 구속영장 청구 여부를 두고 각계 여론 흐름을 알아봤다. 전반적으로 불구속이 우세였다. 대검에서는 중수부만 구속해야 한다는 입장이었고 나머지는 '그래도 전직 대통령인데'라는 분위기였다. 청와대와 한나라당에도 간접적으로 알아본 결과 '그 정도면 할 만큼 했다. 우리는 괜찮다'는 반응이었다고 한다. 심지어 대법원 판사들 몇몇에게도 의견을 물었는데 불구속이 많았다. 구속을 바란 것은, 검찰 내부에서는 중수부, 검찰 외부에서는 〈조선일보〉 정도밖에 없었다.

임채진 총장도 별 말 없었지만 불구속에 가까웠고. 그런데 상황 돌아가는 게 여의치 않은 것을 파악한 이인규 중수부장이 노 전 대통령을 소환 조사하고 그 다음주 월요일(5월 4일) 총장에게 신병처리 연기 방침을 보고했다. '좀더 기다려달라. 영장을 청구할 수밖에 없는 건 가져오겠다'는 뜻이었다. 처음엔 그 연기되는 시간이 일주일이나 열흘 정도면 충분할 줄 알았다. 그런데 그 사이 노 전 대통령의 딸 정연씨가 계약한 미국 뉴저지주 웨스트뉴욕의 호화 아파트 '허드슨클럽'의 존재가 확인되는 등 안 풀리던 쪽 수사가 생각지도 않게 속도를 내게 된 것이다. 그런데 중수부가 '조금만 더 해서, 조금만 더 해서'라며 욕심을 내는 사이 노 전 대통령이 그런 선택을 해버린 것이다."•

결국 독종 검사들인 이인규-우병우 수사팀이 구속영장 청구 고집을 꺾지 않고 〈조선일보〉가 불구속기소 방침을 견제하면서, 시간을 좀더 끄는 어정쩡한 상태로 사태가 진행되다가 누구도 예상치 못한 쪽으로 결론이 난 셈이다.

돌이켜보면 처음부터 무리한 '욕심'이 화를 부른 것인지도 모

• 당시 수사에 여러 의견을 개진한 것으로 언론에 보도됐던 국정원도 노 전 대통령 구속까지 바란 것은 아니라고 한다. 실제 국정원이 검찰에 노 전 대통령을 불구속기소하되 박연차 회장에게서 받았다는 2억 원짜리 시계 건을 흘리자는 제안을 했다는 언론 보도가 나오기도 했다. 그 뒤 '2억 원 시계 보도가 나가자 홍만표 수사기획관은 "참 나쁜 빨대"라며 이례적으로 강한 비판을 했는데, 이는 국정원을 염두에 둔 발언이었다는 게 정설이다. 이인규 부장도 훗날 사석에서 '망신은 주되 구속은 말자'는 메시지를 전해온 원세훈 국정원장을 강한 어조로 비판했다.

른다. 다음은 당시 수사 상황을 잘 아는 고위 관계자의 말이다.

"이인규 중수부장이 욕심을 낸 것이지. 노 전 대통령을 포함한 4명에게 금품을 전달했다는 진술은 이미 전임 수사팀에서 확보한 것이어서 아무리 잘해도 남의 수사 뒤치닥거리에 불과했다. 그리고 그 진술만으로 노 전 대통령 기소는 어려웠다. (노 전 대통령의) '전화를 받았다'는 것인데, 자주 만나는 사이에서 굳이 전화로 그런 얘기를 했다는 것도 이상했다. 결국 노 전 대통령을 잡기 위해 다른 대책이 필요했고, 이를 위해 수사를 대대적으로 확대해나갔다. 새롭게 자기 사건을 추진한 결과 노 전 대통령 주변 인사 여럿이 걸려든 것이고. 그런 식으로 분위기를 몰아가며 노 전 대통령에게 칼끝을 겨누려 했던 것이다."

큰 틀의 안배를 하고 기획을 한 것은 정치권력이고, 수사의 시작은 검찰 수뇌부의 의지에 힘입어 이뤄졌겠지만, 수사는 진행될수록 수사 자체의 논리에 의해 가속도가 붙어가고 있었다. 결정적인 순간에 누군가 정리를 하고 고삐를 잡아줬어야 했지만, '꽃놀이패'를 즐기고 있었을 정치권력과 임채진 총장의 우유부단함, 수사팀의 욕심과 고집 등이 겹치면서 시기를 놓치고 만 것이다. 컨트롤타워가 어정쩡한 분위기 속에서 이인규 중수부장, 우병우 중수1과장 등 '못말리는 기관사'들이 이끄는 기관차가 파국을 향해 달려갔다고나 할까. 노 전 대통령 사건이 검사들에게 주는 시사점은 다음과 같은 것이 아닐까 싶다. 아무리 훌륭한 검사의 칼이라도 높은 차원에서의 안배가 어떻게 이뤄지냐에 따라 '좋은 칼'이 될 수도, '나쁜 칼'로 활용될 수 있다는……

검찰과 DJ정부, 참여정부

　　현재 제도권 안에서 활동 중인 정치 세력 가운데 검찰에 가장 많은 반감을 가진 쪽은 어디일까? 민주당이나 국민참여당이 아닐까 싶다. 민주노동당이나 진보신당이야 태생적으로 검찰과 상극이어서 원래 거리가 멀 수밖에 없다. 하지만 민주당이나 국민참여당이 검찰에 갖는 감정이나 판단은 좀더 복합적일 수밖에 없다. 한때 집권해 검찰과 파트너십을 이룬 인연이 있는데, 그런 검찰이 표변해 결국 자신들의 주군을 베었기 때문이다.

　　그와 반대로 검찰과 가장 우호적인 관계를 맺고 있는 쪽은 여당인 한나라당일 것이다. 태생적인 뿌리도 비슷하고, 인적 교류(검사 출신 인사들의 정치권 진출) 또한 다른 정당과 비교할 바가 아니다.

　　여기서는 검찰이 정치권과 관계맺음 일반과 더불어 김대중 정권과 노무현 정권에서 검찰 개혁에 실패할 수밖에 없었던 이유를 살펴보자. 개혁에 실패했을 뿐 아니라 되치기를 당한 것이라고 봐야 더욱 정확하겠지만.

검찰과 정치권은 악어와 악어새?

정권이 바뀌면 검찰은 분주해진다. 큰 틀에서는 새 정권의 누구에게 어떻게 관계를 맺어야 검찰조직 보위에 문제가 없는지, 개별적으로는 정권의 실세 누구에게 줄을 대야 인사에서 도움을 받을 수 있는지 파악하느라 바쁜 것이다. 경우에 따라서는 개인 차원에서 충성 신호를 보내기도 할 것이다.

노무현 정부 출범 직후에는, SK사건 수사가 대표적인 사례였다. 노무현 정권 출범 초 검찰은 SK 비자금 수사를 진행했다. 이 사건으로 SK의 분식회계와 불공정 내부자거래 등이 낱낱이 드러나고 최태원 회장이 구속된다. 우리나라 4대 재벌 가운데 하나를 손봐주는 흔치 않은 수사로 결과적으로 경제정의를 세우는 수사라는 자평이 이어졌다. 그런데 그게 전부일까? 한 검찰 간부 얘기를 들어보자.

"SK그룹 수사는 당시 부장(이인규)이나 주임검사(이석환)의 의지만으로 된 게 아니다. 당시 유창종 서울지검장, 김각영 총장 등 수뇌부의 뜻이 다 실려 있었다. 모두 '이용호 게이트'라는 원죄가 있는 사람들이었잖아. 이제 새 정권 출범하는데 그 때를 어떻게든 벗겨보기 위해 SK 수사를 세게 진행한 것이지. 이런 상황이 복합적으로 어우러지면서 수사가 진행됐는데, 당사자인 새 정부 인사들은 오히려 당황했다고 하더라고. 경제를 살리기 위해서라도 재계와 잘 시작해보려고 했는데, SK 건이 터지니 분위기 파싹이었던 것이지."

당시 검찰에 오래 출입하고 있었던 한 기자도 비슷한 얘기를 했다.

"SK그룹 비리와 관련한 내용을 (검찰이) 이미 다 확보하고 있었다. 그러다가 노 대통령이 당선되자 총장이 정권인수위 핵심 관계자를 만났다고 하더라. 그런데 엄청 깨졌다는 거야. '정권이고 재벌이고 눈치 보지 말고, 법대로 해라' 이런 소리를 들은 것이지. 그 자리에서 총장이 '경제 상황이 어떻고······' 설명을 했더니, '그러니까 검찰이 문제'라고 한소리 더 들었다더군. 결국 총장이 검찰청에 돌아와 수사를 하도록 했고, 사건이 진행된 것이다."

노무현 정권 초기 SK비자금 수사는 곧바로 대선자금 수사로 이어진다. SK비자금 수사를 하는 과정에서 SK그룹에서 100억 원이 한나라당 이회창 후보 캠프 쪽으로 흘러간 사실을 파악하게 됐기 때문이다. 검찰은 'SK가 100억 원이면 삼성은 얼마, LG는 얼마'란 식의 소문까지 다 파악하고 있었다고 한다. SK 수사와 대선자금 수사 모두에 참여한 이인규 전 중수부장도 "SK수사 과정에서 대선자금으로 한나라당 100억 원, 민주당 15억 원을 건넸고, 최도술 청와대 총무비서관에게 11억 원을 준 기록을 확보해 대검에 넘겼고, 이게 훗날 대선자금 수사의 단초가 됐다"고 말했다.

이런 배경에서 대선자금 수사가 시작됐고, 대검 중수부 수사 결과 의혹 대부분이 사실이었음이 밝혀진다. 돈을 가득 실은 트럭을 통째로 넘겨받은 '차떼기'란 신조어가 등장했고, 노 전 대통령 쪽도 한나라당에는 훨씬 못 미치지만 적지 않은 선거자금을 수수한 사실이 드러났다.* 이 사건으로 안대희 대검 중수부장이 '국민 검사'라는 애칭을 얻을 정도로 검찰 위상이 높아졌다. 하지만 이 사건도 겉에 보이는 게 전부는 아니었다. 다시 이어지는 앞서 언급한 법조 기자의 설명.

"(SK비자금 수사도 그렇지만) 대선자금도 마찬가지다. SK비자금 수사를 하면서 검찰이 창구가 최돈웅 의원인지는 몰랐지만 SK에서 이회창에게 100억 원이 건너간 것은 알고 있었다. 알고도 안하고 있다가 노 대통령이 계속 검찰 문제점을 지적하는 발언을 하고 그러니까 대선자금 수사를 시작한 것이지. '건들지 말라'는 신호를 보낸 거야. 뭘 잘 모르는 사람들이 평검사들의 의지가 어쩌고저쩌고 하는데, 중수부 수사는 당연히 총장이 주임검사고 (서울중앙지검) 특수부 수사 주임검사는 총장과 (서울중앙)지검장이다. 민감한 문제들을 결국 결정하는 것은 언제나 윗대가리들이다. 난 SK비자금 사건 주임검사는 김각영이고, 대선자금 사건 주임검사는 송광수라고 생각해."

조직 차원에서 이렇듯 새 집권세력과 긴장 관계를 이루기도 하지만, 검사(주로 고위직) 개개인들은 인사에서 좋은 보직을 받기 위한 줄대기가 한창이다. 특히나 검찰과 친연성이 깊은 보수정권에서는 자연스레 유착이 이뤄진다. 검찰 사정에 밝은 한 변호

• 2004년 3월 중수부의 대선자금 수사결과 발표를 보면, 노무현 캠프의 대선자금 수수액은 113억 8700만원, 이회창 후보 캠프의 수수액은 823억 원이었다. 하지만 2011년 7월 최병렬 한나라당 대표는 자신의 저서에서 "검찰이 밝혀낸 것은 일부"라고 말해 실제 대선자금 수수액은 그보다 많음을 시사했다.

사는 이명박 정권이 들어선 뒤 '노무현 정권과 친밀했다'는 이유 등으로 옷을 벗은 검사들의 숨겨진 사연을 이렇게 소개했다. "대선을 전후로 대부분의 검찰 간부들이 새 정권 쪽에 '충성맹세'를 했다고 한다. 한 검찰 간부는 뒤늦게 '채널'을 수소문했는데, 그쪽에서 그랬대. '왜 이제야 왔냐?'고."

최고 권력자의 출신 지역이나 학교가 인사에 큰 영향을 끼친다는 사실은 앞서 설명했다. 그런데 이를 능가하는 게 그런 충성맹세일 터. 앞서 발언한 변호사의 이어지는 발언.

"사실 정권이 바뀐 뒤 제일 잘 나갈 것으로 본 게 ○○○ 검사장이었다. 포항 출신에 대구 △△고를 나왔거든. 그런데 그냥 끝나더라고. 충성맹세를 하지 않은 것이지. 그 선배는 담백하고 솔직한 데다, 정치를 모르는 사람이거든."

노무현과 이명박을 대하는 태도가 다르다?

검찰이나 검사들에 대한 반감을 공개적으로 드러내는 이들이 자주 꼽는 논거가 있다. 노무현 정권 때는 '대통령과 검사와의 대화'에서 맞짱을 뜨던 검사들이 왜 이명박 정부 출범 뒤엔 이렇게 조용하냐는 것이다. 만만해 보이고 검찰에 자유를 허락해준 대통령은 치받더니, 권위주의적이고 자유를 용납하지 않은 대통령이 나타나자 입을 닫고 있는 것은 비겁하지 않냐는 것이다. 타당한 지적이다. 그런데 검사들은 왜 그럴까? 같은 질문을 여러 검찰 관계자들에게 물었다.

우선은 검사들을 지배하는 편가름 논리를 생각해볼 수 있다. '노무현 대통령 때 방방 뜨더니 왜 이제는 정권의 부당한 지시에 저항하는 검사 한 놈 없냐'는 후배 법조팀 기자의 질문에 한 평검사는 다음과 같이 답했다고 한다.

"참여정부 때는 청와대나 법무부장관 등이 친검이 아니었잖아. 어찌 됐든 대통령도 손을 놓은 것이고. 그런 상황에서 자기 목소리를 낸 거지. 상황이 주어졌으니까. 그러나 지금 정권은 청와대부터 법무부까지 친검 인사들로 짜여져 있다. 거기다 대놓고 불만이 있어도 굳이 발언하겠나. 그 발언 자체가 반검찰인데……."

정권이 검찰과 어떤 방식으로 관계를 맺었는지를 봐서 행동해야 한다는 얘기인데, 비슷하지만 좀더 조직적으로 이 관계를 살펴야 한다는 반응도 있었다.

"사람들은 검찰이 표변했다고 욕한다. 그런데 검찰이 그냥 변한 게 아니다. 정권이 바뀌었잖아. 장관에 정통 TK(김경한) 앉혔지, 초대 민정수석이 자그마치 사법시험 12회인 대선배 이종찬(전 서울고검장)이지, 많이 내려왔다곤 하지만 그 다음이 정동기, 그 다음엔 또 권재진 아니냐. 이것은 청와대와 검찰 사이의 핫라인이 복원됐다는 것 이상의 의미가 있다. 과거 참여정부 때는 데려다 쓸 사람도 마땅치 않았겠지만, 민정수석 문재인·박정규·전해철·이호철 등은 검찰에 무슨 영향력을 행사하고 자시고 할 수 있는 사람들이 아니었다. 대통령의 의지도 '최대한 독립적으로 살아라' 이런 것이었다. 그런데 이명박 정권이 들어선 뒤엔 완전히 (정권이 검찰을 직접 통제하던) 옛날로 복귀한 거지. 이런 구성이 뭘 의미하는지 못 알아차린다면, 그 검사는 검사짓 그만둬야지."(검찰 고위 관계자)

이유야 어찌 됐건 검찰로서는 주인이 목줄을 놔주니까 주인을 물더니, 목줄을 세게 쥐는 주인이 나타나자 고분고분하다는 지적은 피할 수 없을 것 같다. 물론 그렇다고 검찰을 욕해봐야 아무런 소용없다. 누구이 말한 대로 검찰 전체를 뭉뚱그려 얘기하면 아무런 해결책도 찾을 수 없기 때문이다.

물론 검찰도 할 말이 없는 것은 아니다. 상당수 고위 인사들은 과거 김대중 정부 시절이나 노무현 정부 때도 검찰을 이용하려 했던 것은 마찬가지라고 주장한다. '진보건 보수건 검찰을 이용하려고 했던 것은 똑같다'는 논리다. 선과 악이라는 이분법으로만 볼 일은 아니니 그렇게 욕할 필요는 없다는 얘기이기도 하다.

영남 지역 출신 한 검사장은 "김대중 정권 시절 검찰 선배이자 호남 실세와 가까웠던 모 인사를 수사하는데 온갖 핑계를 대고 압력을 가하더라. 실세 차장까지 나서서 서울에 오래 근무했다는 핑계를 대며 수사라인에서 배제를 시키더라"고 말했다.

PK 출신 한 검사장도 다음과 같이 말했다.

"DJ 시절에도 실세의 측근이었던 경기도 한 지자체장을 뇌물 사건으로 잘못 건드렸다가 수사팀이 줄줄이 날아갔다. 참여정부 시절엔 검찰의 독립성을 보장해줬다고 하는데 '노통'(노무현 전 대통령)이 검찰을 틀어쥐려는 의지가 없었는지 역량이 안 됐는지 모를 일이다. 그런데 노통은 강금실 장관을 임명해 검사들의 자존심에 상처를 줬다. 지금은 정권이 무리한 요구를 하는 것도 있지만, 수사를 잘못한다고 날리거나 기수를 파괴한다거나 이런 건 없다. 검찰조직의 안정, 이런 점에서 검사들이 그나마 만족감을 느끼고 있다. 지난 10년보다는 검찰(조직)을 더 대우해준다는 생각이 있다."

등에 칼 꽂을 검사들을 키워준 참여정부

요즘 민주당 등 야당이나 민주화 세력과 검찰의 관계를 보자면 민주화 세력이 검찰에 철저히 당하고 있는 모양새지만, 사실 그들의 책임도 크다. 자신들이 집권하던 시절 검찰 개혁을 이루지 못했기 때문이다. 아니 적당한 타협주의를 택해 지금의 정치적이고 편파적인 검찰을 만드는 데 일조했다는 게 정확한 표현일지도 모른다. 이 때문에 검찰 비판에 열을 올리는 몇몇 전 정권 인사들을 보고 있노라면 '누굴 탓하고 계시나'란 생각에 한숨이 나오곤 한다.

과연 김대중 정권과 노무현 정권에게 검찰은 무엇이었나. 우선 김대중 정권에서는 호남 출신 검사들이 득세했고 그 결과 과거와 별다를 바 없는 정치적 논란을 불러일으켰다는 점에서 노무현 정권과는 차이가 있다. 그리고 노무현 정권 인사들은 결과적으로 "검찰을 틀어쥐려는 의지가 없었는지 역량이 안 됐는지 모를 일이다"라는 조롱을 받을 정도로 너무 무지하거나 순진하게 검찰을 대했다. 그런데 여기서 일부는 적당한 타협을 했고, 일부는 검찰을 개혁한다며 엉뚱한 데 역량을 쏟기도 했다.

역시나 문제는 인사였다. 노무현 정부 초대 법무장관인 강금실 변호사(현 법무법인 원 고문)는 여성에 판사 출신 장관이라는 상징적 효과를 빼면 검찰 개혁과 관련한 아무런 가시적 성과를 내지 못했다. 첫 인사에서 서울 지역에 오래 근무한 몇몇 검사들을 지방으로 발령내고, 지방을 돌던 이들을 서울중앙지검으로 끌어올리는 인사를 내기도 했다. 하지만 그가 중용한 인물들은 검찰 개혁과는 거리가 먼 이들이었다.

대검과 충돌을 감수하면서까지 끝내 옆에 두기를 고집한 최측근이자, 지금도 같은 로펌에 몸담고 있는 이훈규 변호사(10기·법무법인 원 대표변호사)가 대표적이다. 이 변호사는 김영삼 전 대통령의 아들 현철씨를 수사한 특수통이지만 검찰 개혁과는 별 관련이 없는 인물이었다. 이명박 정권 출범 직후 검찰을 떠나더니 곧바로 한나라당에 입당하고 국회의원 선거에 출마했다 낙선한 경로가 이를 증명한다.

이 변호사와 함께 강 장관 시절 법무부 대변인과 검찰과장 등으로 중용된 성영훈(15기·현 변호사) 검사장과 정병두 검사장(16기·현 법무부 법무실장) 등은 어떤가. 모두 보수적 색채가 강한 검찰주의자에 가까운 인물들이다. 검찰 개혁과는 거리가 먼 캐릭터들이란 얘기다. 검찰을 개혁하겠다며 법무부에 들어가서 중용한 이들이 이런 검찰지상주의자들인데, 뭘 할 수 있었겠는가?

사실 이뿐만이 아니다. 앞서도 살폈지만, 노 전 대통령 수사

책임자인 이인규 전 중수부장은 김대중·노무현 정권을 거치며 동기 가운데 최 선두권으로 올라섰다. 우병우 부장검사도 마찬가지다. 반면에 검찰에 몸담고 있으면서도 남몰래 검찰의 길에 대해 고민하던 이들은 인사에서 철저히 배제됐다.

왜 그렇게 돼야만 했을까? 사회 여러 부분에 대한 개혁 기대를 받고 출범했지만 실제 역량과 준비가 부족했다는 참여정부에 대한 비판은, 검찰 개혁과 관련해서도 딱 들어맞는 지적인 듯하다. "검찰을 틀어쥐려는 의지가 없었는지 역량이 안 됐는지 모를 일이다"라는 검찰 간부의 말은 검찰 핵심부가 참여정부 시절 청와대를 어떻게 바라봤는지를 단적으로 보여준다.

현실적인 한계도 있었을 것이다. 노무현 정부 시절 청와대도 검찰 인사를 하는 데 있어 인연이나 주요 실력자들의 추천에 많이 의존해야만 했다. 집권 세력이 검찰에 대해 잘 몰라 장악력이 떨어지니 누군가의 조언이나 추천을 들을 수밖에 없었을 것이란 얘기다. 하지만, 이는 또 다른 방식의 '인연에 따른 인사'를 하게 되는 원인이 됐다.

이른바 정권 내 '부산파'의 후원을 받았다는 PK 출신 검사들이 인사 때마다 실세로 행세한 게 대표적이다. 다음은 참여정부 시절 서울중앙지검 부장검사로 일한 한 법조인의 말이다.

"서울중앙지검 부장 마친 뒤 (인사에 영향을 미칠 수 있는 요직에 있던) ○○○ 선배가 전화를 걸어와 '어디로 가고 싶냐'고 묻더라. 그래서 '맘 같아서야 (서울에서 가까운) △△지청이 제일 좋지요'라고 답했더니 '야 거기는 위(청와대)에서 밀고 들어오는 자리잖아. 우리가 정하는 게 아니니까, 대신 ◎◎지청장 정도 어떠냐'라고 하더라."

실제 다음 인사에서 이 인사는 ◎◎지청장으로 발령났고 서울에서 가까운 △△지청장 자리는 부산 출신 인사가 꿰찼다.

정권이 말기를 향해 갈수록 '부산파'의 입김은 더욱 커져갔다. 정권이 3~4개월밖에 남지 않았던 2007년 11월 정상명 총장 후임 자리를 두고 임채진 당시 법무연수원장과 안영욱 당시 서울중앙지검장이 각축을 벌였는데, 이들은 연수원 동기였지만 부산고 선후배 사이였다. 이를 두고 검찰에서는 정권 내 '부산파'들의 작업 결과로 이해했다.

이 가운데서도 노 전 대통령과 특수 관계였던 송기인 신부(전 진실화해를 위한 과거사정리위원회 위원장)가 인사에서 큰 힘을 발휘했다는 얘기도 있다. 이와 관련해 송 신부와 가까운 한 인사는 "송 신부가 검찰이나 경찰 인사에 영향력을 행사한 것은 사실이다. 그런데 그건 돈을 받거나 청탁을 받아서가 아니라, 당신이 보기에 괜찮은 사람들을 추천해줬는데 그게 영향력을 발휘한 것"이라고 말했다.

이명박 정부 시절 핵심 보직에 발탁된 'TKK 검사' 가운데 하나는 따로 만난 자리에서 "남들이 보기엔 내가 (이명박 정권 핵심) 누구한테 부탁해서 이 자리에 온 줄로 추측하겠지만 양심에 대고 말하건데 자리 부탁하고 그래본 적 없다. 참여정부 시절에도 부산지검에 근무하는데 주변에서 '송 신부에게 인사를 가라'는 얘기를 여러차례 하더라. 하지만 '평소 알지도 못하는 사람한테 내가 왜 인사를 가냐"며 거절했다"고 말했다.

정도의 차이는 있다지만, 참여정부에서도 검사로서의 진면목이나 업무수행 성과가 아닌 여러 인연과 청탁이 힘을 발휘했다는 결론인 셈이다.* 그렇게 발탁된 이들은 마음속으로 노 전 대통령과 참여정부를 어떻게 생각했을까? 이와 관련해 이인규 전 중수부장이 사석에서 한 말은 의미심장하다.

"참여정부 시절 장·차관에 총장을 지냈던 사람이 얼마나 많은가. 그런데 노 전 대통령 수사가 진행될 때 그 가운데 나에게 전화 한 통 걸어온 사람이 단 한 명도 없었다. 정치인이건 재벌이건 검찰 조사를 받게 되면 그쪽에서 어떤 창구를 통해 연락이 오고 사전에 조율을 거치는 법이다. 그쪽으로서는 최소한의 상황파악은 해야 하고, 우리로서도 예우라든지 해줄 수 있는 말이 있기 때문이다. 그런데 노통 수사 때는 하다못해 '이거 어떻게 돼가는 것이냐'고 물어온 이조차 단 한 명도 없었다."

자신이 발탁해준 이들이 여럿이건만 그 가운데 자신이 곤경에 처했을 때 조금이라도 도움을 주려던 이 하나도 없었다니, 외로웠을 노 전 대통령을 생각하니 마음이 아파온다.

• 문재인 전 청와대 민정수석은 자신의 저서인 〈문재인의 운명〉에서 노무현 전 대통령이 검찰의 정치적 중립성과 독립성을 보장해주기 위해 어떤 노력을 기울였는지 자세히 설명하고 있다. 특별히 큰 인연도 없었던 강금실 변호사를 최초 여성 법무장관으로 발탁했고 유착의 고리를 끊기 위해 검찰 장악이 아예 불가능한 인물이었던 자신을 민정수석으로 임명했다는 것이다. 심지어 권력 내부 감찰을 담당하는 사정 비서관도 '우리 사람'이 아닌 양인석 변호사를 임명했다고 설명한다. 그의 설명대로 노 전 대통령은 분명 검찰의 중립성과 독립성과 관련해 진정성을 가지고 있었던 것으로 보인다. 하지만 대통령의 주변 참모들도 모두가 그런 진정성을 공유했는지는 의문이다.

강금실 장관이 검사들에게 보낸 편지

안녕하셨어요. 법무부에 있는 강금실입니다. 제가 지금 이 글을 '장관'으로서 쓰고 있는 것은 아닙니다. 법무부에 온 지 이제 넉 달, 100일이 좀 넘었지요. 그냥 편지가 쓰고 싶어졌습니다. 그리고 앞으로도 종종 그럴 것 같습니다. 그러니까 여러분께 그냥 마음의 편지가 쓰고 싶어졌어요. '타인에게 말걸기', 이것은 소설의 제목이었는지 모르겠으나, 제가 좋아하는 표현입니다. '말걸기'를 하고 싶어졌나봅니다. 말을 건다는 것은 자신의 마음에서 상대의 마음으로 옮겨가고자 하는 사람이 사람과 함께 숨쉬고, 살기를 원하는 첫 번째 변화 같아요.

저는 무엇보다도 제가 검사인 여러분께 이렇게 마음을 옮기고 싶게 만들어준, 정서의 변화를 가져다준 여러분에게 깊이 고마움을 느껴요. 제가 미처 생각하지 못하였던 체험이고 변화입니다. 결론부터 말하면, 제가 법무부에 와서 정서적으로 여러분을 사랑하고 믿게 만들어준 어떤 변화들에 대하여 깊이 감사드립니다.

이 글을 쓰기 전에 인터넷 기사를 읽다가 제가 오기 직전, 온 직후의 기사를 우연히 보았어요. 그때 '검찰 개혁'과 관련하여 제가 하였던 이야기들을 보았어요. 그리고 그 후에도 여러 지면을 통하여 이 이야기 저 이야기가 나왔지요. 그 내용에서 달라진 것은 없습니다. 그때나 지금이나 저의 기본 생각이나 철학이 바뀐 것은 아닙니다. 다만 근본적으로 달라진 것이 있다면, 법무부에 와서 많은 검사님들과 생활하고, 만나고 이야기하면서 안에서 깊이 속에서 체험하듯이 더 많은 문제들의 근원을 가슴으로 이해하고 받아들이게 되었다는 것이 달라진 점 같습니다.

'마음의 행로'라는 말도 있지요. 이것은 영화제목인데요. 제 마음의 행로를 구체적으로 설명하드리기는 어렵습니다. 그것은 처음 시작한 또 다른 삶의 전장에서의 살아 있음이 제 생애를 살면서 느껴가는 과정일 뿐이지요. '느낌'의 생애라고 할 수 있겠어요. 4월 어느 날엔가 법무부에서 일하시는 검사들과 점심을 먹다가 가슴속에 그런 느낌이 번졌어요. 내가 이 사람들을 사랑하는구나, 이 사람들이 나였으면 좋겠다 하는 소망 같은 것. 그리고 나로서는 행복하게도, 그런 마음의 행로가 계속되어 왔어요. 도대체 내가 갖고 있던 고정관념 속의 검사와는 너무 다른, 철저히 객관적이고 균형 잡힌 법률가의 세계관을 유지하는 검사님이 있었어요. 그것은 헌법과 법률을 실행하는 준사법기관으로서의 검사의 출발점이겠지요. 지금 현실의 검찰조직에 갇힌 시각이 아니라, 교과서에 나오는 검사였어요. 아마도 내 고정관념 속의 검사는 검찰이라는 권력기관 속에서 편향된 권력으로 부풀어오른 이미지였던가 봅니다.

또 '눈사람'도 만났어요. 이것은 제가 붙인 별명인데, 그냥 눈사람의 이미지입니다. 아주 깨끗하고 아름답고, 햇빛 속에서 순식간에 제 몸을 흔적 없이 다 녹여낼 수 있는 자기를 비워버린 순정함 같은 것. 너무 많은 눈사람들이 검찰이 이 어려운 시기에 이르기까지, 그 안에서 영혼을 다치지 않고 살고 있었어요. 그냥 자유인으로 제 모습을 드러내지 않고 아주 묵묵히 살고 있었어요. 저는 계속하여 검사의 정체성에 대하여 생각하여 왔습니다. 제가 안에 들어와서 같이 사는 사람으로 부딪치고 느끼면서요. 아직 온전한 생각에 이르지는 아니하였으나, 저는 검사가 삶의 한 극점에 이른 '순결성'을 지닌 직업인이라고 지금은 생각하고 있습니다. 이 '순결성'이라는 화두에 대하여 계속 반복하여 깊이 생각하고 있습니다. 아마도 나라와 민족이라는 말로, 혹은 국민을 위해서라는 말로, 공익이라는 말로 표현되는 직업의 본질에서 자신을, 사심을 뛰어넘은 자리에 이르러 자기가 베어지고 지극히 정제된 단순한 정점에 이르 렀을 때, 우리는 순결함이라는 표현을 쓸 수 있겠지요.

제가 어느 글에선가도 인용하였던, 무척 좋아하는 김수영의 시구절이 있습니다. - '길이 끝이 나기 전에는 나의 그림자를 보이지 않으리, 적진을 돌격하는 전사와 같이, 나무에서 떨어진 새와 같이, 적에게나 벗에게나, 땅에게나 그리고 모든 것에서부터, 나를 감추리'- 이 시를 왜 좋아하게 되었는지는 모르지만, 지금 와서 보면 저는 삶의 진정성은 전사로서의 삶이고, 전사의 영혼이 순결함을 표상한다는 믿음에 이른 것 같습니다. 요즘은 그래서 '전사'와 '투사'에 대하여서도 생각합니다. 투사는 무언가의 목적을 이루기 위하여 싸우지요.

그러나 전사는 자기 삶을 이미 죽음 속에 던지고 살아남음의 미련이 없는 자정까지 가서 삶 그 자체를 대면하고 싸웁니다. 저는 검사라는 직업뿐 아니라, 우리 모두의 삶이 전사로서의 삶이라는 믿음을 갖게 된 것 같습니다. 살아 있음의 안온함과 평화를 원하지만, 삶의 전장은 그것을 방해하는 무엇들과 그침 없이 다투고 다투면서 궁극에는, 결국은 자기 자신 안의 세상의 방해하는 무엇들의 힘 속에 투항하고자 하는 자기 자신과의 치열한 싸움이 아닌가.

그런 의미에서 전사의 영혼을 생각합니다. 그런 의미에서 전사는 남아 있는 것이 없습니다. 아무것도 없이 삶을 직면하기에 스스로 겸허할 수밖에 없습니다. 그것이 사람의 생애가 만들어낸 가장 순결한 상태가 아닐까. 말이 너무 번졌는가요. 그런 생각 속에서 검사라는 직업은 그 순결성에 가장 가까이 가 있는 사회적 실존형태가 아닐까 그런 생각을 합니다.

저는 그래서 요즘 순결성의 회복에 대하여 많이 생각해요. 순결함이 너무 많은 상처를 받아온 역사에 대해서도 그 원인들에 대해서도 회복

| 여성이자 판사 출신으로 참여정부 첫 법무장관으로 임명된 강금실 변호사. |

이라는 말을 드리는 것은 지금의 검찰 속에 그 순결함을 다치게 하거나, 오염시킨 문화들이 아직도 여전히 남아 있다고 생각하기 때문입니다. 제가 할 수 있는 역할이 있다면 여러분의 순결성을 지켜주기 위하여 헌신하는 것이 아닐까 그렇게 생각합니다. 그리고 제가 아직도 남아 있다고 생각하는 그릇됨들과 내가 다투어야 하는 것이 아닐까 그렇게 생각합니다. 그리고 만일 여러분이 제 이야기가 일리 있다고 생각한다면, 같이 합심하여 다투기를 희망합니다.

제가 오늘 말씀드린 것은 지금까지 제가 하여온 생각들의 일면을 전하는 데 그치는 것입니다. 저는 우리 모두가 동의하고 지키기를 원하는, 되찾기를 원하는 어떤 정신의 바탕 위에서 대화가, 모든 논의가 진행되기를 희망합니다. 아주 밑바닥의 무엇, 근원, 우리 자신에게 우리의 일상성

속에서도, 무언가를 뛰어넘어 있는 어떤 상태, 사회가 우리에게 부여한 숭고한 자리, 우리에게 희망하는 무엇, 그것을 깊이 멀리, 넓게 더듬어나 가면서 길을 찾아가고 싶은 것입니다.

길, 나그네, 그런 말들 속에는 무언가 비움의 이미지가 있지 않은가요. 내 앞의 길은 언젠가 끝이 나겠지만, 그 길은 영원히 계속된 것인지.

오늘 제 이야기가 제 느낌대로 흐르다보니 너무 튀고, 당혹스럽지 않을 까 모르겠습니다. 요즘 제게 행복감을 주는 유일한 기쁨 같은 것은, 아름 다운 사람을 만나는 일입니다. 그 안에 대부분 여러분이 있습니다. 마음 으로 사랑하고 믿으면서 사는 일만큼, 언제 끝날지 모르는 길 위에서 기 쁜 큰 위안은 없는 것 같습니다.

제게 사람은 어디에서나 사람을 만난다는 것을 일깨워주고, 제가 받아 들인 삶의 많은 부분을 메워주신 데 대하여 다시 한번 고마움을 전하면서.

6월 30일 강금실 드림

취임 100여 일 만에 검사들을 '사랑하고 믿게'됐다는 강금실 법무장관이 검사들에게 보낸 편지다. 하지만 강 장관 취임과 함 께 변화에의 기대를 걸었던 검사들 가운데 상당수는 이 편지를 읽고 실망을 느꼈다는 반응을 보였다. 편지에 언급된 '눈사람' 과 관련해서는, 구구한 해석들이 돌기도 했다.

강 장관으로부터 '순결성을 지닌 직업인', '철저히 객관적이고 균형 잡힌 법률가의 세계관을 유지하는' 등의 찬사를 받은 검사 집단은 5년 뒤 강 장관을 임명했던 노무현 전 대통령을 죽음에 이르게 했다.

검사들의 문화

위로 올라갈수록 한눈을 팔아야 출세한다?

"부장급부터는 꼭 정치권이 아니더라도 다른 분야 인사를 많이 알아야 한다고 생각한다. 그래야 경우에 따라 스폰서의 도움도 받고, 유력자일 경우엔 인사청탁도 할 것 아니냐."

서초동에서 활동 중인 한 변호사의 말이다. 서울대 법대 출신으로 판·검사 친구와 선후배들이 여럿인 그는 "일단 대학이나 고향 지인 모임 등을 통해 발을 넓혀가고, 그러면서 자연스레 힘 있는 이들과도 사귀고, 이들을 뒤에 업어야 생존 가능성이 커지기 때문"이라고 말한다.

정반대 이유로 외부로 눈을 돌리기도 한다. 유력자가 뒤를 봐주거나 자타가 공인할 정도로 능력이 특출 난 게 아니라면 적당한 시점에 변호사로 개업하는 것을 염두에 둬야 하기 때문이다. 실제 직업인 검사로서 평범하고 조용하게 생활해오다 부장검사쯤에 오른 뒤 그동안 '방치'(?)해놓았던 동창모임, 또는 경제나 문화 등 다른 업계 인사들과의 사적인 모임에 신경 쓰는 이들이 적지 않다. 결국 검사로 오래 살아남아 높은 자리에 오르기 위해서도, 변호사로서 제2의 인생을 살기 위해서도 결국 외부와 적당한 관계를 맺어둬야 한다는 것은 공통적인 셈이다.

직위가 올라갈수록 밑에서 일하는 부하직원들을 신경 쓰는 경우도 있다. 2010년 서울중앙지검의 한 직원은 "모 차장은 부별로 수사관은 물론 기능직 여직원들까지 모아 비싼 밥을 사준다"며 "예전 부장으로 있을 때는 직원들에게 차갑게 대하기로 유명했는데 차장으로 오더니 그새 사람이 많이 바뀌었다는 얘기가 많다"고 말했다. 이런 얘기를 친분이 있는 한 부장검사에게 했더니, 그는 "(해당 차장검사

234

| 송광수 검찰총장은 2003년 에버랜드 전환사채 편법 발행 사건 수사 당시 어려운 경제여건 등을 이유로 수사에 제동을 건 것으로 알려져 있다. |

가) 중간에 잠시 인사에서 쓴 맛을 봤거든. 그게 여러 생각을 해보는 계기가 됐겠지. 사실 검사보다도 직원들 인심을 얻어놔야 나중에 변호사로 일할 때 도움을 받을 수 있거든"이라고 말했다.

중간간부들과 달리 최고위층까지 올라간 이들은 "어려운 국가 경제사정을 감안" 등과 같은 정무적 판단을 강조하는 방식으로 한눈을 판다. 여론이나 정치권 반응에 민감해하며 그에 맞춰 운신하려는 경향을 보이는 게 보통이다. 삼성그룹의 경영권을 이재용 삼성전자 사장에게 헐값으로 넘긴 에버랜드 전환사채 편법발행 사건에서 검찰이 애초 에버랜드 경영진이었던 허태학, 박노빈 두 사람만 기소하는 방식의 편법을 쓴 것도, 그 배경에는 '카드대란 등 경제 여건이 어려운데'라는 송광수 총장 등 검찰 수뇌부의 정무적 판단이 있었다는 게 중론이다.

문제는 이런 정무적 판단은 엄격하고 형평성 있는 검찰권 행사와는 배치되는 경우가 많다는 점이다. 그런 정무적 판단에 의한 의사결정이 이뤄질수록 국민들은 검찰이 정치적이라고 느낄 수밖에 없다. 특별수사 경험이 많은 한 검사의 말이다.

"대선자금 수사 때 현대그룹이 1997년 말 망하기 일보 직전이었던 한라그룹에 3500억 원가량을 부당지원해준 사실이 드러났다. 정몽구 현대차 회장에게도 배임 책임이 있었지만 그냥 흐지부지되고 말았다. 윗선에서 수사에 협조도 해준 데다, 정 회장까지 기소돼 재판 받으면 현대차마저 죽을 수 있다고 걱정하는 분위기였던 것이다. 검찰 수뇌부뿐만 아니라 언론도 비슷했다. 너무 조용하더라.

그런데 나중에 대검 공적자금비리 합동단속반에서 고려산업개발이 똑같은 시기에 한라그룹에 100억 원 지원한 것을 기소하니 기사도 크게 나오더라. 3000억 원이 넘는 돈은 기소 안 하고 100억 원은 기소하고, 검찰도 언론도 다 문제 아닌가?"

4

작은

제언

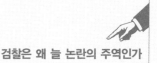

　　　　　　　법조를 출입하던 당시 자연스레 머릿
속에 품게 됐던 질문이 하나 있었다. '전 세계에서 왜 유독 우리
나라만이 검찰이라는 문제를 두고 온 사회가 몇 년마다 한 번씩
홍역을 치러야 하는가?'라는 것이었다. 정권교체기 같은 정치적
으로 민감한 시절이 되면 검찰조직 또는 검찰이 처리한 사건이
어김없이 화제의 중심으로 등장하고, 검찰에 관한 수많은 논란
과 주장들이 난무하지 않은가.

　논란은 법무부장관이나 검찰총장 임명 때도 비슷한 수준으로
일어난다. 기획재정부 장관이나 국방부장관이 검찰총장보다 낮
은 위치에 있거나 그보다 못한 업무를 수행하는 것도 아닐 텐데,
임명을 둘러싼 정치적 사회적 논란의 크기는 후자가 압도한다.
과문한 탓이겠지만, 세계 어떤 나라에서도 검찰이 이렇게 지속
적으로 뉴스의 중심에 서 있다는 얘기를 들어보지 못했다. 사실
이런 문제의식은 이 책을 쓰게 된 계기이기도 하다. 그럼 이제
뭘 어떻게 해야 할까?

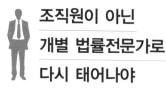

조직원이 아닌
개별 법률전문가로
다시 태어나야

　　　　　　　　　지금까지 이 책을 읽어온 이들은 눈
치를 챘겠지만, 검찰이 이렇듯 끊임없이 논란이 되는 이유는 강
력한 중앙집권적 조직이기 때문이다. 권한이라도 적으면 문제
가 덜할 텐데, 그도 아니다. 우리나라 검찰은 범죄정보 수집, 직
접 수사, 경찰에 대한 수사지휘, 독점적인 영장청구권과 기소권,
공소유지 및 공소취소권, 형집행에 이르기까지 형사사법시스템
에서 재판을 빼고는 모든 부분을 커버한다. 법원이 주관하는 재
판에서도 자신들의 주문이나 바람대로 이뤄지지 않을 경우 법
원과 격렬한 충돌도 마다하지 않기도 한다.

　선진국들과 비교해봐도 우리나라 검찰은 가장 강력한 권한과
높은 위상을 차지하고 있다. 독일과 프랑스로 대표되는 대륙법
계에서는 우리나라처럼 검찰이 기소권을 독점하고 있지 않다.
개인(사인)에 의한 기소가 가능하거나 검찰의 기소권 행사에 시
민들이 참여할 수 있는 제도적 장치가 마련돼 있다는 얘기다.
프랑스는 검찰조직이 중앙집권적이지만 자체 수사력이 없으며
주요 범죄는 수사판사가 기소를 결정한다. 독일 검찰은 수사권

과 수사지휘권을 가지고 있지만, 자체 수사력이 없다. 또 검찰 조직이 중앙집권적이지 않으며 일정 요건이 갖춰지면 의무적으로 기소를 해야 하는 기소법정주의를 채택하고 있다. 죄가 있어도 기소 여부를 검사가 자의적으로 판단해 결정하는 기소편의주의를 채택한 우리나라 검사들보다 권한이나 재량권이 훨씬 적다.

영미법계 국가들은 어떤가. 영국은 경찰이 수사권과 기소권을 모두 가지고 있다가 1985년에야 기소를 담당하는 별도 기관을 만들었다. 영국 검찰(국립기소청)은 생긴 지 얼마 되지 않았다는 얘기인데, 공소유지를 전담할 뿐 수사권이나 수사지휘권이 없다. 미국의 경우도 수사는 경찰이, 기소(공소유지)는 검찰이 하도록 분리돼 있다. 물론 검찰조직도 전국적으로 단일한 중앙집권 체제가 아니다.

일본의 경우가 그나마 우리나라 검찰과 가장 유사하지만, 경찰과의 관계가 우리처럼 수직적이지 않다. 수사지휘권 행사가 제한적이며 검찰과 경찰이 작성한 조서의 증거능력에서의 차이도 없다. 우리나라에서는 검찰 작성 조서는 상대방이 동의할 경우 법정에서 증거능력이 인정되지만, 경찰 작성 조서는 아무런 증거능력이 없다.

직접 수사권과 수사지휘권, 기소독점권과 기소재량권(기소편의주의) 등 사법 절차와 관련한 거의 모든 분야 권한을 가지고 있으며, 경찰의 수사파트 조직을 확실한 수하로 두고 있는 중앙집권적이고 독보적인 검찰조직을 둔 경우는 우리나라가 거의 유일한 셈이다.

　재판을 통해 최종 처벌 수위가 결정되고 사건의 성격도 결론이 난다지만, 불고불리(기소되지 않은 것은 판단하지 않는다) 원칙이 있어 자의적으로 행사할 수 있는 권한의 크기는 검찰에 비할 바가 아니다. 현실적으로 사건 전체를 조망하고 그 실체와 성격을 규정하는 것은 법원이 아닌 검찰의 몫이란 얘기다.* 그런데 그런 막강한 권한이 조직 차원에서 집행되고 운용되고 있다는 점이 검찰을 둘러싼 문제의 근원이다.

　이런 검찰의 문제는 정권교체와도 별개다. 과거 법이 아닌 폭압에 의해 사회가 굴러가던 군사독재 시절 검찰은 '정권의 개'라는 소리를 들어야 했다. 그렇다면 독재권력에 맞서 싸우던 민주화 세력이 정권을 잡은 뒤 검찰은 어땠나? 정도의 차이는 있었을지언정 정치적 편향성 논란은 계속됐다. 좀더 정확히 얘기하자면 편향의 정도는 줄어들었겠지만 사회적 파장은 더 컸다. 또 다른 권력의 축이었던 군이나 정보기관의 힘이 빠지며 권력 내부에서 검찰의 비중이나 위상이 더욱 커지고 높아졌기 때문이다.* 정권교체에도 불구하고 바뀌지 않는 검찰의 특성은 막

• 이와 관련해서 이호중 서강대 법률전문대학원 교수는 "검찰은 통제받지 않는 수사권과 공소제기권을 이용하여 사회적 사건을 정의하는 막강한 권력기관이다. 검찰은 형사사법의 텍스트를 지배하고 있으며 결코 법원에 판단을 의탁하지 않는다"고 규정한 바 있다.

• 검찰은 민주화를 탄압하는 데 일조했건만, 아이로니컬하게도 민주화는 검찰의 힘을 키워줬다. 절차적 민주화는 법치주의의 정착을 뜻하는데, 법치주의가 정착될수록 검찰의 역할이 중요해졌기 때문이다. 그렇게 해서 힘이 세진 검찰은 다시 민주화를 위협하고 있다. 우리나라의 현대사에서 민주화와 검찰의 관계는 뫼비우스의 띠와도 같은, 반대의 숙명을 타고난 듯하다.

강한 권한과 중앙집권적 조직 구조의 공존에서 그 뿌리를 찾을 수 있다.

중앙집권적이란 표현은 추상적인 얘기가 아니다. 우리나라 검사들은 매일매일 처리했거나 처리할 예정인 업무 가운데 중요한 사항은 꼭 부장과 차장, 검사장에게 보고를 한다.[•] 법무부령인 검찰보고사무규칙에서는 법무부 소속 공무원의 범죄, 판사 또는 변호사의 범죄, 국회의원 또는 지방의회의원의 범죄, 4급 이상 공무원의 범죄, 공안사건, 공직선거법 또는 국민투표법 위반 사건, 정부시책에 중대한 영향을 미칠 만한 사건, 사회의 이목을 끌 만한 중대한 사건 등은 사건 발생 단계부터 상부에 보고하도록 규정하고 있다.

결국 주요 사건의 진행 경과와 처리 계획은 물론, 주요 인사의 소환과 영장청구 방침 등이 매일매일 취합돼 부장검사와 차장검사를 거쳐 검사장에게 보고되고, 전국 검찰청에서 올라온 보고들은 대검에서 취합돼 매일매일 총장에게 올라간다. 법무부에서도 검찰국(형사기획과)이 전국 검찰청에서 진행되는 주요 사건 진행경과와 처리 방침을 취합해 장관에게 보고한다.

이렇듯 중요한 업무 처리가 실시간으로 중앙에 보고되는 시스템에서는 윗사람이 중요 사안이나 정치적으로 민감한 사안에 대한 결정권도 행사할 수밖에 없다. 사안의 경중에 따라 법무부

• 검사들 사이에 통용되는 격언 가운데 '검사에게는 중요한 3보가 있다'가 있다. 여기서 3보란 보고, 보안, 보도를 일컫는다. 주요 사안에 대한 보고를 철저히 하고, 수사에 있어 보안 관리에 유념해야 하며, 상부에 보고되기 전에 언론에 보도되는 것(기사)을 경계해야 한다는 의미다.

장관이나 검찰총장, 지검장 등이 결정권을 가진다는 것이다. 물론 일상적으로 가장 중요한 결정권을 행사하는 이는 검찰총장이다. 장관이 보이지 않게 총장에게 여러 의견을 개진할 수는 있지만 개별 사건을 하나하나에 직접 간섭하기는 어렵다.* 반면 총장은 검찰사무에 관한 포괄적인 권한을 가지고 있다.

결국 정치적으로 민감하거나 사회적으로 이슈가 되는 사안은 사건배당부터 영장청구, 기소에 이르기까지 대검(총장)의 뜻이 철저히 반영된다. 그만큼 총장의 지휘권은 포괄적이고 강력하다. 제아무리 강성 검사로 알려진 이들도 의견개진 단계에서는 윗사람 뜻과 다른 얘기를 하더라도, 총장 선에서 결론이 내려졌다면 사표를 쓰지 않는 한 그대로 따라야 한다고 생각하는 게 일반적이다. 앞서 언급한, '독종 검사' 우병우 검사가 형평에 안 맞는 송광수 총장의 '배기선 불구속' 지시를 군말없이 받아들인 게 대표적이다.

이런 구조 속에서 평검사는 무슨 의미일까? 그냥 조직원일 뿐이다. 심하게 말하면 부속품이다. 평범한 경찰 송치사건 등에서야 자신의 권한과 판단대로 일처리가 되겠지만, 정치인이나 재벌 등 자신이 맡은 이가 거물이면 거물일수록 (사실관계를) 파헤칠 의무는 커지되 처리와 관련한 권한은 줄어든다. 사회적 거악의 비리를 열심히 파헤치는 것까지는 자신의 역할일지라도, 그에 대한 처분은 윗선의 몫인 구조다.

• 검찰청법 제8조 (법무부장관의 지휘·감독) 법무부장관은 검찰사무의 최고 감독자로서 일반적으로 검사를 지휘·감독하고, 구체적 사건에 대하여는 검찰총장만을 지휘·감독한다.

만약 이런 분업 구조에 이의를 제기한다면? 그런 중요한 업무나 수사를 하고 싶어하는 검사들은 줄을 서 있다. 개별 검사들에게는 퇴로가 없다는 얘기다. 결국 조직(총장)의 손발이 되어 더욱 열심히 파헤칠 뿐이다. 자신도 언젠가는 그런 높은 자리에 올라서 결정권을 행사하는 날이 올 것이란 기대와 함께.

법조기자 시절은 물론 기자로 일하는 시절 내내 대검 중수부나 서울중앙지검 특수부 검사들이 정치적이라는 비판을 수도 없이 들어 왔다. 물론 그들도 나름 정치적인 식견이나 판단이 있을 것이다. 하지만 업무적으로 보자면 이들은 일사분란한 명령 체계를 갖춘 한 조직의 조직원일 뿐, 검사 개개인이 자신의 정치적 성향에 따라 가려가며 일을 하지는 않았다. 선택하는 게 아니라 던져진 사건을 열심히 할 뿐이었고, 던져진 사건이 정치적일 뿐이었다.

노무현 전 대통령 수사를 예로 들어보자. 측근 조사를 해보니 노 전 대통령의 형인 건평씨가 수십억을 챙긴 사실이 확인됐다. 노 전 대통령이나 그 주변에 대해 더 열심히 수사하는 것이 조직원들의 몫이다. 죽은 권력과 산 권력 사이에 형평이 맞지 않다고? 그것은 한참 윗선에서 결정될 문제다. 수뇌부 또는 정치권력이나 '중수부에 노 전 대통령 수사를 맡겼으니 서울중앙지검 특수부에는 이명박 대통령 측근인 천신일씨 수사를 맡겨야겠군'이라는 판단을 할 뿐, 밑에서 일하는 평검사들은 노무현이건 천신일이건 앞에 놓인 수사 대상을 탈탈 털어 수사를 진행할 뿐이다. 선의의 검사마저도 충실한 조직원으로 움직이게 만드는 게 현재 검찰의 현 주소다.

물론 검찰이 아무리 권한이 세고 조직으로 움직인다 하더라도, 그 조직이 건강하고 합리적으로 움직인다면 큰 문제는 없을 수 있다. 하지만 검찰조직은 그렇지 않다. 아니 그럴 수 없다. 앞서 살펴봤듯이 인사를 통해 끊임없이 상관과 조직에의 충성을 요구당하고, 정치권력에 의해 라인업이 짜여지는 상층부는 정치적인 색깔을 띨 수밖에 없는 구조이기 때문이다.

검찰 인사시스템은 평검사들부터 20대 80으로 나뉘어 관리를 하는데, 부장검사 이상부터는 아예 매년 동기 전체에 서열을 매겨 순서에 따라 보직을 주는 구조이다. 어느 보직에 가면 그 검사가 동기 중에 몇 등이고 그래서 검사장 승진 가능성이 얼마나 되는지, 본인도 알고 주변에서도 다 안다.

이런 구조에서 입바른 소리를 일삼다 한두 번 인사에 물먹으면, 복구가 무척이나 어렵다. 실제 그런 민감한 시기 인사에서 한두 번 물을 먹더니 더욱 열심히 일하고 위에 충성을 바친다는 평가를 받는 간부들 여럿 봐왔다. 한편으로 이해된다. 그 조직에 입문한 이상, 그게 조직 안에서 살길이기 때문이다. 검사처럼 자존심 강한 직업도 없기에, 이들만큼 인사에 민감한 이들도 별로 없을 것이다.

검사장까지 한 뒤 변호사로 개업한 한 법조인은 사석에서 다음과 같은 얘기를 털어놨다.

"조그만 로펌이지만 대표가 되고 보니 운영도 해야 하고, 사건 수임도 신경 써야 하고 보통 힘든 게 아니더라. 스트레스도 많

아. 그래서 집사람한테 하소연을 좀 했더니 '여보, 검찰에서 인사 스트레스 받던 것 생각해봐요'라고 하더라. 듣고 보니 맞는 말이었다. 아무리 힘들어도 검찰에 있을 때 인사 스트레스만은 못하더라니까. 하하"

이 법조인은 "나와서 보니 말이야, 매년마다 한 기수 검사 전체를 '나래비' 세우는 한 검찰은 안 바뀐다"고 단언했다.

검찰조직 수장인 검찰총장은 어떤가? 국정수반이기도 하지만 정치인일 수밖에 없는 대통령이 임명한다. 직접 잘 아는 사람이거나, 학교 후배거나, 고향 후배를 그 자리에 앉히지 않던가. 이렇듯 검찰 수장을 정치적 이해관계에 의해 임명하고 그를 향해 충성을 다할 수밖에 없는 구조를 만들어놓고, 검찰이 비정치적이기를 바란다? 이율배반적이지 않은가. 일반 국민들은 이해할 수 없는, 행정부 소속 공무원이면서도 '검찰 스스로 인사할 테니 외부는 개입하지 말라'는 소장파 검사들의 주장은 이런 배경이 있기에 나올 수 있는 구호이다.

이 책을 구상할 무렵인 2009년 말 개인적으로 가까운 한 부장검사에게 '검찰의 가장 큰 문제가 무엇일까'란 질문을 던졌다. 당시 돌아온 답은 그때로서는 좀 엉뚱한 얘기였다.

"어차피 인사권이 정치인의 대표인 대통령에게 있는데 정치적 중립을 바란다는 것 자체가 이율배반적인 것 아닌가. 치열한 경쟁 속에서 줄 세우기가 이뤄지는데, 또 유력자 누가 추천해주는 게 그 서열에 큰 영향을 미치는데 누가 거기서 자유로울 수 있겠냐. 당연히 누구라도 찾아가 부탁하게 된다. 그리고 그렇게 부탁하고 조아린 사람이 다음 인사에서 잘 나간다. 그게 현실이다. 여기서 뭘 어떻게 하란 말인가?"

검찰에 대한 비판을 잘 알겠다, 그런데 이런 인사시스템 속에서 나도 자유롭지 못하다, 그래서 답답하고 부끄럽다, 하지만 어쩌란 말이냐, 이런 뉘앙스가 담긴 이야기였다.

결국 답은 자명해진다. 줄 세우기 인사시스템으로 돌아가는 중앙집권적 조직을 해체해야 한다. 또는 권한을 분산해야 한다.

우선 조직의 문제를 푸는 방법은 여러 가지가 있을 수 있다. 일단 지방자치 정신에 따라 자치 검찰제를 해보면 어떨까? 각 지역의 검찰 수장은 더 이상 올라갈 자리가 없을 것이기에 자신의 소신대로 일을 처리할 수 있지 않을까. 평검사들도 마찬가지다. 좀더 높은 자리로 올라가고 좀더 많은 권력을 행사하는 권력에의 욕구가 아닌, 법률전문가로서의 소신과 보람에 의해 일을 할 수 있지 않을까? 그런 지역검찰청 수장은 일반 선거에 의해 뽑아도 좋고, 각 검찰청에서 검사들의 호선을 통해 뽑는 것도 괜찮을 것 같다.

이 경우 현재의 법무부는 법무 정책이나 행정업무만을 맡게 하면 된다. 현 검찰 시스템을 옹호하는 이들은 전국적으로 단일한 기준에 의한 검찰권 행사가 어려워질 수 있다고 할지 모르겠다. 하지만, 시간이 흐르면 기소와 영장청구 기준 차이야 자연스레 줄어들 수밖에 없다. 그리고 그런 차이는 실무적으로 의견교환 등을 통해 얼마든지 줄일 수 있고 보완이 가능하다.

조직을 손댈 수 없다면 권한을 나누거나 크게 줄이는 방법이 있다. 앞서 얘기했듯이, 우리나라 검찰은 정보수집, 내사, 수사, 수사지휘, 기소, 공소유지, 형집행에 이르기까지 형사사법 시스템 거의 전 부분을 관할한다. 우리나라 현대사를 보자면, 넓은 틀에서는 사회 모든 분야에서 분권과 자율의 흐름이 대세를 이뤄왔다고 할 수 있다. 그런데 유독 검찰만은 그 반대다. 이제는 일부 권한을 떼어내 다른 기관에 맡기거나 아예 일부 기능을 떼어내 독립시키는 방안을 생각해봐야 한다.

권한 분산의 가장 핵심은 수사권과 기소권의 분리다. 그렇게 될 경우 단기적으로 수사를 전담하게 될 경찰의 수사력이 현재 검찰에 비해 너무 약하지 않냐는 지적이 나올 수 있다. 하지만 어느 한 조직의 역량이 만고불변 고정된 것은 아니다. 지금처럼 철저한 상–하 구조로 이원화된 검–경 수사시스템에서, 경찰 수사력의 수준의 근본적인 변화를 기대하기는 어렵다. 권한과 책임을 주고 그에 따른 성과를 요구해야하지 않겠는가.

결국 뒤에 다시 언급하겠지만, 현재의 검찰조직에서 인지수사(직접 수사)를 하는 조직을 떼어내 경찰 수사파트와 통합시켜 통합 수사기관을 만들고, 나머지 검사들은 법률가들로서 기소권과 영장청구권을 가지고 수사팀을 통제하는 역할을 맡는 게 가장 이상적이지만 상식적인 모델일 것이다.

물론 현실적으로 그게 가능하겠냐는 반론이 있을 수 있다. 개혁은 혁명보다 어렵다고 하지 않았던가. 그래서 작은 것부터 시작한다면 권한의 제한을 생각해 볼 필요가 있다.

검찰이 가진 권한 중의 핵심은 기소편의주의다. 죄가 있어도 검사(민감한 사건에서는 검찰조직) 판단에 따라 기소조차 안 된다. 이를 독일처럼 혐의가 확인되면 의무적으로 기소를 해야 하는 기소강제주의로 바꾸면 어떨까. 자의적인 권한행사의 여지를 줄여 정치적 판단과 개입이 줄어들지 않을까 싶다. '사건을 덮으라'는 식의 부당한 압력이나 지시에 평검사가 버티고 의지해낼 도구가 될 수도 있다.

물론 이 경우 억지로 기소한 경우에는 검찰이 공소유지에 힘을 기울이지 않을 것이라는 반론 또는 걱정이 있을 수 있다. 타율에 의한 기소라면 자발적 노력을 이끌어내기 어렵단 얘기다. 하지만 이 또한 단기적으로는 그럴 수 있지만, 긴 호흡에서는 어떻게든 정리가 될 수밖에 없다. 기소강제주의를 택한 나라의 검사들이 공소유지하기 싫다며 놀고 있다는 얘기는 들어보지 못했다. 분위기와 여건, 성과 평가와 이에 따른 적절한 포상시스템 등을 활용하면 얼마든지 보완이 가능하지 않을까 싶다.

아니면, 적어도 매년 업무성과와 직접 관련도 없는 서열을 매겨 인사에 반영하는 시스템이라도 바꿔보면 어떨까. 고위직일수록 신상필벌 원칙과 무관하게 수뇌부 마음대로 인사발령이 이뤄지는데, 각 보직마다 업무평가 시스템을 만들고 그 결과에 따라 다음 보직 인사를 하는 것이다.

인사주기가 너무 짧은 것도 문제다. 현재 부장검사 이상은 1년 단위로 보직이 바뀐다. 충성도 등에 근거해 매년 줄 세우기를 시키는데, 어떻게 소신을 가지고 일을 하겠나. 업무보다도 인사에 너무 많이 신경을 쓰게 된다는 점도 문제다. 간부들도 평검사처럼 한 보직에서 2~3년씩 머물게 하며 업무성과를 평가하고 이에 바탕해 다음 보직 발령을 내야 한다.

창피함을 무릅쓰고 일하거나 아니면 나가라는 선택지를 강요하는 현재의 고검 시스템도 바꿔야 한다. 전국적 단일 조직으로 돌아가는 인사제도를 폐지하고, 결원이 발생하는 검찰청에서 필요한 인원 선발 권한을 주는 것도 생각해볼 만할 것이다.

법무부에서 검사들 대신 분야별 전문가들을 채용해 법무-검찰 일원화를 해체하는 조치도 필요할 것이다. 다문화 시대의 도래에 따라 법무부 출입국 외국인 정책본부에서 국가적으로 중요한 시책을 결정하고 집행하게 됐는데, 왜 평생 그런 일과 무관한 업무에 종사해온 검사장이 그 본부장에 임명돼 1년마다 갈려야 하는가? 사실 이는 법무부의 업무 범위가 검찰 말고도 매우 넓은데 법무부와 검찰이 일원화돼 있다보니 빚어지는 현상이다.

사실 구체적인 방안은 이들 말고도 더욱 다양하게 생각해볼 수 있을 것이다. 그 큰 전제는 검사가 조직원으로서가 아니라 법률전문가 개인으로서 일하는 구조를 만들어야 한다는 것이다. 그렇게만 되면 정치권력의 정치적 의도에 통제될 수밖에 없는 수뇌부에 의해 다스려지는 현재의 검찰보다는 훨씬 바로선 검찰이 될 것이다.

검경 수사권
조정 해법의
단초

앞서 잠시 언급했지만, 검찰의 권한
과 역할 조정을 논하자면 경찰과의 영역 조정이 필수다. 하지만
우리 사회 모든 분야가 그렇듯, 역사적으로 수사권조정 논의가
제대로 이뤄진 사례는 없다. 권한은 조금도 내놓지 않으려는 기
관 이기주의가 강력하게 작동하고 두 기관 모두 실력행사도 불
사해, 손대는 것 자체가 부담이기 때문이다.

노무현 정권(2005년)에 이어 이명박 정권(2011년) 아래서도 수사
권조정을 놓고 검찰과 경찰이 충돌했다. 해방 뒤 혼란한 정국에
서 이승만 정권은 경찰을 핵심 통치기구로 삼았기에 경찰의 힘
이 셌다.˙ 하지만 군사쿠데타를 거쳐 독재정권이 들어서고 군과
정보기관 등의 목소리가 커지면서 경찰은 하위 통치기구로 자
리잡았다. 여기에 절차적 민주화가 이뤄지고 법치주의가 강조

˙ 독재국가에서 권력기관들의 힘은 최고 권력자가 얼마나 무게를 실어주느냐에 달려 있다.
이승만 시절엔 권부 안에서 경찰의 목소리가 세 사실상 경찰이 국정을 좌지우지했고 대
통령을 움직였다. 그 시절 경찰은 정권의 앞잡이가 돼 이승만 대통령 재선을 위해 3·15
부정선거에 앞장섰고, 그 업보에 따라 4·19 뒤 경찰 수뇌부가 대거 교체됐다. 이후로 경
찰은 중앙정보부나 검찰에 눌려 권부 안에서 힘을 쓰지 못했다.

되면서 무게 중심은 군이나 정보기관에서 검찰로 이동했다. 그런데 이런 변화를 추동해온 민주화라는 흐름은 검찰의 힘도 키워줬지만, 아이러니컬하게도 권력기관 서열에서 가장 뒤쳐졌던 경찰로 하여금 자신들이 '영감님'으로 모셨던 검사를 상대로 제대로 된 대우를 해달라며 목소리를 높이게 해줬다.

언론보도를 통해 접하는 수사권조정을 둘러싼 검경의 신경전은, 경찰은 검찰의 속박에서 벗어나려 하고, 검찰은 경찰 통제를 유지·강화하려는 것으로 보인다. 그런데 두 기관 모두를 꽤 오랫동안 출입한 처지여서 그런지, 논의가 흘러가는 모습을 보고 있노라면 나도 모르게 쓴웃음을 짓게 된다.

검찰부터 살펴보자. 2011년 6월 여야 합의로 꾸려진 국회 사법제도개혁특별위원회가 경찰의 검찰에 대한 복종의무 삭제, 경찰의 수사개시권 부여 등을 골자로 하는 형사소송법 개정안을 논의하자 검찰조직이 벌집 쑤신 듯 분분했다. 서울중앙지검에서 평검사회의가 열렸다.* 우습다는 생각이 들었다. 경찰 수사 지휘와 통제가 그렇게 중요한 사안이기에 평검사들 100여명이 모여 머리를 맞댔을 텐데, 평소 정말로 그렇게 생각하고 자신들의 업무를 하고 있는 것인가?

서울중앙지검을 출입하던 시절을 떠올리면 형사부 검사 대다수는 인사 때가 되면 특수부나 금융조세조사부 등 인지부서로

• 당시 언론보도를 보면, 서울중앙지검 평검사회의는 1999년 심재륜 전 부산고검장 항명 사태 때 처음으로 열렸다. 이번 회의는 2005년 수사권조정 시도 때 이후 6년만에 열린 4번째 회의라고 한다.

발령 받기 위해 안달이었다. 부장검사들도 형사부보다는 인지부서 부장 자리를 선호했다. 수뇌부는 어떤가? 전자를 대표하는 대검 형사부장과 후자를 상징하는 중수부장을 비교해보자. 존재감에 있어서 비교가 안된다. 검찰 스스로 경찰 수사지휘에 조직의 명운을 걸 정도로 민감하게 나올 정도라면, 그 분야에 조직의 역량을 집중해야할 것 아닌가?

하지만 검찰 수뇌부는 경찰 수사지휘보다 검찰 자체적으로 진행하는 인지사건 수사에만 집중한다. 출세를 생각하는 평검사들도 몸은 형사부에 있지만 눈은 인지부서에 가 있다. 현재 검찰 구조에서는 당연한 일이기는 하다. 검찰이 사회적으로 큰 힘을 휘두르는 것도 그런 인지수사 때문이고, 검사 개인들은 그런 수사를 한 경력이 있어야 변호사로 개업한 뒤 비싼 수임료를 받을 수 있기 때문이다.

경찰은 어떤가? 수사권조정 논의 때는 청장 이하 모든 간부와 전 조직원이 수사가 경찰의 전부인 것마냥 호들갑을 떤다. 하지만 경찰 수뇌부의 평소 모습은 이와는 거리가 있다. 일부 민감한 수사에야 신경을 쓰고 참견하는 이도 많겠지만, 한해 200만 건이 넘는 일반 사건 처리에는 별다른 관심이 없다. 평소 경찰 수뇌부가 중시하는 분야는 수사보다는 정보나 경비 분야 등이다. 각종 정보를 수집해 청와대 등에 보고하고 시위대를 막기 위해 '명박산성' 같은 것을 쌓는 데나 신경 쓰지, 일반 고소·고발 사건 등에는 별 관심이 없다는 것이다. 국민 일반을 대하는 업무보다는 정권에서 민감해하는 업무들에 주로 신경을 쓴다는 얘기다.

인사를 보자. 경찰청 수사국에 근무하는 경정 숫자는 정보국이나 경비국에 비해 훨씬 더 많다. 하지만 매년 배출하는 총경 승진자 숫자는 비슷하다. 수사파트는 그만큼 대우를 못 받는 것이 현실이다. 조직 스스로 일선 수사를 가볍게 여기고 찬밥 대우를 하면서 왜 이리 난리들인가? 서로 다투는 검찰과 경찰의 행태가 어찌도 이리 유사할 수 있는지 놀라울 뿐이다.

사실, 검찰과 경찰의 충돌 배경에는 매우 기형적인 우리나라만의 형사사법 시스템이 자리잡고 있다. 우리나라에서는 경찰도 수사를 하고 검찰도 수사를 한다. 그런데 검찰은 경찰 수사를 지휘도 한다. 검찰이 일부 수사를 직접 하는 나라도 있지만, 우리나라처럼 광범한 규모의 직접 수사를 진행하는 나라는 없다. 분야도 정치인이나 재벌 등 중요한 수사는 검찰이 독점한다. 이는 압도적으로 많은 사건을 처리하지만 중요도에서 떨어져 별다른 주목이나 보상을 받지 못하는 경찰들의 열패감으로 이어지고, 이는 전반적인 형사사법 서비스 질 하락으로 귀결된다. 결국 피해자는 국민이다.

조금만 다른 방식으로 접근하면 문제 해결의 단초는 보인다. 사실 경찰의 반발에는 감정적인 요인이 다분하다. 새파란 검사에게 눌려 기를 못펴고 살았던 자신들의 자화상이 더 이상 견디기 힘든 것이다. 머리 좋고 공부 잘해 사법시험 통과했다고 한없이 상전으로 군림하던 검사들이 그냥 싫은 것이다.

그럼 어떻게 해야할까? 가려운 곳을 긁어주면 된다. 경찰이 검사 개인도 수사할 수 있도록 해주자. 현재 구조에서는 경찰은 검사와 관련된 사항은 일체 수사할 수 없다. 검찰은 검사가 경찰 수사를 받으면 하늘이라도 무너지는지, 검사가 관련된 사건은 즉각 송치하도록 하고 있다. 경찰 수사 범위에 검사는 포함되지 않는다는 것인데, 지극히 오만하고 유아독존적인 사고다.

음주운전 검사부터 뇌물이나 횡령 등 범죄를 저지른 검사까지, 경찰 정보망에 걸려들어 수사가 시작되면 그대로 봐둬야 한다. 검사라고 욕을 보이거나 더 쎄게 수사할 우려가 있다고? 영장 청구 등 강제수사 과정에서 어차피 검찰 통제를 받지 않을 수 없다. 그리고 '칼'을 가진 검사들이기에 잘못이 있다면 더욱 엄정한 감시와 수사를 받는 게 상식 아닌가?

전관들의 횡포와 탈세도 경찰 수사 대상으로 넣어, 그런 비리들을 잡아내도록 해야 한다. 그런데 대다수 검사와 판사, 변호사들은 법조계를 자신들만 참여하거나 손댈 수 있는 영역으로 생각한다. 이를 깨야 한다. 적어도 법조비리에 있어서는 법원과 검찰은 '가재와 게' 같은 관계이다. 친연성과 관련성이 떨어지는 경찰로 하여금 이런 분야 정보수집과 수사를 더욱 활발하게 하도록 해야 한다.

대신 경찰도 수사는 수사팀 외 법률전문가의 통제를 받아야 한다는 점을 받아들여야 한다. 그게 근대 사법의 이념이다. 외국도 신생 독립국이나 독재국가가 아닌 이상, 수사에서 기소에 이르는 과정 대부분을 경찰 맘대로 이러쿵저러쿵 다 결정하는 나라는 없다. 선진국 중에서 유일하게 경찰이 수사·기소권을 모두 행사하도록 했던 영국도 문제가 많아, 1980년대 기소권을 경찰에게서 떼어내 별도 기관에 맡겼다.

국민 입장에서도, 수사 과정에서 한번 거르는 장치가 있어야 혹시라도 있을 억울함을 조금이라도 줄일 수 있다. 검찰 수사지휘 과정에서 부당한 처사와 야료가 있다고? 그렇다면 경찰이 해당 검사의 유착 혐의를 별도로 내사, 수사하면 된다. 경찰은 수사 지휘를 못 받겠다고 할 게 아니라, 정당한 수사의 예외구역을 없애달라고 요구해야 할 것이다.

사실, 검사고 경찰이고 모두 국민의 공복이고, 각자 자신의 업무를 수행하는 것일 뿐이다. 인격적 상하관계가 아니란 얘기다. 이런 차원에서 둘 다 쿨하게 자신의 업무를 수행하면 된다.

다만 지금 문제가 있다면, 조직 논리나 선입견을 최대한 배제하고 그 사안 자체를 유심히 바라보면 해결책도 보인다. 경찰 수사에 엄격한 수사지휘나 통제가 필요한 것은 맞지만 지금 우리나라 형사사법 현실에서는 이런 규정과 조치들이 수사업무에 종사하는 경찰관들의 열패감으로 이어지고 있다. 그런다고 열패감을 줄이거나 없애기 위해 검찰의 수사지휘를 없앨 수는 없는 노릇이다. 열패감의 바탕에 깔려있는 감정적이고 경험적인 부분들을 검찰과 경찰 모두 솔직하게 얘기하는 것에서부터 논의가 시작돼야 할 것이다.

결국엔, 앞서 얘기한 대로 검찰과 경찰의 업무영역을 근본적으로 재조정해야 한다. 현재 검찰과 경찰이 나눠하고 있는 수사는 서로의 경쟁을 촉진시키지도 않고, 시너지 효과를 내지도 못한다. 수사 대상이나 범위가 상하로 나뉘어 있기 때문이다. 경찰은 경찰대로 아래에 눌려 있다고 불만이고, 검찰은 검찰대로 경찰 수사역량 부족을 탓한다. 그러느니 검찰의 직접 수사 파트와 경찰의 수사파트를 따로 떼어내 하나의 기관을 만드는 게 낫다.

수사기관을 하나로 만들고, 검찰의 남은 인원들은 검찰의 조직원으로서가 아니라 법률전문가로서 순수하게 수사지휘를 하도록 하면 된다. 경찰도 수사경찰을 떼주고 남은 정보, 경비, 생활안전 등 행정경찰을 별도로 만들어 행정안전부의 통제를 받도록 하면 된다. 자율과 분권을 통해 행정 효율도 달성할 수 있는 방법이 아닐까.

시대가 변해가고 피의자 인권이 중시될수록, 수사기관은 나름대로 수사 역량을 높여 갈수록 다양해지는 범죄에 대응해야 한다. 하지만 우리나라 검경은 이를 따라가기는커녕, 서로 감정 싸움에 역량을 낭비하고 있다. 검찰은 수사지휘하랴 인지수사하랴 바쁘다고 하고, 경찰 수사인력은 열패감에 바탕한 매너리즘에 빠져 활기를 잃어가고 있다.

하지만 앞서 제시한, 검찰의 인지수사 파트와 경찰의 수사 파트를 통합해 별도 기관을 만들자는 안은 현재 검찰과 경찰 수뇌부 모두에서 받아들일 수 없다고 나올 것이다. 규모와 권한을 키워가고 늘려가는 게 이들 조직의 생리인데, 일을 기준으로 기존 조직을 나누라니 검·경이 합심해 결사반대에 나설 게 분명하다. 상당수 국민들도 불가능한 일이라고 치부하리라. 하지만 처음부터 가능했던 불가능이 어디 있었겠나. 이게 맞는 방향이라면 언젠가는 그쪽으로 가는 날이 오지 않을까.

검사와 폭탄주 – '신기전'을 아시나요?

서초동 검찰청사를 출입하던 시절을 생각하면 솔직히 가장 먼저 떠오르는 게 폭탄주다. 법조를 처음 출입하던 2006~2007년은 아직 소폭(소주+맥주)보다는 양폭(양주+맥주)이 대세인 시절이었다. 어둡고 침침한 카페나 바 같은 곳에서 상대방과 팔을 걸어 양폭을 들이켜던 기억이 생생하다. 가끔씩은 이튿날 두통이 너무 심하면 '에잇, 가짜 양주에 속았다. 다시는 그 술집에 가지 말아야지'라고 다짐하곤 하기도 했다.

그 시절 함께 어울리던 기자나 판·검사, 변호사 대다수가 폭탄주에 익숙해 있었지만, 체질상 술이 받지 않아 힘들어하는 이들도 있었다. 검찰 간부 중에는 사법연수원 17기(1985년 사법시험 합격)의 '특수통 트로이카' 최재경·김경수·홍만표 검사가 대표적이었다. 최재경 검사장은 가끔 폭탄주를 마시는데 몇잔 마신 뒤 쓰러져 잠들었다가 술자리가 파할 즈음 정신을 차리고 일어나 차에 실려 귀가를 당했고, 김경수 검사장은 폭탄주 2~3잔이면 얼굴이 벌게져 "이런 것을 꼭 마셔야 하나? 이 술값으로 다른 좋은 일을 하면 참 좋을 텐데" "왜 이런 것을 마셔야 하는지 모르겠다"는 푸념을 늘어놓곤 했다. 홍만표 검사장은 "내가 원래 술을 잘 못 마시는데 오늘은 이 기자랑 기분이 좋아 한잔 더 마시네"라는 말을 하곤 했다. 평검사 가운데서는 서울중앙지검 특수부와 대검 중수부를 거치면서도 유난히 술이 약해 술자리에서는 술잔만 채운 채 상대방 술 마시는 모습을 바라보며 빙긋이 웃기만 했던 ○검사가 떠오른다.

일반적으로 폭탄주의 기원은 박희태 국회의장과 관련이 있는 것으로 알려져 있다. 1980년대 박 의장이 춘천지검장으로 부임한 뒤 지역기관장 모임에서 폭탄주를 맛본 뒤 이를 검사들에게 널리 퍼트 렸다는 것이다. 한 검찰 간부는 박 의장으로부터 직접 이와 관련한 이야기를 들었다며 다음과 같이 설명했다.

"박 의원이 춘천지검장이었던 때는 시절도 시절이거니와 강원도 라는 지역적 특성 때문인지, 군 고위 장성이 기관장 모임의 좌장 구 실을 했대. 그런데 당시 그 좌장 구실을 하던 장군이 술이 무지 셌나 봐. 박 의원이 춘천지검장으로 부임해 첫 기관장 모임을 앞두고 있 을 때 기관장 모임의 한 참석자가 연락해와 말하길 '그 분(장군) 속도 에 맞춰 술(양주)을 마시다가는 아무도 못 버틴다. 맥주와 섞어 마시 도록 해보자'고 말하더란다. 그래서 실제 마셔보니 괜찮더라나. (조폐 공사 파업유도 사건 청문회에서) 진형구 전 대검 공안부장이 '왜 폭탄주를 마시냐?'는 국회의원의 질문에 '양주는 독해서 맥주를 타 마신다'고 답해 많은 사람들이 웃었는데, 그게 정말이었던 셈이지."

폭탄주 옹호론자들은 참석자 모두가 평등하게 마시고 빨리 취할 수 있다는 점을 폭탄주 미덕으로 내세운다. 한때는 검사 대다수가 이런 생각을 공유했던 시절이 있었다. 점심식사 자리에도 폭탄주 서 너 잔씩 마시고 들어와 오후 일을 보는 게 전혀 어색한 일이 아니었 다고 한다. 하지만 이런 풍조는 1999년 조폐공사 파업유도 사건을 계기로 거의 사라졌다. 진형구 대검 공안부장이 대전고검장으로 발 령난 날 점심식사 자리에서 폭탄주를 마신 뒤 집무실에서 기자들과 만나 "검찰이 조폐공사 파업을 유도했고 이를 강경 진압했다"는 실 언을 했다며, 낮술 금지령이 내려진 것이다.

양폭에도 종류가 여러 가지다. 2000년대 중반엔 대세가 알잔인 양주잔과 맥주잔에 술을 각각 7부씩 따르는 '7부 폭탄'에서 절반씩만 따르는 '5부 폭탄'으로 옮겨가는 중이었다. 그 전에 알잔과 맥주잔 모두를 10부씩 가득 채우는 '텐텐주'가 기본이었다고 한다. 2006~2007년 출입할 당시 검사들은 서울지검 2차장검사를 지낸 박만(11기·현 방송통신심의위원회 위원장) 변호사가 선호하는 주종이라며 텐텐주를 '바크만주'라고 불렀다. 참고로, 2007~2008년 경찰청을 출입할 때도 '경찰식 텐텐주'를 볼 기회가 있었는데, 경찰들은 이를 강희락 차장(훗날 경찰청장 역임)이 애용하는 폭탄주라며 '희락주'라는 별칭으로 불렀다.

서초동에서 폭탄주 하면 빠질 수 없는 유명인사로는 심재륜 전 부산고검장(사법시험 7회)을 들 수 있다. 심 전 고검장은 일흔을 앞둔 최근까지도 매일 폭탄주를 5잔 이상씩 마시는 '폭탄주 마니아'다. 그가 마시는 폭탄주도 텐텐주. 검찰에서도 '원로 주당'으로 손꼽히는 그는 술에 관한 자신의 철학까지 있다. 청탁불구(진정한 주당은 주종을 가리지 않는다), 금전불구(술꾼은 돈이 있건 없건 마신다), 업무불구(내일 일 걱정하면 술을 마실 수 없다), 건강불구(뇌관과 장약을 모두 가득 채운 텐텐주를 누구나 구분 없이 마셔야 한다)라는 '4대불구' 정신이 바로 그것인데, 환갑을 넘긴 뒤에는 생사불구(목숨을 걸어놓고 마신다)가 추가됐다고 한다.*

<hr/>

• 조폐공사 파업유도 사건을 두고 상당수 검사들은 기자가 술자리에서의 실언을 일방적으로 기사화한 것이라고 얘기하지만, 이는 사실과 다르다. 당시 이 사건을 특종 보도한 〈한겨레〉 강희철 기자는 "점심시간이 한참 지난 뒤 술자리가 아닌 집무실을 찾아가 들은 얘기"라며 "술이 세기로 유명한 진 고검장이 '멀쩡한' 정신으로 그런 말을 했던 것인데, 검찰에서 폭탄주에 따른 실언으로 문제를 몰아갔다"고 말했다. 몇몇 검사들은 이 사건을 두고 "어찌 됐든 나처럼 술이 약한 검사들은 금주령을 내리게 한 〈한겨레〉나 해당 기자가 고마울 따름"이라고 말했다.

• 1997년 대검 중수부장으로 있으면서 '살아 있는 권력'이었던 김영삼 전 대통령의 아들

과거에는 이런 '주당'들이 주목을 끌었지만 요즘은 술자리 자체가 예전만 못하다. 시대도 변했고, 검찰 구성원들의 의식도 그만큼 바뀌었기 때문이다. 주종도 그렇다. 검사들의 공식 회식자리에서는 소폭이 선호되는 분위기라고 한다. 한 부장검사는 "우리 부서는 회식 때 삼겹살에 소폭으로 1차에서 깨끗이 정리하고 끝낸다"며 "'스폰서 검사' 사태 뒤로 공식 회식을 이렇게 하고 끝내는 경우가 더 늘어난 것 같다"고 말했다. 또 다른 부장검사는 젊은 검사, 특히 여검사들은 회식하자는 제안에 싫은 기색을 역력히 나타낸다며 "분위기 파악 못 하고 후배한테 술 마시자는 얘기하면 눈치없는 상관으로 찍힌다"며 한탄 아닌 한탄을 하기도 했다.

알잔의 내용물이 양주에서 소주로 바뀌고, 도수도 텐텐주에서 5부로 낮아졌고, '모두 마시고 죽자'던 술자리 분위기도 많이 풀어졌다지만, 수십 년간 이어져온 전통(?)도 쉽사리 사라지지 않는 법. 2010년 초 김경한 전 법무장관이 퇴임을 앞두고 출입기자들과 등산을 함께 했는데, 이 자리에서 고색창연한 전통이 재연됐다고 한다.

인 현철씨를 구속해 이름을 널리 알린 심 전 고검장은 검찰 내 강력통·특수통들의 대부와도 같은 존재다. 김대중 정부 시절 대구고검장으로 재직 중 '대전법조비리사건과 관련해 향응을 받은 의혹이 있으니 조사를 받으라'는 검찰총장의 통보에 기자회견을 열어 검찰 수뇌부를 비판하고 퇴진을 요구한 항명파동의 주역이기도 하다. 이로 인해 면직 처분을 받았으나 소송에서 승소해 2001년 검찰에 복귀했다. 이렇듯 검사로서 파란만장한 삶을 살았던 그는 몇 년 전 검찰동우회 소식지에 검찰 수사와 관련해 수사10결(搜査十訣)을 기고해 주목받기도 했다. 1 칼은 찌르되 비틀지 마라. 2 피의자를 굴복시키려 들지 말고 승복시켜라. 3 끈질긴 수사만이 능사가 아니다. 외통수 수사는 금물이다. 4 상사를 결코 적으로 만들지 마라. 5 수사의 곁가지를 치지 마라. 6 독이 든 범죄정보는 피하라. 7 실패하는 수사는 하지 마라. 8 수사는 종합예술이다. 절차탁마하라. 9 언론은 불가근불가원이다. 10 칼에는 눈이 없다. 요즘 검찰 수사가 이런 요건들을 얼마나 지키고 있는지 궁금하다.

법무부 간부들과 법조 출입기자 대부분이 모여 토요일 오전 청계산을 올랐고, 뒤이어 산기슭 한 음식점에서 점심 겸 뒷풀이 자리가 만들어졌단다. 자연스레 폭탄이 돌았다. 기분이 좋았던지 김 장관이 비서에게 뭔가를 가져오라는 지시를 내렸다고 한다. 비서가 차량 트렁크에서 가져온 것은 직사각형 모양의 이른바 '폭탄주 기계'.

　기계를 본 상당수 참석자들은 조선시대 세종 치세에 개발됐다는 신무기 '신기전'을 떠올렸다고 한다. 수십~수백 개의 연통이 가지런히 정렬된 채 묶인 모양의 다연장 로켓무기인 신기전처럼, 김 장관이 꺼내온 폭탄주 기계 또한 동시다발적 폭탄제조를 염두에 두고 제조된 물건이었기 때문이다. 다음은 당시 자리에 참석했던 한 기자의 설명이다.

　"슈퍼마켓에서 볼 수 있는 (6×4) 콜라나 사이다 음료수 박스를 떠올리면 될 것 같다. 금속 재질의 케이스 안에 칸칸 구역이 나뉘어 있어, 그 칸마다에 맥주잔을 집어넣게 돼 있었다. 그 맥주잔마다 맥주를 '주욱~ 주욱~' 하고 들이부은 다음, 양주를 담은 양주잔을 일일이 투하해 폭탄주 20여 잔을 한꺼번에 만들었다. 말그대로 신기전이었다. 기계 케이스 한 귀퉁이에는 '김경한 장관님 초도방문 기념'이란 글귀가 뚜렷했다. 아마도 공업사 같은 곳에 별도로 주문을 제작한 것 같았다."

　이 신기전은 '스폰서 검사' 논란의 주역이었던 박기준 전 부산지검장이 의정부지검장 재직 시절 제작해 김 장관에게 '상납'한 것으로 알려져 있다. 김 장관과 박 전 검사장은 경북고 선후배 사이이기도 하다.

　김 장관의 폭탄주 세트는 그것뿐만이 아니다. 맥주나 양주 등 여러 종류 술을 여러병 섞은 뒤 참석자들이 돌아가며 마실 수 있는 커다란 사발 모양의 술잔인 이른바 '볼'이 있다. 흔히 'ㅇㅇ배'라는 이름이 붙는 운동경기에서 우승팀에게 주어지는 커다란 모양의 잔과 유사하게 생겼다는데, 김학의(14기) 광주고검장이 춘천지검장 재직 시절 만들어 춘천지검을 초도 방문한 김 장관에게 '상납'한 것으로 알려져 있다.

김 장관의 후임인 이귀남 장관은 식판형 '신기전'을 이용했다고 한다. 플라스틱 재질로 잔을 꽂는 곳의 깊이가 낮아 식판과 비슷하게 생겼다고 한다. 실물을 목격한 검찰 관계자는 "잔을 꽂는다기보다는 얹는다는 표현이 적당할 것 같다. 1회 제조 잔수는 10개가량 정도였던 것 같다"며 "플라스틱 식판 아래 부분에는 '법대로!'라는 글귀가 씌어 있어 눈에 띄었다"고 말했다.

전직 장관 가운데는 김성호 장관의 '불고잔'이 유명하다. 별도로 주문해 만든 맞춤형 잔 세트로, 폭탄주를 마실 때 사용하는 일반 맥주잔의 2분의 1~3분의 1 크기이고 잔 두께도 매우 얇다. 잔의 겉에 불고(不觚·잔이 아니다)라는 한자가 세로로 새겨 있다. 김 장관은 이 불고잔 세트 수십 개를 만들어 사무실에 쌓아두고 주변의 검찰 후배 등에게 돌렸다고 한다.

장관급은 아니지만, 강금실 장관의 최측근으로 활동했던 이훈규 전 인천지검장도 자신만의 폭탄주 세트를 가지고 다니던 인물로 유명하다. 그와 술을 마셨던 한 관계자의 말이다.

"이 검사장이 청주지검장으로 근무하던 때였던 것 같다. 아마 관내에 유명한 도자기 회사가 있었나봐. 여기에서 별도로 만든 것이라는데, 알잔과 맥주잔 모두 보통 잔보다 약간 작은데 특이하게도 잔

테두리에 금테가 둘러져 있더라니까. 여기에 폭탄주를 제조해 마시는데, 맥주가 알잔의 금테를 살짝 덮을 듯 말 듯 찰랑거리니까 폭탄주 표면에 황금빛이 아른아른 거리더라고. 그 장면이 어찌나 인상적이던지 잊혀지지 않네."

검찰 개혁,
검찰 작동 메커니즘을 아는 게 우선이다

2006년 3월~2007년 8월, 2010년 3~8월.

서울 서초동 법원과 검찰청을 출입하는 법조팀 기자로 일한 기간이다. 그리 길지 않은 세월이지만, 돌이켜보면 10년 남짓한 기자 생활 중에서 가장 치열하게 살던 시절이었다. 하루하루 피를 말려가며 타사 기자들과 특종 경쟁에 목을 맸다. 쳇바퀴 돌 듯 사건 당사자들과 판·검사, 변호사를 만나고 다니며 기사를 썼다. 어떤 취재원과는 기싸움 끝에 언성을 높이기도 했고, 또 다른 취재원과는 의기투합해 서로를 달래며 술잔을 부딪쳤다.

그 시절 생활은 대충 이랬다. 쓰린 속을 달래며 잠에서 깬 뒤 찬물 한 컵을 들이켜고 서울중앙지검 1층 기자실로 출근하면 곧바로 지하1층 체력단련실을 찾았다. 간단한 운동기구 몇 개가 전부인 허름한 이곳에서 검찰청 직원(주로 방호원)들과 함께 한 시간가량 러닝머신을 달려 온몸을 땀으로 흠뻑 적셨다. 그리고 찬물로 샤워를 하며 정신을 차렸다. 그런 뒤 기자실로 올라와 아침보고*를 하고, 잠시 쉬었다가 차장검사들의 브리핑*을 듣거나 부장검사나 평검사 방을 돌아다니며 이런저런 대화를 나눴다. 점심시간에는 출입처 사람이나 팀 동료들과 속을 풀었다.

오후에는 주로 마감시간에 맞춰 기사를 작성하느라 바빴고, 그 앞뒤로 잠깐씩 짬을 내 취재원을 만나기도 했다. 저녁엔 또다시 술자리. 언제 어떤 일이 벌어질지 몰라 웬만하면 서초동에 위치한 술집을 돌며 술잔을 들이켰다.˙ 그때만 해도 소폭(소주와 맥주를 혼합한 폭탄주)이 일반화하기 전이어서 2차나 3차에서는 양폭(양주 폭탄)이 일반적이었다. 거나하게 취한 몸을 이끌고 집으로 향하는 시각은 자정을 넘기기 일쑤였고, 가끔씩은 택시 할증시간(자정~새벽 4시)을 지나 귀가하기도 했다. 건강을 위해서가 아니라 술을 마시기 위해 아침마다 운동을 하던, 지금 생각해보면 참 무모하게도 살던 시절이었다.

- 보통 일간지, 통신, 방송 기자들은 매일 아침에 그날 하루 진행할 취재 사항과 출고할 기사 계획을 보고한다. 이런 보고가 팀 단위로 모이고, 부, 국 단위로 취합된 뒤 편집회의가 열리는데 이 자리에서 그날 하루의 지면(보도)계획이 결정된다.
- 검찰청에서는 차장검사가 대변인 또는 공보관 역할을 수행한다.
- 서초동 법조기자들에게 가판신문과 방송사 9시 뉴스를 체크하는 야근은 기본이다. 검찰과 관련한 중요한 보도가 나오기라도 하면 사실 확인을 거쳐 기사를 받아아 하기 때문이다. 이를 감안해 대부분 술자리는 서초동 권역을 벗어나지 않았는데, 이를 가리켜 서초동이 법조기자들의 위수지역(외박 나온 군인들이 긴급 상황 발생에 대비해 벗어나서는 안 된다고 정해놓은 지역)이라는 우스갯소리도 있었다.

매일처럼 몸이 부서져라 사람을 만나고 술을 마셔온 결과 얻은 것도 적지 않다. 황폐해진 체력과 지방간이 대표적이겠지만, 의례적인 기자와 취재원의 관계를 넘어 인간적인 신뢰를 쌓은 이들도 생겼다. 출입 초기에는 검사들은 보통 사람들과는 근본적으로 다른 존재들이라는 선입견 같은 게 있었지만, 시간이 지날수록 그들에게서 평범한 직장인의 모습을 많이 보게 됐던 것 같다. 여느 직장처럼 검찰에도 좋은 이와 나쁜 이가, 부지런한 이와 게으른 이가, 솔직하며 성실한 이와 이중적이며 이기적인 이가 공존하고 있었다. 자연스레 싫어하는 검사도, 좋아하는 검사도 생겼다.

이렇게 쌓은 인연은 법조팀을 떠난 뒤로도 쉽사리 끊기지 않았다. 출입기자도 아니건만 늦은 밤 안부인사 겸 술자리 호출 전화를 받는 경우가 종종 있었고, 휴일 함께 산을 오르며 세상 사는 이야기를 나누기도 했다. 가끔 양쪽 가족들과 함께 만나 식사를 하거나, 누구에게도 쉽사리 털어놓지 못하는 개인적인 고민을 나누는 경우도 있었다.

그런데 검사들에 대한 선입견이 허물어진 것과 달리, 검찰조직에 대한 판단은 처음 선입견이 그대로 굳어져갔다. 옆에서 지켜보면 지켜볼수록 언제 어떤 국면에서 정치적 편향성을 드러낼지, 어떤 방식으로 조직보호 본능을 발휘할지 모르는 위험한 조직이라는 판단은 확고해져갔다. 그만큼 불신 또는 긴장감 섞인 시선의 끈을 놓을 수 없었다. 검찰을 출입해본 결과, 개별 구성원인 일부 검사들은 신뢰하게 됐는데 그런 검사들의 집합인 검찰조직에 대해서만큼은 문제의식이 더욱 강해진 것이다. 제3자로서는 선뜻 이해하기 어려울 수도 있겠는데, 실제 그랬다.

그래서일까. 법조팀을 떠난 뒤 다른 분야에서 기자 생활을 하면서 검찰 관련 뉴스를 접하노라면, 복잡미묘한 심경 상태가 되곤 했다. 한편으로는 안타까우면서도 한편으로는 답답한 느낌이 들었다. 여느 직장인처럼 적당히 자신의 직분에 충실하거나, 나름 정의감에 불타 열심히 일하는 검사들의 얼굴이 떠올라 안타까웠고, 언제나 기득권층 이해를 대변하며 정치적 셈법에 익숙한 검찰조직을 떠올리면 한숨 섞인 답답함을 참을 수 없었다.
그런데 답답함은 검찰에 비판적인 정치권이나 언론을 바라볼 때도 마찬가지였다. 내가 보기엔 정확하지 않은 시각으로 검찰을 바라보고, 또 아무 소용없는 방법으로 비판하는 것으로 보였기 때문이다. 우리 사회에서 검찰을 놓고 벌이는 논의란 게 대개는 검찰을 일방적으로 옹호하거나 비판하는 게 대부분이었기 때문이다.

검찰에 문제가 있다면 그 문제의 핵심은 무엇이고, 이 핵심이 검찰 내외부의 어떤 사안들과 어떤 방식으로 연결돼 작동하고 있는지를 파악하는 게 우선일 것이다. 그런데 우리 사회에서 검찰에 대한 논의는, 이런 맥락에 대한 분석보다는 검찰을 싸잡아 옹호하거나 또는 싸잡아 비판하는 이들이 나뉘어 대립하는 것 같았다. 검찰을 싸잡아 비난하거나 비판해봐야 별 소용도 없고 검찰도 절대 바뀌지 않을 텐데 '헛 힘'을 쓰는 이들이 답답했던 것이다.

이런 안타까움과 답답함이 이 책을 쓰는 계기가 됐다. 검찰을 생각하면 옹호 또는 비난 둘 중 하나의 선택지만 떠오르는 이들에게 실제 검찰이 돌아가는 메커니즘을 보여주고 싶었다. 검찰에 대한 이해를 돕고, 이에 바탕해 검찰 개혁에 관심 있는 이들에게 구체적 접근법을 고민하는 계기를 만들어주고 싶었다. 아울러 검찰에 대한 국민들의 비판적 시각에 조금은 억울해할 평범한 검사들에게 자신이 속한 조직을 바라보는 제3자의 시각을 보여주고 싶었다.

검찰 안팎에 새로운 시각을 보여주고 싶다는, 거창한 욕심을 낸 것이다. 검찰이 가장 껄끄러워하는 매체 소속 기자이면서도 나름 신뢰를 가지고 지내온 검사들이 적지 않기에 이런 무모한 용기(?)를 낼 수 있지 않았나 싶다. 그래서 내 나름대로 바라본 검사와 검찰조직, 그들의 문화에 대해 이런저런 넋두리와도 같은 이야기들을 풀어봤다.

글을 쓰는 과정은 물론이고 책을 내기까지 가장 오랫동안 고민한 대목은 등장인물들의 실명·익명 처리 기준이었다. 고민 끝에 검사로서 직무 활동과 무관한 사적인 성격의 꼭지들은 사생활 보호를 위해, 또 검찰조직에서 민감해할 발언의 경우는 취재원 보호를 위해 익명으로 처리했다. 이 두 가지 사유에 해당하지 않는 내용은 실명 처리를 원칙으로 했다. 책의 신뢰성 문제도 있지만, 어떤 사건과 인물에 대한 역사와 기록을 남긴다는 차원에서 내리게 된 결정이다.

경우에 따라 유쾌하지 않은 내용이 자신의 이름과 함께 언급돼 당사자들로서는 불편한 마음이 들 수 있을 것이다. 또 실명으로 등장한 이들 상당수는 필자와 친분이 있는 이들이기에 개인적인 섭섭함을 느끼는 경우도 있을 것 같다. 개인에 대한 비난이나 비판을 위해서 그런 게 아닌 만큼 공인으로서 넓은 아량을 가지고 이해해주시길 부탁드린다.

모자란 사람의 모자란 글이 이런 글뭉치로 묶여 태어날 수 있었던 데에는 여러 사람들의 도움과 희생이 있었다. 우선 책 집필을 제안하고 게으른 필자를 은근과 끈기로 지켜봐주며 압박(?)해온 씨네21북스 이성욱 편집장이 없었다면 이 책은 세상에 나올 수 없었을 것이다. 출판기획자 이전에 신문사 기자 선배이자 인생 멘토이기도 한 이성욱 형에게 감사하다는 말을 전한다. 부실한 글에 따끔하면서도 부드러운 평을 내려주고 멋진 편집이라는 옷을 입혀준 편집자 김송은씨에게도 고마운 마음을 전하고 싶다.

사실 이 책의 바탕이 된 법조기자 시절 체험은, 당시 동료 기자들과의 팀워크가 없었다면 대부분 불가능한 일들이었다. 이 책 내용 일부는 이들이 느끼거나 겪었던 사례들이기도 하다. 인간적으로도 업무적으로도 모자람이 많았던 필자를 믿음으로 대해주며 무한한 도움을 줬던 〈한겨레〉 법조팀 이춘재, 황상철, 김태규, 전정윤, 김남일, 고나무, 김지은, 노현웅 기자에게 고맙다는 말을 전한다. 원고를 검토하고 좋은 의견을 준 금태섭, 최강욱, 장완익 변호사와 ☆☆☆ 검사에게 감사하다는 말을 전한다.(검사 이름은 부득이하게 익명 처리하게 된 점 양해해주시리라 믿는다.)

매일처럼 밤늦은 귀가로 가뜩이나 가족끼리 함께 하는 시간이 부족한데 책을 쓴다기에 한동안 주말 시간도 외롭게 보내야만 했던 아내 변금선과 아들 경한에게는 미안함이 앞선다. 이미 만회하기 어려울 정도로 부실해진 남편이자 아빠지만, 지면을 통해 조금 더 노력해보겠다는 약속을 해본다. 마지막으로 지난해 먼저 저 세상으로 가신 아버님, 못난 아들만 바라보며 평생을 살아오신 어머니 이인선 여사께 이 책을 바친다.

검찰을 이해하는 길잡이

— 금태섭(변호사, 전 서울중앙지검 검사)

우리에겐 검찰에 의해 구속된 경험을 가지고 대통령이 된 사람이 두 명 있다. 김대중 전 대통령과 노무현 전 대통령. 두 사람이 대통령이 된 후 취한 태도는 판이하다. DJ는 취임 직후 대검에 "검찰이 바로 서야 나라가 바로 선다"는 휘호를 선물했다. 노무현 대통령은 전 국민이 보는 앞에서 검사와의 대화를 통해 "검찰 지휘부를 믿을 수 없다"고 일갈했다. 어느 쪽이 옳았는지 선뜻 판단하기는 어렵다.

그러나 '안에 있어본 경험에 의하면 의외로 따뜻한 모습을 보여준 DJ의 정책이 보다 효과가 크지 않았나 생각한다. 자기들이 사형 구형까지 했던 사람이 대통령이 되었는데 생각지도 않았던 격려를 해주는 것을 보면서 스스로 부끄러움을 느끼지 않았을 검사는 별로 없었을 것이다. 이에 비해 노무현 대통령의 호통은, 검찰의 과거를 생각하면 응당 받아 마땅한 것이기는 했지만, 검찰을 움츠러들게 하고 조직 보호에 빠져들게 했다. 재임 내내 검찰과 긴장관계를 유지한 참여정부는 검찰의 정치적 중립성을 어느 정도 끌어올리는 데는 성공했지만, 어떤 면에서는 검찰로 하여금 '생존'에 몰입하게 하는 부작용을 낳았다는 점에서 아쉬움이 남는다.

이 정부 들어서 검찰이 '영혼이 없는 조직'으로 전락하고 많은 사람들로 하여금 "도대체 검찰은 왜"라는 질문을 던지게 만든 원인은 그리 간단하지 않다.

　그런 점에서 이 책을 만나게 되어 너무나 반갑다. 검찰이 개혁되어야 한다는 명제에는 누구나 동의하겠지만, 그러기 위해서는 먼저 검찰의 논리를 알아야 한다. 검찰을 이해하기 위한 안내자로서 이순혁만큼 적격자를 찾기도 어려울 것이다. 이순혁은 법조 기자를 하면서 누구보다도 많은 검사를 만나고 그들의 속 얘기를 들어왔다. 개인적으로는 〈한겨레〉에 '수사 잘 받는 법'이라는 기고를 했을 때의 파트너이기도 하다. 그 일로 시끄러울 때 '순진한 검사를 꾀어서 장래를 망친 것이 아니냐'는 질문을 받고는, "검사가 초등학생이냐, 스스로 판단해서 한 것이다"라고 검사의 판단력을 믿어주던(?) 기억이 생생하다.

　검찰이 현재와 같이 신뢰를 잃고 있는 것은 검찰의 불행이자 우리 사회의 불행이기도 하다. 이순혁 기자의 이 책이 검찰을 바로 세우기 위한 첫 걸음으로서 검찰을 이해하는 길잡이가 되기를 바란다.

검찰이 바로 서야 나라가 바로 선다

— 최강욱(변호사)

검찰은 무엇인가, 검사는 누구인가. 기자 이순혁은 에둘러 답하지 않는다. 섣불리 추측하지도 않는다. 다만 그가 직접 느끼고 접한 팩트를 통해 집요하게 그들의 속내를 파고든다. 그리하여 시민들이 접하기 어려운 '속살'을 알리고, '대한민국 검찰'이 제자리를 찾기 위한 시사점과 충언을 가득 담아내고 있다.

실제 검사로 일했거나, 피의자나 피해자가 되어 검사를 만난 사람도 '진짜' 검사와 '솔직한' 검찰의 모습을 입체적으로 알긴 어렵다. 그래서 저자는 검사의 전력과 그들의 일상과 철학에까지 침투하여, 인사와 보직에 일희일비하는 직장인으로서의 검사의 모습과 불나방을 자임하며 권력의 불꽃에 뛰어드는 '잘 나가는' 검사의 모습까지를 가감 없이 전한다. 양념으로 담긴 각종 에피소드 또한 독자의 기대를 뛰어넘을 만큼 다양하고 맛깔스럽다.

누구에게도 뒤지지 않는 자존심과 누구도 두려워하지 않는 힘을 갖고도, 때론 눈치를 보고 때론 오버를 하는 검찰과 검사의 모습은 많은 것을 생각하게 한다. 수상한 시절을 겪으며 '공익의 수호자'로서 '실체적 진실을 밝혀 사회정의를 수호하는' 멋진 검사의 모습은 빛이 바랜 것이 현실이지만, 그렇다 해서 국민의 사랑을 한 몸에 받는 정의로운 검사와 당당한 검찰의 모습을 포기하기란 쉽지 않다. 검찰로부터 막심한 피해를 당한 전직 대통령이 취임하자 곧바로 전달한 휘호에서 보듯 "검찰이 바로 서야 나라가 바로 선다"는 기대를 쉽사리 접어두기 어려운 일이기에.

바로 서지 못한 검찰의 과거를 자랑스러운 미래로 바꾸어야 한다는 소망 때문에 검찰이라는 불빛 옆에 어른거리는 아집과 특권의식, 독선과 오만의 그림자는 숙제로 다가온다. '과잉 비난'이라는 항변에도 불구하고 검찰에 대한 날선 비판이 여전히 필요한 이유이기도 하다. 권력집단의 일원이기보다는 평범한 직장인으로 주어진 임무를 성실히 수행하며, 오늘도 여전히 격무에 시달리는 대다수 검사의 명예를 위해서도 이러한 관점은 소중하다.

어느 시대, 어느 땅에서든 민심을 저버리고 승승장구하는 조직은 없다. 유아독존을 내세우며 무소불위의 권력을 휘두르다 아름답게 삶을 마감한 개인도 없다. 그래서 검사가 되려는 이, 검찰이 궁금한 이들에게 이 책은 훌륭한 길잡이가 될 것이다. 검찰을 사랑하건 검찰에 분노하건 이 책은 많은 이야기를 들려

준다. 독자는 첫장을 여는 순간 예상 외로 재미있는 검사와 검찰의 스토리에 빠져들게 될 것이다. 그리하여 마지막 장을 닫는 순간, 궁금증과 우려에 대한 나름의 해답을 발견하게 될 것이라 믿는다.

기자는 자칫하면 취재원으로부터 접한 정보와 논리에 사로잡히거나 길들여져 진실을 왜곡한다는 비판을 받기도 한다. 그러한 우려가 엄존하는 현실에서 '취중'에도 치열한 문제의식과 기자정신을 놓치지 않은 저자의 노력에 박수를 보낸다. 그의 수고와 노력 덕분에 우리는 우리 시대의 흔적이 담긴 소중한 책을 한 권 더 가질 수 있게 되었다. 정의를 세우는 신성한 사명을 지키려 오늘도 검찰청의 불을 환하게 밝히는 '진짜' 검사들에게도 저자의 노작은 훌륭한 선물이 될 것이다.

검사님의 속사정

© 이순혁 2011

초판 1쇄 발행 2011년 12월 12일
초판 6쇄 발행 2017년 9월 4일

지은이 이순혁
펴낸이 이상훈
편집인 김수영
기획편집 정회엽 김남희
마케팅 조재성 천용호 한성진 정영은 박신영
경영지원 정혜진 장혜정 이송이

펴낸곳 한겨레출판(주) www.hanibook.co.kr
등록 2006년 1월 4일 제313-2006-00003호
주소 121-750 서울시 마포구 공덕동 116-25 한겨레신문사 4층
전화 02-6383-1602~03
팩스 02-6373-6790
대표메일 cine21@hanibook.co.kr

ISBN 978-89-8431-530-3 03300